# ENGLISH H1

## NEUE AUSGABE

Lehrerhandbuch
zum Einführungskurs und Schülerbuch

R. OLDENBOURG VERLAG
CORNELSEN-VELHAGEN & KLASING

**ENGLISH H · Neue Ausgabe**
**Band 1**

**Lehrerhandbuch
zum Einführungskurs und Schülerbuch**

von Prof. Harald Gutschow, Berlin
in Zusammenarbeit mit der Verlagsredaktion
(Raymond Williams, Ursula Fuchs)

Beratende Mitwirkung

Prof. Dr. Peter W. Kahl, Hamburg
Prof. Hellmut Schwarz, Mannheim

1. Auflage 1982
Bestellnummer 486-84371

© Cornelsen-Velhagen & Klasing GmbH & Co.
Verlag für Lehrmedien KG, Berlin, 1982

Alle Rechte vorbehalten.
Die Vervielfältigung und Übertragung, auch einzelner Textabschnitte, Bilder oder Zeichnungen, ist – mit Ausnahme der Vervielfältigung zum persönlichen und eigenen Gebrauch gemäß §§ 53, 54 URG – ohne schriftliche Zustimmung des Verlages nicht zulässig. Das gilt sowohl für die Vervielfältigung durch Fotokopie oder irgendein anderes Verfahren als auch für die Übertragung auf Filme, Bänder, Platten, Arbeitstransparente oder andere Medien.

Druck: CVK Druck, Berlin

CVK-ISBN 3-464-04059-3
ROV-ISBN 3-486-84371-0

Vertrieb für Bayern: R. Oldenbourg Verlag, München

# Inhaltsverzeichnis

**Vorwort**

| | |
|---|---|
| **Einleitung** | 5 |
| Zur schulischen und fachdidaktischen Situation | 5 |
| Die Lehrpläne | 5 |
| | |
| **Das Lehrwerk** | 6 |
| Der methodische Ansatz | 6 |
| Das Verhältnis von mündlicher und schriftlicher Arbeit | 7 |
| Zum Umgang mit dem Schülerbuch | 7 |
| Differenzierung | 8 |
| Zum Problem der Hausaufgaben | 9 |
| Die Sprache | 9 |
|     Sprechabsichten | 10 |
|     Der lautliche Aspekt | 10 |
|     Der Wortschatz | 10 |
|     Grammatik | 12 |
| Zur Unterrichtsphraseologie | 13 |
| Leistungsfeststellung | 13 |
|     Klassenarbeiten | 13 |
|     Mündliche Leistungen | 14 |
| | |
| **Die Teile des Lehrwerks** | 14 |
| Das Schülerbuch | 14 |
|     Personen und Situationen | 14 |
|     Schülerbuch und Lehrwerk | 14 |
| Der Einführungskurs | 15 |
| Das Workbook | 15 |
| Das Lehrerhandbuch | 15 |
| Auditive Medien | 15 |
| Visuelle Medien | 16 |
| Lernkontrollen | 16 |
| | |
| **Das Schülerbuch** | 16 |
| Der Aufbau des Schülerbuchs | 16 |
| Der Aufbau der Units | 16 |
|     Steps a bis c | 16 |
|     Step d | 17 |
|     Step e | 17 |
| Zu den Bestandteilen der Units | 17 |
|     Die Texte | 17 |
|     Bildleisten | 19 |
|     And you? – Ask a partner | 19 |
|     Sounds | 19 |
|     Say it in English | 19 |
|     Activity | 19 |
|     Neue Lieder | 19 |
| Wörterverzeichnisse | 20 |
|     English Words and Phrases | 20 |
|     List of Words | 20 |
| | |
| **Die lautliche Seite der Sprache** | 20 |
| Allgemeines | 20 |
|     Tonträger | 21 |
|     Sprechtempo | 21 |
|     Kurzformen | 21 |
|     Gewichtung der Teilbereiche | 21 |
|     Zur Leistungsfeststellung | 21 |

| | |
|---|---|
| Teilbereiche der Phonetik | 21 |
| Intonation | 21 |
| Betonung | 22 |
| Lautung | 22 |

**Lehrerhandreichungen zum Einführungskurs**

| | |
|---|---|
| Vorbemerkungen | 26 |
| Stoffverteilungsplan | 28 |
| Woche 1 | 30 |
| Woche 2 | 34 |
| Woche 3 | 36 |
| Woche 4 | 39 |
| Exemplarischer Unterrichtsablauf – Woche 1 | 42 |
| Texte der Übungen und Lieder auf Tonträger | 45 |

**Lehrerhandreichungen zum Schülerbuch**

| | |
|---|---|
| Erläuterung der Symbole | 54 |
| Gliederung der Kommentarseite | 55 |
| Unit 1 | 56 |
| Unit 2 | 65 |
| Unit 3 | 74 |
| Unit 4 | 83 |
| Unit 5 | 92 |
| Unit 6 | 102 |
| Unit 7 | 111 |
| Unit 8 | 119 |
| Unit 9 | 129 |
| Unit 10 | 139 |
| Texte der Übungen auf Tonträger | 148 |
| Alphabetisches Wörterverzeichnis | 155 |

# Vorwort

### Einleitung

Seit 1970, dem Erscheinungsjahr des ersten Bandes des Lehrwerks ENGLISH H, haben Hauptschule, sechsjährige Grundschule, Orientierungsstufe und Gesamtschule bundesweit auf breiter Basis erfolgreich mit dem Lehrwerk gearbeitet. In diesem Zeitraum wurden in engem Kontakt mit der Schulpraxis Erfahrungen mit dem Lehrwerk und Hinweise auf Einzelheiten seiner Gestaltung gesammelt und ausgewertet. Mit gleicher Sorgfalt wurden die erheblichen Veränderungen der Schulsituation beobachtet, die im Laufe der Jahre eingetreten sind, und neue Erkenntnisse der Fachdidaktik registriert, die auch in den Lehrplänen der Bundesländer ihren Niederschlag fanden.

Um diesen Entwicklungen gerecht zu werden, legt ein deutsch-englisches Team das Lehrwerk in einer völlig neu gestalteten Ausgabe vor. Der Titel ENGLISH H · Neue Ausgabe macht dabei deutlich, daß trotz aller inhaltlichen, gestalterischen und graphischen Neuerungen die Kontinuität bewährter Prinzipien und Arbeitsweisen des Lehrwerks ENGLISH H gewahrt bleibt.

**Zur schulischen und fachdidaktischen Situation**

In den hier in Frage kommenden Schulen haben sich teils bundesweit, teils regional begrenzt erhebliche Veränderungen vollzogen. Das Ansteigen der Übergangsquote zu Realschule und Gymnasium hat das Bild, das die Hauptschule bietet, in vielen Fällen stark beeinflußt. Indirekt ist auch die Gesamtschule davon betroffen. Die erwarteten positiven Auswirkungen des Frühbeginns des Englischunterrichts sind aus verschiedenen Gründen ausgeblieben. Dafür beanspruchen die Probleme der Lernschwachen und der Gastarbeiterkinder erhöhte Aufmerksamkeit. Die Fülle der Veröffentlichungen zur Motivation wirft ein bezeichnendes Licht auf die Unterrichtssituation. In diesen Zusammenhang gehört auch die immer wieder entfachte Diskussion des Themas „Differenzierung". Sie reicht von der Ablehnung dieses Instrumentariums über die Erörterung verschiedener Differenzierungsmodelle – einschließlich der inneren Differenzierung – bis zum Erwägen der Befreiung vom Englischunterricht, die folgenschwere Abstriche von der seit 1964 geltenden Konzeption der Hauptschule mit sich bringen muß.

Veränderungen gehen aber auch von der Fachdidaktik aus. Dazu gehören die gewandelte Einschätzung der Landeskunde, die in letzter Zeit verstärkte Betonung des Kognitiven auch in bezug auf leistungsschwächere Schüler, die Berücksichtigung pragmalinguistischer und -didaktischer Gesichtspunkte bei der Aufbereitung, Darbietung und Festigung des Sprachmaterials, die betontere Hinwendung zum Rezeptiven und die unterschiedlichen Stellungnahmen zu den Fragen der Einsprachigkeit bzw. der Rolle der Muttersprache im Fremdsprachenunterricht.

**Die Lehrpläne**

Akzentverschiebungen in den Lehrplänen bzw. Richtlinien der Bundesländer tragen diesen Entwicklungen und den hinter ihnen stehenden Überlegungen Rechnung. Sie sollen dazu beitragen, den unverkennbaren Schwierigkeiten des Englischunterrichts der Hauptschule bzw. entsprechender Schülergruppen entgegenzuwirken. So werden eine zweckmäßigere Aufbereitung des Sprachmaterials, eine Reduzierung und zugleich differenziertere Behandlung des Wortschatzes sowie die verstärkte Schulung des Lese- und Hörverständnisses empfohlen. Im übrigen hat sich der Englischunterricht der Hauptschule auch mit Kürzungen der Stundentafel und regional verschiedenen Teilnahmebedingungen auseinanderzusetzen.

## Das Lehrwerk

Ausgangspunkt der Entwicklung des neuen Lehrwerks war es also, die veränderten Unterrichtsbedingungen zu berücksichtigen und neuere didaktisch-methodische Entwicklungen und deren Niederschlag in den Lehrplänen zu beachten.

Entsprechende Intentionen hatten grundlegend freilich schon die bisherige Ausgabe von ENGLISH H geleitet: Auch dort war das Herbeiführen der Kommunikationsfähigkeit die Leitvorstellung. In den achtziger Jahren galt es nun aber, in bezug auf den Schüler veränderte Einstellungen zu Themen und Erwartungen an Darbietungsformen zu berücksichtigen sowie noch gezielter auf Lernschwierigkeiten einzugehen. In bezug auf den Lehrer erschien es als hilfreich, angesichts der schwierigen Situation der Hauptschule die Intentionen noch nachhaltiger zu verdeutlichen, sie in der klaren Gliederung der Units hervortreten zu lassen und ihn von unberechtigtem Pensendruck („Ich schaffe das Buch nicht.") zu entlasten.

Merkmale aus ENGLISH H, die sich in der Schulpraxis besonders bewährt haben, werden in der neuen Ausgabe beibehalten, beispielsweise
- die behutsame Progression nach Lernschwierigkeiten,
- die Umwälzung des zuvor Eingeführten in Wiederholungsphasen,
- die Berücksichtigung der Lernprobleme der Schüler,
- das Prinzip der Stoffbeschränkung, vor allem im Bereich des Wortschatzes, soweit es die Lehrpläne und auch der Anspruch authentischer Sprache erlauben,
- der – jetzt noch deutlicher – gegliederte Aufbau der Units,
- die altersgemäße Aufbereitung der Inhalte,
- die starke Eingrenzung der Wortschatzmenge,
- das bewährte Prinzip der Veranschaulichung.

Die Auswertung der anfangs erwähnten Erfahrungen hat die Verfasser dazu veranlaßt, andere Aspekte des Englischunterrichts stärker herauszuarbeiten, nämlich
- die Vielfalt der Übungsformen zu steigern,
- die Selbsttätigkeit der Schüler anzuregen,
- den Transfer des Gelernten auf selbst erfahrene Sachverhalte in stärkerem Maße anzuregen,
- so weit wie nur möglich Lernhilfen bereitzustellen,
- kognitive Hilfen anzubieten,
- Anregungen für die systematische Wortschatzarbeit zu geben,
- landeskundlichen Gesichtspunkten mehr Gewicht zu verleihen,
- eine größere Spannweite von Familienverhältnissen für den inhaltlichen Zusammenhang zu wählen.

**Der methodische Ansatz**

Mit den zuvor genannten Aspekten sind bereits wesentliche methodische Momente angeführt worden. Kernstück des methodischen Ansatzes ist jedoch die dem Schülerbuch zugrundeliegende „Parallelprogression".

In der Vergangenheit ist vielfach auf die Schwächen eines Englischunterrichts hingewiesen worden, der primär nach den Prinzipien einer sprachlichen, und das heißt im wesentlichen: einer grammatischen, Progression erteilt worden sei. Als Korrektiv wurde eine ausschließlich an Sprechabsichten orientierte pragmalinguistische Orientierung propagiert. Die Favorisierung von Extrempositionen tendiert aber zur Vernachlässigung der Praxisbedingungen. "It is taken here to be almost axiomatic that the acquisition of the grammatical system of a language remains a most important element in language learning. The grammar is the means through which linguistic creativity is ultimately achieved and an inadequate knowledge of the grammar would lead to a serious limitation on the capacity for communication." (D. A. Wilkins: *Notional Syllabuses*. Oxford University Press, London 1976, p. 66). Es kam also darauf an, die Anregungen einer pragmalinguistisch orientierten Abfolge zu überprüfen und mit dem Gedanken der sprachlichen Stufung im Bereich der Strukturen in Einklang zu bringen. Das Ergebnis ist die hier vorgelegte Parallelprogression.

Größter Wert wurde darauf gelegt, den Stoff in einer Weise aufzubereiten, daß das Vermittelte den Schülern möglichst schnell so zur Verfügung steht, daß sie in der Lage sind, individuelle Sprechabsichten unabhängig von Inhalten des Buches zu verwirklichen.

Zur schnellen Bereitstellung der Redemittel in einer Transferphase trägt das Bemühen bei, den Stoff in kleinen Lernschritten darzubieten. So werden beispielsweise nur Teilaspekte einer Struktur oder ausgewählte Sprechabsichten präsentiert, die später wiederholt, kombiniert und erweitert werden. Diese Aufbereitung des Stoffes nach dem Prinzip der konzentrischen Kreise geschieht sowohl innerhalb eines Jahrgangsbandes als auch im Lehrwerk insgesamt. Das gilt gleichermaßen für die Sprechabsichten und Situationen, den Wortschatz und die grammatischen Strukturen.

**Das Verhältnis von mündlicher und schriftlicher Arbeit**

Der häufig zitierte Primat des Mündlichen ist vielfach mißverstanden worden. Mancher scheint ihn so aufgefaßt zu haben, als gelte nur noch das Mündliche. Gemeint war und ist: Wenn zwischen den beiden Leistungsbereichen des Mündlichen und Schriftlichen eine Entscheidung ansteht, dann sollte erst einmal das Mündliche Vorrang haben, sofern sich nicht unter dem Gesichtspunkt der Differenzierung (siehe „Differenzierung", S. 8) eine andere Lösung anbietet. Die Abgrenzung spielt auch in die Unterscheidung von „Unterrichtsgestaltung" und „Leistungsbeurteilung" hinein.

Generell darf gelten, daß der Unterricht beim Mündlichen ansetzt, wie z. B. schon der Begriff „*Sprech*absicht" erkennen läßt. Aus verschiedenen sprachlichen, methodischen und lernpsychologischen Gründen muß der Englischlehrer seine Schüler im Anfangsunterricht erst einmal zum Sprechen der Fremdsprache anleiten. Inwieweit später das Schriftliche mehr Gewicht erlangt, hängt von Leistungsdispositionen, individuellen Zielvorstellungen, angestrebten Abschlüssen u. ä. ab.

Im Anfangsunterricht der hier angesprochenen Schüler muß der Lehrer praktisch bei jedem Unterrichtsschritt entscheiden, ob er es bei der mehr oder weniger gelungenen Beherrschung der Formen, Wendungen und Strukturen im Mündlichen beläßt oder auch die, wiederum abgestufte, Verfügbarkeit im Schriftlichen anstrebt.

Die schriftliche Arbeit kann in diesem Zusammenhang verschiedene Funktionen haben, nämlich
- die Ergebnisse im Mündlichen abzusichern,
- den Wechsel der methodischen Techniken zu begünstigen,
- abgewandelte Aufgabenstellungen zu ermöglichen,
- auf bestimmte Formen der Leistungsfeststellung hinzuarbeiten,
- gleichmäßige Leistungsfähigkeit in beiden Bereichen anzustreben.

In jedem Fall ist es wesentlich, bei den Leistungserwartungen Zurückhaltung zu üben und sich an dem Stand zu orientieren, den durchschnittliche englischsprachige Schüler repräsentieren (über den die Zeitschrift ENGLISCH wiederholt berichtet hat).

**Zum Umgang mit dem Schülerbuch**

Die oben erläuterten methodischen Absichten werden allerdings neutralisiert, wenn der Lehrer sich zu sehr an das Schülerbuch bindet und dann in die Lage gerät, feststellen zu müssen, er schaffe das Buch nicht in dem vorgesehenen Zeitraum. Das kann leicht geschehen, wenn er es Seite für Seite mit gleicher Intensität durchnimmt, keine Schwerpunkte setzt, das Übungsangebot nicht hinreichend auf seine Klasse abstellt, in der jeweiligen Unterrichtssituation nicht durchsetzbare Leistungsanforderungen vertritt oder nicht genügend einer sich erst allmählich entwickelnden Leistungsfähigkeit vertraut. Wichtig ist auf dieser Stufe auch ein gelasseneres Verhältnis zum Fehler. Der Fehler ist hier weniger Hinweis auf einen Leistungsausfall, der dem Schüler anzulasten wäre, als vielmehr ein Anzeichen dafür, welche Stelle im Spracherwerb der Schüler erreicht hat.

In der Fachdiskussion ist gelegentlich von der Konzeption des Lehrbuchs als eines „Steinbruchs" gesprochen worden. „Der geschickte Lehrer wird zwar das Lehrbuch und die mit ihm zum Lehrwerk zusammengefaßten Medien als ‚Steinbruch' zu nutzen wissen – der vernünftige Umgang mit dem Lehrbuch ist vielleicht *das* Problem der Unterrichtsplanung oder -vorbereitung im Fremdsprachenunterricht –, aber das befreit ihn nicht davon, den Lehrgang in seinen Grundlinien einhalten zu müssen." (H. Gutschow: *Englischunterricht: Sprache 5-10*. Urban & Schwarzenberg, München 1981, S. 32 f.; das Buch ist 1982 von Beltz übernommen worden). Man sollte das Wort vom Steinbruch also nicht zu wörtlich nehmen, als könne man mit aller Beliebigkeit vorgehen, aber doch den Angebotscharakter eines solchen Buches wahrnehmen.

Dazu gehört auf der einen Seite die Berücksichtigung der Klassensituation, vor allem in den je nach Bundesland B-, G(rund)- oder C-Kurs genannten lernschwächeren Gruppen, auf der anderen Seite, daß der Lehrer nicht auf sein vertrautes Repertoire verzichtet, also z. B.

- Liedern und Lernspielen den ihnen gebührenden Raum läßt (vgl. etwa W. R. Lee: *Language Teaching Games and Contests*. Second edition. Oxford University Press, Oxford 1979),
- trotz des Vorhandenseins von Haftbildelementen und Folien die eigenen Veranschaulichungsmöglichkeiten ausnutzt (vgl. H. Gutschow: *Englisch an der Tafel*. Cornelsen-Velhagen & Klasing, Berlin 1980),
- den Einführungskurs wirklich nur einführend, möglichst ungezwungen und mehr spielerisch in den Unterricht einbringt, statt sich gleich einem Pensendruck auszusetzen,
- jede Möglichkeit nutzt, die Chance eines neuen Faches zu ergreifen und die im allgemeinen vorhandene Erwartungshaltung in Motivation umzusetzen.

Dazu gehört auch, daß der Lehrer sich nicht vorschnell einer Doktrin ausliefert. Er sollte sich zwar über Positionen der Fachdidaktik informieren, um ggf. seine Auffassungen revidieren zu können, aber das bedeutet nicht, daß er z. B. gleich auf in seiner Erfahrung bewährte Übungsformen verzichtet, nur weil sich Gegenstimmen erhoben haben. Deshalb nimmt ENGLISH H · Neue Ausgabe auch eine mittlere Position ein, die dem Lehrer die methodische Freiheit läßt, statt ihn zu gängeln.

Zu den zuvor genannten Schwerpunkten siehe vor allem den folgenden Abschnitt „Differenzierung" und den Abschnitt „Die lautliche Seite der Sprache" (S. 20 ff.).

**Differenzierung** Ob und wie differenziert wird, ist in den Bundesländern bzw. den Schulformen unterschiedlich geregelt. ENGLISH H · Neue Ausgabe reagiert darauf mit einer didaktisch offenen Konzeption, die es dem Lehrer erlaubt, je nach seinen Gegebenheiten differenzierende Maßnahmen zu ergreifen:

- Teilweise oder völlige Aktivierung des Zusatzwortschatzes,
- durchgehender oder abgestufter Rückgriff auf die Kognitivierung der grammatischen Strukturen,
- unterschiedliche Erwartungen bei der Verwirklichung von Sprechabsichten in vorgegebenen Situationen,
- Eingehen auf abgestufte Transferchancen,
- Berücksichtigen eines erhöhten, ggf. auch geringeren Übungsbedarfs,
- Verschiebung des Verhältnisses von reproduktiven und produktiven bzw. rezeptiven und produktiven Leistungen,
- Schwerpunktbildung in Fertigkeitsbereichen (vor allem mündlich - schriftlich),
- abgestufte Handhabung der Fehlertoleranz bzw. des Verhältnisses von Korrektheit und Verständlichkeit der Äußerungen,
- Verzicht auf gleichartige, vor allem gleichermaßen intensive Behandlung von Texten, auch im Hinblick auf deren Nachbereitung und Auswertung,
- Berücksichtigen der Tatsache, daß viele Schüler, die schon in der 5. Klasse als Lernschwache diagnostiziert werden, „Spätstarter" sind, die erst für das neue Fach gewonnen werden müssen.

Auf jeden Fall ist es in einer 5. Klasse zu vermeiden, aus dem jeweils vorliegenden Leistungsbild voreilige Schlüsse zu ziehen. Zum Beispiel wird bei vielen Schülern trotz sonst gar nicht verminderter Lernfähigkeit der Fremdsprachenerwerb durch Dialekteinflüsse – und zwar nicht nur im süddeutschen Raum – behindert, denen nicht kurzfristig begegnet werden kann.

**Zum Problem der Hausaufgaben**

Schüler unserer Klassenstufe mögen oft Hausaufgaben nicht. Manche Theoretiker lehnen sie generell ab. Fachdidaktiker sprechen sich für sie aus, weil sich sonst der Übungsbedarf, der nun einmal mit dem Fremdsprachenerwerb verbunden ist, nicht befriedigen läßt. Wer für Hausarbeiten eintritt, sollte allerdings folgendes beachten:
- Hausaufgaben sollten nicht routinemäßig erteilt werden, sondern nur dann, wenn sie sich aus dem Unterricht folgerichtig ergeben und in ihm vorbereitet worden sind.
- Sie müssen in *jeder* Hinsicht auf den Schüler abgestimmt sein.
- In der Regel bietet sich das Workbook für Hausarbeiten an, wenn damit andere Möglichkeiten auch nicht ausgeschlossen werden sollen.
- Hausarbeiten sind Bestandteil des Übungsgeschehens und werden daher nicht zensiert.
- Je weniger die Aufgabenstellung der Hausarbeit gesteuert ist, desto mehr ist sie bei der Erfolgswertung bei der hier angesprochenen Schülerschaft auf Fehlertoleranz angewiesen.
- Aus Hausarbeiten sollten keine voreiligen Schlüsse auf den tatsächlichen Leistungsstand der Schüler gezogen werden.
- Der Lehrer sollte Hausaufgaben nur erteilen, wenn er sich auch in der Lage sieht, sie durchzusehen. Sonst kommen die Schüler schnell auf den Gedanken, es handele sich nur um eine „Beschäftigungstherapie", und kommen der Aufgabenstellung nicht mehr nach.

**Die Sprache**

Naturgemäß birgt gerade der Anfangsunterricht die Gefahr in sich, die Schüler Äußerungen hervorbringen zu lassen, die außerhalb des lebendigen, idiomatisch richtigen Sprachgebrauchs liegen. Die Gefahr ergibt sich immer dann, wenn Themen herangezogen und Arbeitsweisen in Anspruch genommen werden, bevor die dafür erforderlichen idiomatischen Sprachmittel zur Verfügung stehen. ENGLISH H · Neue Ausgabe trägt diesem Umstand Rechnung durch die Entscheidung für Sprechabsichten, Situationen und Texte, die neben den zuvor schon erläuterten Kriterien auch der Bedingung genügen, im Rahmen des begrenzten Sprachschatzes eines ersten Englischjahres in authentischem Englisch bearbeitet werden zu können. Dabei hält sich das Lehrwerk an den Standard des *present-day colloquial English*.

In Verbindung mit der Parallelprogression kann das Abzielen auf Authentizität bereits im Anfangsunterricht zu einer Gewichtung im Bereich der Strukturen führen, die sich von früher üblichem Vorgehen unterscheidet. So wird das *present progressive* nicht nur zur Kennzeichnung einer noch andauernden Handlung verwendet, sondern auch als Redemittel zum Ausdruck von Absichten eingeführt. In Anlehnung an die Sprachwirklichkeit können auf diese Weise mit der einmal eingeführten Form bereits im frühen Stadium des Englischunterrichts größere Möglichkeiten für sinnvolle Äußerungen erschlossen werden.

Angesichts der Vorrangigkeit der gesprochenen Sprache in diesem Lernabschnitt kommt der Benutzung von Kurzformen wie *we're* und *he's* große Bedeutung zu: "These are used all the time in spoken English and more and more in the written language too." (A. Bulger: *Explorations*. Pergamon Press, Oxford 1981, p. 3). Deshalb werden grundsätzlich diese Formen verwendet. Eine Ausnahme machen lediglich die Formen mit *has (he's got = he has got)* und *is* bei Eigennamen *(Betty's = Betty is)*, bei denen die Langform verwendet wird, um die Verwechslung mit der kontrahierten Form von *is (he's = he is)* bzw. mit dem *possessive case (Betty's book)* auszuschließen.

## Sprechabsichten

Ausgegangen wird von Sprechabsichten, die für den Anfangsunterricht zweckmäßig und vertretbar sind; ihnen werden angemessene Redemittel zugeordnet. In der weiteren Abfolge wird sowohl auf die sinnvolle Verknüpfung von Sprechabsichten bzw. der Situationen, in denen sie natürlicherweise auftreten, geachtet als auch dafür Sorge getragen, daß die verwendeten Redemittel in lerngerechter Abstufung erscheinen. Mit der Parallelprogression wird ein Ausgleich bewirkt, der sich im Rahmen des Möglichen der Vorteile beider Positionen bedient.

Die Vielzahl der Redemittel, die sich in der Regel mit einer Sprechabsicht verbindet, mußte natürlich reduziert werden, um die Lernbarkeit des Sprachmaterials im ersten Englischjahr zu gewährleisten, wie andererseits darauf verzichtet werden mußte, ein jeweils eingeführtes Redemittel in der Mannigfaltigkeit der Sprechabsichten erscheinen zu lassen, in der es beim *native speaker* auftritt. Die Verfasser standen also vor der Aufgabe, Situationen oder Sprechanlässe zu wählen, die
- den Bedingungen des Anfangsunterrichts genügen und die Schüler ansprechen,
- mit Redemitteln zu bewältigen sind, die diesem Lernstadium gemäß sind,
- in einer inhaltlich überzeugenden Abfolge stehen, also nicht willkürlich aneinandergereiht werden, und
- es erlauben, das Sprachmaterial lernergerecht von einfachen zu komplexeren Strukturen geordnet darzubieten.

## Der lautliche Aspekt

In letzter Zeit sind Fragen der Aussprachenorm und der damit verbundenen unterrichtlichen Probleme wiederholt erörtert worden. Aus der Sicht des Phonetikers ergeben sich dabei manchmal Standpunkte, die zwar dem wissenschaftlichen Anspruch genügen, aber mit ihren vergleichsweise hohen Forderungen die Bedingungen der Praxis nicht hinreichend beachten, vor allem nicht die Bedingungen, unter denen die hier angesprochenen Schüler die Fremdsprache lernen. Eine Darstellung der wesentlichen Punkte, die der Lehrer auf dieser Lernstufe berücksichtigen sollte, findet sich auf S. 20 ff. („Die lautliche Seite der Sprache").

## Der Wortschatz

Das Schülerbuch umfaßt einen Grundwortschatz von 350 Wörtern, dazu einen Zusatzwortschatz von 100 Wörtern. Die Einheiten des Grundwortschatzes werden in den jeweils folgenden Units als bekannt vorausgesetzt und wo immer möglich „umgewälzt". Inwieweit der Zusatzwortschatz ganz oder teilweise, langfristig oder nur für gewisse Unterrichtsabschnitte aktiviert wird oder aber lediglich als passiver Wortschatz in den Unterricht einbezogen wird, hängt von der Leistungsfähigkeit der Klasse, von Differenzierungsmaßnahmen (siehe „Differenzierung", S. 8) und von den Anforderungen der jeweiligen Lehrpläne ab.

Eine der häufigsten Fragen, die an die Autoren eines Lehrwerks gerichtet wird, ist die nach der Auswahl des Wortschatzes. Dahinter steht vielfach die Erwartung, eine „Autorität" genannt zu bekommen, auf die sich die Arbeit gestützt habe. Dabei wird wohl vor allem an die bekannten Häufigkeitszählungen gedacht, ohne jedoch zu bedenken, daß sie sich allein auf schriftliches – und zu einem großen Teil literarisches – Material stützen und zudem mehrere Jahrzehnte alt sind. Neben den Häufigkeitszählungen wird an Wortschatzlisten gedacht, die von verschiedenen Autoren in den vergangenen Jahren erstellt worden sind, sich aber nicht grundsätzlich von der Auswahl unterscheiden, die Lehrbuchautoren mit ähnlichem Erfahrungsbereich und ähnlicher Zielsetzung treffen. Hinzu kommt, daß die Autoren natürlich die vorhandenen Aufstellungen kennen. Maßgebend für die Zusammenstellung des Wortschatzes von ENGLISH H · Neue Ausgabe waren neben der Berücksichtigung der vorliegenden Materialien

- die Erfahrungen, die über mehrere Jahrzehnte mit den Vorläufern des Lehrwerks gesammelt wurden,
- die thematischen und quantitativen Vorgaben der Lehrpläne der Bundesländer und
- die Berücksichtigung der Gegebenheiten eines ersten Englischjahres der Hauptschule bzw. vergleichbarer Schulformen.

Im Sinne der heutigen Didaktik des Englischunterrichts beruht so die Auswahl des Wortschatzes auf dem Geflecht von Sprechabsichten, Situationen und Themen.

Zum Beispiel legt die Sprechabsicht „Nach Wünschen fragen" es auf dieser Stufe nahe, sie mit der Situation *birthday party* zu verbinden und im Zusammenhang damit Themen wie „Geschenke" und „Bewirtung" aufzugreifen. Aus den bekannten Interessen der angesprochenen Altersgruppe ergibt sich, um welche Geschenke, Partybeschäftigungen und welche Art der Bewirtung es sich handeln kann. Dabei muß allerdings die Zahl der Beispiele beschränkt werden, da der Unterricht nicht einseitig auf die Wortschatzarbeit abgestellt werden darf und der Gesamtwortschatz in relativ engen Grenzen zu halten ist. Da im Interesse der Motivation eine Vielfalt von Themen und Situationen aufgegriffen wird, käme es sonst zu einer nicht mehr vertretbaren Ausweitung des Umfangs des Wortschatzes. Deshalb sollte der Lehrer auch Vorsicht walten lassen, wenn er an der einen oder anderen Stelle einmal über das Angebot des Lehrwerks hinausgehen will.

Hinzu kommen weitere Erwägungen. Die Notwendigkeit, dem Schüler persönliche Stellungnahmen zu ermöglichen, zieht die Berücksichtigung von Wortschatzelementen wie *silly games* und *interesting things* nach sich. Wenn der Schüler als „er selbst" sprechen soll, muß er sich auch in seiner Schulumgebung fremdsprachig verständlich machen können. Daher kann z. B. auf ein Wort wie *calculator* nicht verzichtet werden, selbst wenn es – was zu bezweifeln ist – einen geringeren Häufigkeitswert haben sollte.

In gewissem Umfang waren Wörter aufzunehmen, um landeskundlichen Gegebenheiten gerecht werden zu können (z. B. *birthday cake*).

Ebenso wird man das eine oder andere Wort brauchen, um einen Text glaubwürdig gestalten oder eine Pointe erzielen zu können (z. B. *puncture, pier, school uniform*), um so mehr, wenn es auch noch landeskundlich gerechtfertigt ist wie beim zweiten und dritten Beispiel.

Bestimmt wird die Auswahl auch von dem Zusammenhang zwischen Grammatik und Lexik; so wird man etwa das Auftreten des unbestimmten Artikels *an* etwas verzögern, um das erste Halbjahr nicht mit zu vielen Problemen zu belasten. Ein entsprechendes Beispiel ist der Verzicht auf die Unterscheidung von *quick/quickly* in diesem Band.

Beachtung verdienen bei der Wortschatzauswahl die englischen Wörter, die ins Deutsche Eingang gefunden haben, wenn sie sich zwanglos in die vorgesehenen Sprechabsichten, Situationen und Themen einfügen: *disc jockey, toast, caravan, souvenir* usw. Auf diese Weise ist es möglich, den Wortschatz anzureichern, ohne die Lernlast des Schülers über Gebühr zu erhöhen.

Im übrigen war bei der Auswahl Sorge dafür zu tragen, daß
a) einerseits die Wortarten in einem ausgeglichenen Verhältnis zueinander stehen, wie es für die Kommunikation erforderlich ist, und
b) andererseits Sachgruppen, Bezugsfelder usw. aufgebaut werden, die im Sinne der Arbeit in konzentrischen Kreisen in den Folgebänden wieder aufgegriffen und erweitert werden können, um die sog. Umwälzung des Wortschatzes zu ermöglichen.

Angesichts der Vielfalt der Aspekte, die bei der Auswahl des Wortschatzes zu beachten sind, kann es kaum ausbleiben, daß Autoren und Benutzer des Lehrwerks hinsichtlich des einen oder anderen Wortes unterschiedliche Auffassungen vertreten. Entscheidend ist jedoch, daß ein Wortschatz angeboten wird, der es erlaubt, die Lernziele des ersten Englischjahres zu erreichen, eben so wie es in diesem Band der Fall ist.

Es braucht kaum betont zu werden, daß die Wörter selbstverständlich in authentischen Kollokationen erscheinen. Dieser Aspekt der spezifischen Verbindung von Wörtern wird nur erwähnt, um den Lehrer davor zu warnen, schon auf dieser Stufe weitläufige Erklärungen darüber zu geben, daß im Englischen Wörter anders kollokieren, d. h. gemeinsam mit anderen auftreten, als im Deutschen. Daß wir „Geschirr *abwaschen*", aber „ein Auto *waschen*", dürfte kaum das Verstehen von *wash the dishes/car* behindern.

Wesentlich ist es, die Wortschatzarbeit nicht auf die übliche Einführung neuer Wörter und dann irgendwann und irgendwie erfolgendes Vokabellernen zu beschränken. Wortschatzarbeit ist darauf angewiesen, zwischen den Elementen von Sachgruppen, Bezugsfeldern u. a. m. und zwischen Strukturen und den häufig in ihnen auftretenden Wörtern Assoziationen zu stiften, damit die Wörter wirklich gebrauchsfähig gemacht und gebrauchsbereit gehalten werden. Die punktierten blauen Kästen des Wörterverzeichnisses *English Words and Phrases* sind, neben anderen Vorkehrungen des Schülerbuchs, besonders auf diesen Gesichtspunkt hin angelegt.

**Grammatik**

Bei der Darstellung der grammatischen Erscheinungen beschränkt sich das Schülerbuch auf die für diese Stufe wesentlichen sprachlichen Erscheinungen. Es wird dabei vermieden, die grammatische Systematik abzubilden, geschweige denn auf dieser Stufe auch nur in Teilbereichen Vollständigkeit anzustreben. Das Prinzip der Wiederholung in konzentrischen Kreisen erlaubt es, die Lernlast zu dosieren und in den folgenden Units bzw. den anschließenden Bänden Ergänzungen und Abrundungen vorzunehmen. Als Beispiel diene die schrittweise Vermittlung des *simple present:* In Step a der Unit 6 wird zunächst die erste Person, in Step c die dritte Person eingeführt. In Unit 7 folgt die erste vorsichtige Kontrastierung mit dem *present progressive*. Erst in Unit 9 wird die Fragebildung eingeführt, und die letzte Unit präsentiert die verneinten Formen.

Die grammatischen Erscheinungen werden in Überblicksdarstellungen je nach dem jeweils erreichbaren Lernstand zusammengefaßt und verdeutlicht. Das Buch kommt damit Wünschen der Praxis entgegen und entspricht auch Tendenzen, die in Lehrplänen hervortreten. Es wäre falsch, die Aussagen in den Übersichten mit Regeln traditioneller Art gleichzusetzen. Es handelt sich um „Gebrauchsanweisungen", die sich auf das bis dahin Eingeführte beziehen und den Grad des Abstraktionsvermögens der Schüler einkalkulieren. In diesem Zusammenhang ist aber vielleicht eine zusätzliche Bemerkung angebracht.

Es liegt den Verfassern fern, den Lehrer auf ein bestimmtes methodisches Vorgehen im Bereich des Grammatischen festzulegen. Sie wollen ihm vielmehr möglichst großen Raum zur Entfaltung seiner unterrichtlichen Beweglichkeit geben. Davon ist auch die Frage der Einsprachigkeit betroffen. Einsprachiges Unterrichten ist nach wie vor erstrebenswert, insbesondere in diesem Lehrgangsstadium mit seinen konkreten Gegebenheiten und zahlreichen Veranschaulichungsmöglichkeiten.

Die Überblicksdarstellungen, in denen das Deutsche gebraucht wird, haben daher auch unter diesem Aspekt nur Angebotscharakter. Es ist nicht daran gedacht, sie regelrecht durchnehmen oder gar auswendig lernen zu lassen. Sie können, wenn die Unterrichtssituation es erfordert, Klärung herbeiführen, können dem Lehrer Formulierungshilfen geben und dem Schüler zum Nachschlagen dienen. Wer sich freilich solcher Darstellungen auf dem nun schon häufig genug gekennzeichneten Niveau bedienen will, also das Bewußtmachen für zweckmäßig oder notwendig hält, kommt nicht umhin, auf das Deutsche auszuweichen. In ähnlicher Weise läßt es sich nicht vermeiden, wenn auf dieser Stufe Sprechabsichten gekennzeichnet werden sollen. Verfehlt wäre es, in solchen Angeboten die Abkehr von einem maßvoll durchgehaltenen Prinzip der Einsprachigkeit zu sehen.

**Zur Unterrichts-phraseologie**

Es ist völlig natürlich, daß der Lehrer in der Klasse Wörter und Strukturen gebraucht, die im Buch auf dieser Stufe noch nicht aktiv vermittelt wurden. Die Lehrersprache eilt naturgemäß der Schülersprache voraus. Statt über diese Binsenweisheit nun Klage zu führen oder gar in bequemere, aber langfristig kaum effektive Zweisprachigkeit auszuweichen, sollte der Lehrer auf diesen Umstand positiv reagieren. Dabei sind zwei unterschiedliche Sachverhalte zu beachten.

Bei der Vermittlung von neuem Sprachmaterial wird der Lehrer die Regel beachten, Neues nur mit Bezug und im Zusammenhang mit Bekanntem einzuführen. Was „bekannt" ist, muß nicht innersprachlich vertraut sein; situative, visuell repräsentierte, gestische und mimische Hilfen treten hinzu, erst als letztes Mittel der Griff zum Deutschen. Besonders deutlich tritt das bei der Vokabeleinführung hervor, aber auch bei der Satzbetonung (siehe S. 22) oder der Unterscheidung von Sprachfunktionen (vgl. *Say it in English,* Schülerbuch, S. 40). Bei der Vokabeleinführung gelingt nur vieles eher, weil auf Gegenstände, Antonyme *(big – small),* Bezeichnungen zur Beziehung zwischen Personen *(father – mother),* Reihungen *(morning – afternoon – evening)* usw. zurückgegriffen werden kann.

Anders liegen die Dinge bei der *Unterrichtssteuerung.* Wo nicht
  eingeführt, erklärt und verdeutlicht, sondern
  gebeten, aufgefordert, angeregt, gelobt, mißbilligt,
  vertröstet, korrigiert, entschuldigt und getadelt
wird, kann und muß der Lehrer seinen Vorsprung ausnutzen, um
- authentischen Sprachgebrauch zu demonstrieren,
- den Schülern Gelegenheit zu geben, aus dem situativen Kontext heraus Verständnis zu gewinnen, und
- Wendungen und Strukturen darzubieten, die später von den Schülern übernommen werden sollen, und auf diese Weise – nach dem Einführungskurs – einen Beitrag zur Hörschulung zu leisten.

Bei der Steuerung des Unterrichts ist es also durchaus angebracht, den Sprachstand der Schüler zu überschreiten, um sie zu fördern. Daß der Lehrer dabei behutsam vorgeht, sich auf das Notwendige beschränkt, versteht sich von selbst. Aber wer hätte schon Lob oder Tadel mißverstanden, nur weil Sprachelemente unverstanden geblieben wären? Selbst ein Tier, das Sprache nicht versteht, reagiert auf freundlichen oder auch unfreundlichen Sprachgehalt. Die Psycholinguisten haben recht, wenn sie vorbringen, man verstehe nicht so sehr, was der andere *sagt,* sondern was er *meint.* Würde man dieser Erkenntnis mehr Aufmerksamkeit schenken, ließe sich auch manche Flucht aus der vernünftig aufgefaßten Einsprachigkeit vermeiden.

**Leistungsfeststellung**

Als Formen der Leistungsfeststellung sind Klassenarbeiten, die Beobachtung mündlicher Leistungen und die Lernkontrollen des Lehrwerks (siehe S. 16) zu nennen.

### Klassenarbeiten

Selbstverständlich kann sich die Leistungsfeststellung nicht auf Tests beschränken, da sie im wesentlichen die Verfügbarkeit mehr oder weniger isolierter Sprach- und Kommunikationselemente überprüfen. Daher ist es angebracht, auch Klassenarbeiten einzusetzen, im ersten Englischjahr allerdings mit einigen Vorbehalten:

1. Das erste Halbjahr sollte, wenn die Lehrpläne es zulassen, nach Möglichkeit von Klassenarbeiten freibleiben, um den Schülern erst einmal eine Eingewöhnungszeit zu gewähren und weil Aufgabenstellungen, die für Klassenarbeiten sinnvoll wären, ohnehin nur in begrenztem Maße zur Verfügung stehen.

2. Die Klassenarbeiten sollten nicht überwiegend die Form von Diktaten annehmen, und sie sollten nach Möglichkeit auch keine Umformungsaufgaben sein, die eher dem Test entsprächen. Zu denken ist also an Aufgabenstellungen, die sich nach Anforderung und Art an Schülerbuchtexte anlehnen, z. B. *My family, My hobby, My town* usw. Mit dem wiederholten *my* wird angedeutet, daß auch bei der Planung von Klassenarbeiten der Transfergedanke in die Überlegungen einbezogen werden sollte. Selbstverständlich kommen aber auch z. B. – abgewandelte – Schülerbuchtexte in Betracht, zu denen dann Verständnisfragen zu beantworten sind.
3. Die Beurteilung der Klassenarbeit sollte immer in bezug auf die jeweilige Leistungsforderung, z. B., ob der Schüler Auskunft über seine Familie geben kann, erfolgen. Dann verbietet es sich, das Urteil allein oder überwiegend etwa aufgrund der Rechtschreibleistung zu fällen.

Wesentlich ist es, „Klassenarbeiten" von „Übungsarbeiten" zu unterscheiden. Die in der Fachliteratur häufig vorgebrachten Einwände gegen das Diktat als Klassenarbeit sprechen u. E. nicht dagegen, seinen Übungseffekt zu nutzen.

### Mündliche Leistungen

Über den durch Test und Klassenarbeit nachgewiesenen Leistungen darf das Mündliche nicht vernachlässigt werden. Es spricht sogar vieles dafür, der mündlichen Leistung Vorrang bei der Gesamtbeurteilung zu geben. Als Mindestforderung muß die Gleichgewichtigkeit der beiden Leistungsbereiche gelten.

### Die Teile des Lehrwerks

**Das Schülerbuch**  Den Kern des Lehrwerks stellt das Schülerbuch dar. Sein gegenüber der bisherigen Ausgabe größeres Format dient nicht etwa dazu, mehr Stoff aufzunehmen, sondern ermöglicht die Aufnahme motivierender Gestaltungselemente. Insgesamt wird eine dem Lernen förderliche Auflockerung angestrebt.

### Personen und Situationen

Die lernpsychologischen Gegebenheiten der Altersstufe erfordern es, den Lehrgang auf eine Personenbindung zu gründen und so Identifikationsmöglichkeiten anzubieten. Um eine Fixierung auf eine Musterfamilie zu vermeiden und folglich verschiedene Familienverhältnisse darstellen zu können, wurden sechs Bezugsgruppen in den Mittelpunkt gestellt, vertreten vor allem durch die Kinder: Dave King, Ann Green, Liz Dean, Pat Best, Sam Cooper und Harry Peel. So kommen im Schülerbuch Familien mit nur einem Elternteil, Kinderreiche und Einzelkinder vor, und die farbige Minderheit in Großbritannien findet Berücksichtigung. Die Familien sind in verschiedenen sozialen Schichten angesiedelt; vertreten sind Fabrikarbeiter, Büroangestellte, Handwerker und andere Berufsgruppen. Sorge wurde dafür getragen, das Klischee der geschlechtsspezifischen Rollenverteilung in jeder Hinsicht zu vermeiden. Der weite Identifikationsspielraum machte es möglich, die Situationen offener zu strukturieren und sie deutlicher in die Nähe der Möglichkeiten, Wünsche und Probleme der Schüler zu bringen. Dabei waren freilich die Grenzen zu bedenken, die durch das im elementaren Fremdsprachenunterricht nur beschränkt zur Verfügung stehende Sprachmaterial derartigen Bestrebungen gezogen sind.

### Schülerbuch und Lehrwerk

Zweifellos kann man den Lehrplänen formal genügen, wenn man den Unterricht lediglich auf das Schülerbuch stützt. Will man jedoch den nicht ohne Grund inhaltlich komplexer gewordenen Anforderungen und Verwertungsmöglichkeiten des Fremdsprachenlernens genügen, wird man sich einer Mindestausstattung an Lehr- und Lernmaterialien bedienen, die darüber hinaus eine abwechslungsreiche Unterrichtsgestaltung ermöglicht, welche den Lernprozeß unterstützt und dem Schüler immer wieder Motivationshilfen gibt. So wird mit ENGLISH H · Neue Ausgabe wiederum ein *Lehrwerk* angeboten, in dem das *Schülerbuch* im Verbund mit *anderen Medien* steht, welche die einzelnen Bereiche des Fremdsprachenerwerbs abdecken und dem Lehrer Hilfen für die Gestaltung eines wirklichkeitsnahen Unterrichts geben.

**Der Einführungskurs** In den letzten Jahren haben sich in bezug auf Einführungskurse unterschiedliche Auffassungen herausgebildet. ENGLISH H · Neue Ausgabe kommt diesem Umstand entgegen; es erlaubt die Arbeit mit oder ohne einen solchen Kurs. Dabei soll allerdings, ohne Bevormundungsabsicht, nicht verschwiegen werden, daß die Verfasser des Lehrwerks den Unterricht auf der Grundlage des Einführungskurses bevorzugen würden. Die Anlage des Schülerbuchs setzt jedoch die vorherige Bearbeitung des Einführungskurses nicht voraus. Zu erinnern ist aber daran, daß der Einführungskurs dem Lehrer Gelegenheit gibt,
- die Schüler mit Stimmführung und Lautbildung des Englischen vertraut zu machen,
- Wörter und Wendungen einzuführen, die bereits in den ersten Stunden Dialogansätze oder einfache Dialoge ermöglichen,
- die Umgebung des Klassenraums auszunutzen und so den Schülern von Anfang an zu demonstrieren, daß sie sich schon mit wenigen Sprachmitteln sinnvoll äußern können,
- die Schüler behutsam an das Schriftbild des Englischen heranzuführen,
- die ersten Elemente der Unterrichtsphraseologie einzuführen.

Der gegenüber ENGLISH H spürbar gestraffte Einführungskurs zielt unter Auswertung von Schulerfahrungen auf eine Bearbeitungszeit von etwa vier Wochen oder 16-20 Unterrichtsstunden ab. Die Einführung des Schriftbildes erfolgt dabei nach zwei Wochen. Neben acht doppelseitigen Arbeitsblättern werden auf einer Cassette bzw. einem Tonband Übungen, Kurzdialoge und Lieder zur Verfügung gestellt.

**Das Workbook** Das Workbook bietet zusätzliche Übungen zu den Units des Schülerbuchs und ergänzt dessen Übungsmaterial. Es erleichtert es dem Lehrer, punktuell schriftliche Übungen einzusetzen, und gibt ihm Anregungen, ggf. weitere Übungen zu entwickeln. Zu seinem Angebot gehören Übungen, die an die Sprechabsichten des jeweiligen Step angelehnt sind, sowie andere, die, kommunikativ eingebettet, zur Festigung der eingeführten Strukturen dienen. Zu den Bereichen „Wortschatzarbeit" und „Leseverständnis" wird ergänzendes Material angeboten; Rätsel und Spiele wollen gerade auch lernschwächere Schüler ansprechen.

**Das Lehrerhandbuch** Das hier vorliegende Lehrerhandbuch macht den Lehrer mit der Konzeption des Lehrwerks vertraut, bringt ihm darauf abgestellte Arbeitsformen nahe und entlastet ihn generell von den Fragen der Unterrichtsvorbereitung. Dazu dienen Angaben zu neuen Strukturen, Wörtern und Wendungen, die Präzisierung der Sprechabsichten und Empfehlungen für die Durchführung des Unterrichts, ggf. mit Erweiterungsvorschlägen. Zu den Übungen des Schülerbuchs werden die Lösungen angegeben.

Das Lehrerhandbuch enthält ein alphabetisches Wörterverzeichnis, in dem angegeben wird, wann ein Wort zum ersten Mal gebraucht wird.

**Auditive Medien** Eine Text-Cassette (wahlweise zwei Text-Tonbänder) enthält Aufnahmen sämtlicher Texte, Dialoge und Lieder des Schülerbuchs, der *Sounds*-Abschnitte mit Nachsprechpausen sowie zusätzliche Kurzübungen. Drei Übungs-Cassetten (bzw. -Tonbänder) enthalten Nachsprechübungen, kontextualisierte Strukturübungen und Übungen zur Förderung des Hörverständnisses sowie der Kommunikationsfähigkeit. Das Übungsprogramm, das für Klassen- und Sprachlaborunterricht entworfen worden ist, wird durch ein Bild- und Arbeitsbuch für den Schüler gesteuert; dem Lehrer steht ein Textbuch zur Verfügung.

**Visuelle Medien** Der visuell gesteuerte oder unterstützte Unterricht wird durch Haftbildelemente und Arbeitsfolien ermöglicht. Die Folien dienen der Einführung und Festigung ausgewählter Redemittel und stellen zusätzliche Sprechanlässe bereit. Damit soll aber keineswegs einem durchgehend „technisierten" Unterricht das Wort geredet werden, der z. B. für die Tafelzeichnung oder die Begegnung mit Realien keinen Platz mehr hätte.

**Lernkontrollen** Die Berücksichtigung neuerer Entwicklungen, die in ENGLISH H · Neue Ausgabe eingegangen sind, impliziert die Modifizierung der bislang vorrangig verwendeten informellen Leistungstests. Um ihre Aussagekraft zu steigern, wurden Formen der Leistungsfeststellung entwickelt, die den kommunikativen Ansatz überzeugender erkennen lassen und zusätzlich die Funktion des Leseverstehens besonders verdeutlichen.

## Das Schülerbuch

**Der Aufbau des Schülerbuchs** Das Schülerbuch enthält zehn Units, zwei Wörterverzeichnisse, eine Seite mit den Aussprachebezeichnungen englischer Zahlen und der im Schülerbuch verwendeten Namen und dem Alphabet sowie – auf der 3. Umschlagseite – eine Übersicht der Lautschriftsymbole.

Jede Unit hat pragmatische, grammatische und lexikalische Schwerpunkte, die in einem thematischen Rahmen präsentiert werden. Folgende Themenbereiche stehen im Mittelpunkt der einzelnen Units: Unit 1 (Die Schule); Unit 2 (Die Familie); Unit 3 (Tätigkeiten und Pläne); Unit 4 (Haustiere); Unit 5 (Arbeit zu Hause); Unit 6 (Hobby und Beruf); Unit 7 (Urlaub); Unit 8 (Geburtstag); Unit 9 (Die Freizeit); Unit 10 (Die Umwelt: Stadt und Schule).

Die Arbeit in „konzentrischen Kreisen" wurde bereits oben (siehe S. 6 f.) als methodisches Prinzip des Lehrwerks erläutert. Insbesondere sorgt der Aufbau des Schülerbuchs dafür, daß die Inhalte, die im Mittelpunkt einer Unit stehen, auch in späteren Units wiederholt und erweitert werden. In Unit 4 wird beispielsweise die Struktur mit *can* in Verbindung mit verschiedenen Sprechabsichten eingeführt, in späteren Units wird sie anhand von weiteren Sprechabsichten präsentiert und geübt. Die Sprechabsicht „Fragen, ob jemand bei etwas mitmachen will" wird zuerst in Unit 3 unter Verwendung des *present progressive* eingeführt. Sie wird jedoch, je nach Situation, auch unter Verwendung anderer Strukturen an vier weiteren Stellen im Buch behandelt.

**Der Aufbau der Units** Die Units sind in fünf mit a bis e bezeichnete Steps gegliedert, um die Lernschritte klar voneinander abzugrenzen.

### Steps a bis c

Hier werden den Sprachfunktionen die ihnen entsprechenden Redemittel zugeordnet. Sie sind in Situationen bzw. Situationsansätze eingebettet, so daß es niemals zu einer zusammenhanglosen, listenförmigen Darbietung kommt. Jedem Step ist in einer Kurzformel die Angabe der schwerpunktmäßig behandelten Sprechabsicht vorangestellt. In diesen Steps wird ferner neuer Wortschatz eingeführt. Die Wörter, Wendungen und Strukturen erscheinen immer in dem ihnen gemäßen Kontext. Die Bedeutung der unbekannten Wörter kann oft mit Hilfe eines Bildes oder des Kontexts erschlossen werden. Neue grammatische Strukturen, die zum Lehrstoff einer Unit gehören, werden ausnahmslos in den Steps a bis c vorgestellt. Sie sind durch halbfetten Druck gekennzeichnet. (Aus Motivationsgründen ist in Step b einiger Units zusätzlich ein Text eingefügt worden.)

Bei der Erarbeitung der sprachlichen Elemente lassen sich folgende, im Schülerbuch ausgewiesene Lernphasen unterscheiden:
– *Darbietung:* Sie erfolgt durchweg im Zusammenhang einer visuell oder verbal präsentierten Situation. Zur Vermeidung von Lernschwierigkeiten werden neue Strukturen isoliert voneinander eingeführt.

- *Übung:* Die neuen Redemittel werden unmittelbar im Anschluß an ihre Einführung in kommunikativ wichtigen Situationen geübt. Als Sprech- oder Schreibanlässe dienen vorzugsweise Fotos oder Zeichnungen. Weitere Festigungsmöglichkeiten werden in Step e angeboten.
- *Transfer:* Nach der Verankerung in einer fiktiven Situation wird das Gelernte auf die Situation des Schülers übertragen. Diese Phase wird entweder vom Lehrer *(And you?)* oder in Partner- bzw. Gruppenarbeit von den Schülern *(Ask a partner)* gesteuert (Leitsymbol: gelber Kasten). Zu diesen Abschnitten siehe auch „Zu den Bestandteilen der Units", S. 19.
- *Bewußtmachung:* Die Zusammenfassung unter grammatischen und pragmalinguistischen Aspekten erfolgt, wenn die Schüler im Lernprozeß einer kognitiven Stütze bedürfen. Farbliche Hervorhebungen und muttersprachliche Erläuterungen tragen zum besseren Verständnis bei (Leitsymbol: punktierter roter Kasten).

Darbietung und Übung des in diesen Steps bereitgestellten Materials lassen sich ergänzen durch die Vorschläge des Lehrerhandbuchs, die Arbeit mit dem Workbook und anderen Arbeitsmitteln und, *last, but not least,* selbstverständlich durch Unterrichtsmaßnahmen, die der Lehrer aufgrund seiner Erfahrung und methodischen Phantasie trifft.

### Step d

Der vierte Step besteht aus einem oder mehreren Texten bzw. Dialogen, worin die zuvor eingeführten und geübten Erscheinungen so weit verarbeitet sind, wie es eine natürliche Darstellung erlaubt und erfordert. Mit Rücksicht auf die Unterrichtssituation und die hier angesprochenen Schüler handelt es sich um Texte begrenzten Umfangs. Bewußt werden möglichst viele Textsorten, wie z. B. narrativer Text, Sachbericht, Dialog, Brief, Reportage, vorgestellt. Die in Step d enthaltenen Texte werden oft durch einen weiteren Text in Step b ergänzt. Zur Arbeit mit den Texten siehe auch den folgenden Abschnitt „Zu den Bestandteilen der Units".

### Step e

Der letzte Step einer Unit enthält Übungen, weiterführende Aufgaben und Arbeitsmöglichkeiten. Sein erster Teil besteht aus drei bis vier Übungen, die den Zweck haben, getrennt eingeübte Teilaspekte eines sprachlichen Phänomens zusammen bzw. kontrastierend zu üben oder aber Sprachmaterial aus früheren Units zu wiederholen (beispielsweise als Vorbereitung auf eine neue sprachliche Erscheinung der folgenden Units). Die Umwälzung des Wortschatzes und seine Zusammenfassung in Sachgruppen und Bezugsfelder bildet ebenfalls einen Schwerpunkt.

Die Abschnitte *Say it in English, Activity* und *Sounds,* die ebenfalls diesem Step zuzuordnen sind, werden unter „Zu den Bestandteilen der Units", S. 19, beschrieben.

**Zu den Bestandteilen der Units**

### Die Texte

Im Vordergrund stehen auf dieser Stufe die Aufgaben,
- den Schülern vorzuführen, daß sie bereits relativ umfangreiche Texte bewältigen, also durchaus akzeptable Verstehensleistungen erbringen können, und
- ihnen Modelle für eigene Ausdrucksabsichten (vielleicht nur durch das Schriftliche unterstützte oder abgesicherte Sprechabsichten) anzubieten sowie
- sie dazu zu motivieren, sich mit den angebotenen Themen auseinanderzusetzen und auf die eigene Erfahrung zu beziehen. Dabei werden die Schüler, ohne daß es langwieriger Erörterungen bedarf, bereits mit einfachen landeskundlichen Gegebenheiten vertraut gemacht.

Beim Leseverstehen muß man aus sprachlichen Gründen in etlichen Fällen noch auf die detaillierte Verständnisüberprüfung verzichten. Hätte man anders verfahren wollen, wären entweder nicht mehr authentisch wirkende Texte oder die vorzeitige Einführung entsprechender Strukturen die Folge gewesen. Gerade im Anfangsunterricht sollte das Lernen gegenüber dem Prüfen eindeutige Priorität besitzen. Deshalb wird man sich in vielen Fällen mit dem Globalverständnis begnügen und sich so in die Situation *jedes* Lernenden versetzen, der erst in die Anfangsgründe einer Fremdsprache eindringt. Deshalb wäre es empfehlenswert, wenn der Lehrer auf den vorschnellen Rückgriff auf das Deutsche verzichten würde, um fremdsprachiges Verstehen – die Entwicklung des Erschließens aus dem Kontext – nicht zu behindern. Aus solchen Gründen sollte es sich auch verbieten, die Texte für grammatische Übungen „auszuwerten", besser gesagt: auszunutzen.

Man muß auch der gelegentlich geäußerten Auffassung entgegentreten, „Lesen" bedeute in diesem Lehrgangsstadium „Lautlesen".

Auf das Lautlesen können wir im Fremdsprachenunterricht nicht verzichten (auch wenn es manche dagegen gerichtete Äußerung gibt), weil es u. a. die Verbindung von Lautbild und Schriftbild fördert, die für den Sprachgebrauch wesentlich ist. Es gibt auch keinen Grund, warum man die offenkundige Freude am Lautlesen in einer 5. Klasse nicht nutzen sollte. Zu warnen ist freilich vor dem sogenannten Fehlerlesen, weil es genau diejenigen von der Leseübung ausschließt, die ihrer am dringendsten bedürfen. Aber das Lautlesen darf die Unterrichtsszene nicht beherrschen, und es darf auch nicht als Ausweichbegründung dafür benutzt werden, das prinzipiell anerkannte Stillesen könne erst zu einem späteren, nie genau genannten, Zeitpunkt aufgegriffen werden. Schon in der 5. Klasse sollte man mögliche Ansätze zum Stillesen aufgreifen, ohne daran überhöhte Erwartungen zu knüpfen. Solche Ansätze werden in ENGLISH H · Neue Ausgabe geboten. Die Möglichkeit des Stillesens ist nicht an eine Altersstufe, sondern lediglich an die Form der Textgestaltung gebunden.

*Einsatz der Tonträger:* In diesem Zusammenhang ist auch der Einsatz der Tonträger von Belang. Grundsätzlich gilt, daß etwaiger Mangel an Unterrichtszeit nicht durch den Verzicht auf die Verwendung von Tonträgern kompensiert werden sollte. Dann wäre auch noch das Erreichen von Teilzielen des Englischunterrichts gefährdet.

Wenn die Tonträger verfügbar sind, sollte der Lehrer darauf verzichten, einen Text grundsätzlich vorzulesen. Der Schüler muß von Anfang an Gelegenheit bekommen, sich mit authentischem Englisch vertraut zu machen. Selbstverständlich wird der Lehrer von dieser Regel abweichen, wenn spezielle Unterrichtsbedingungen es ihm nahelegen.

Seine Entscheidung ist freilich von der jeweiligen Zielsetzung abhängig. Abgesehen von den Fällen, in denen sich die Bevorzugung von Hörverstehensübungen von der Situation her anbietet (vgl. Step 8d), muß der Lehrer entscheiden, welchem Aspekt, dem Hörverstehen oder dem Leseverstehen, er den Vorzug gibt. Setzt er den Schwerpunkt beim Hörverstehen an, wird er mit der Darbietung über den Tonträger beginnen. Soll das Leseverstehen durch auditive Schulung ergänzt werden, geht der Unterricht vom Buchtext aus – auf dem Wege des Stillesens! –, dem dann erst die Beschäftigung mit dem Tonträger folgt (wenn die lautliche Bearbeitung geboten erscheint). Zielt der Lehrer auf das Lautlesen ab, wird er die technischen Mittel als Modell und Korrekturinstanz zu nutzen wissen. Diese Empfehlungen sollten nicht als unbedingt einzuhaltende Rezepte mißverstanden werden. Man muß allerdings daran erinnern, daß es im Anfangsunterricht darauf ankommt, Hörverständnis und Leseverständnis möglichst gleichmäßig zu berücksichtigen, um nicht evtl. verfehlte Vorentscheidungen zu begünstigen.

*Das Nachspielen von Dialogen:* Etliche der im Schülerbuch enthaltenen Dialoge bieten sich von Thematik und Sprachstruktur her für das Nachspielen („szenisches Spiel") an. Wer die pragmadidaktische Orientierung ernst nimmt, wird dabei jedoch Vorsicht walten lassen. Sicher ist es legitim, die Spielfreude jüngerer Schüler zu nutzen; doch sollte man darauf achten, ob die Spielszene, in der es zu agieren gilt, in den Erfahrungskreis der

Schüler paßt. Vor allem wenn sich Widerstände auf seiten der Schüler abzeichnen, wird man darauf verzichten, Schüler in Rollen zu zwingen, und entsprechende Aktivitäten lieber in die Transferphase – durch die „gelben Kästen" gekennzeichnet – verlagern oder aber mit Hilfe des zuvor erarbeiteten Sprachmaterials eine eigene Spielszene erarbeiten. Dabei informieren die Schülerbuchdialoge über das bis dahin zugängliche sprachliche Niveau, ohne in Thematik und szenischer Abfolge zu unbedingter Nachahmung zu zwingen.

### Bildleisten

Die Bildleisten nach Art der Comics, die in den Steps a bis c enthalten sind, haben verschiedene Funktionen. In einigen wenigen Fällen dienen sie der Einführung einer sprachlichen Erscheinung in situativem Zusammenhang (vgl. S. 36). In den meisten Fällen haben sie jedoch eine verbindende Funktion: Sie helfen vielfach, inhaltlich einen „roten Faden" in der jeweiligen Unit herzustellen oder erleichtern den thematischen und – durch die Bereitstellung von Wortschatz – sprachlichen Übergang zu einem Text oder Dialog.

### And you? – Ask a partner

In den gelb umrandeten Abschnitten wird mit Fragen und Aufforderungen wie *And you?*, *Ask a partner*, *Ask a friend* usw. der Transfer in Gang gesetzt, der den Lernenden aus dem Umkreis des Schülerbuchs in seine eigene Situation führt und das bis dahin Erarbeitete auf ihn selbst anwenden läßt. Die Abschnitte vom Typ *And you?* führen das Unterrichtsgespräch bzw. vorangegangene Übungen in den persönlichen Bereich, während die vom Typ *Ask a partner* als Grundlage für eine kurze Phase der Partner- oder Gruppenarbeit dienen.

### Sounds

Dieser Abschnitt gibt Anregungen für Ausspracheübungen durch Sammeln entsprechender Wörter, Reihenbildung und Gegenüberstellung. Ggf. kann er auch dazu dienen, in die passive Beherrschung der phonetischen Umschrift einzuführen, um den Gebrauch von Wörterverzeichnissen und Lexika zu erleichtern.

### Say it in English

In dem Abschnitt erscheinen Sprechanlässe, bei denen Sprechabsichten verwirklicht werden, für die das sprachliche Material zuvor in anderen Zusammenhängen eingeführt und geübt worden ist. In sorgfältiger Dosierung wird also die Verfügbarkeit und Übertragbarkeit des Gelernten gesteigert.

### Activity

Hier wird angestrebt, Englischkenntnisse auf Tätigkeiten anzuwenden, die den Schülern erfahrungsgemäß Spaß machen und so auch die Motivation für den Englischunterricht erhalten oder gar steigern können. Sie können ihren Platz in der Hausarbeit haben, deren Ergebnisse dann u. U. wieder in den Klassenunterricht einfließen, oder in Unterrichtsphasen, mit denen eine gewisse Auflockerung bezweckt wird. Gerade in lernschwächeren Klassen ist darauf zu achten, daß der Unterricht genügend Elemente – wie Lieder, Lernspiele und diese *activities* – enthält, die der Motivierung förderlich sein können.

### Neue Lieder

Die im Schülerbuch enthaltenen Lieder wurden auf der Grundlage jeweils bekannten sprachlichen Materials eigens für ENGLISH H · Neue Ausgabe verfaßt. Tonaufnahmen sind auf der Text-Cassette bzw. den Text-Tonbändern enthalten.

**Wörterverzeichnisse** Das Schülerbuch enthält zwei Wörterverzeichnisse.

### English Words and Phrases

Das erste führt den nach Grundwortschatz (fette Schrifttype) und Zusatzwortschatz (normale Schrifttype) unterschiedenen Wortbestand in der Reihenfolge des ersten Auftretens an. Neben den deutschen Entsprechungen erscheint eine Vielzahl von Beispielsätzen, in denen die Wörter in geeigneten Kontexten auftreten, um syntaktische und lexikalische Besonderheiten zu verdeutlichen und der Interferenz durch die Muttersprache vorzubeugen. Wo es möglich ist, wird auf Illustrationen zurückgegriffen.

Mit den punktierten blauen Kästchen in der äußeren Spalte werden Anregungen für die systematische Wortschatzarbeit gegeben. Sie enthalten Zusammenstellungen nach verschiedenen Ordnungsgesichtspunkten: Beziehungen zwischen Personen, Sachgruppen, Kollokation, Ausdrucksfeld usw.

### List of Words

Das zweite ist ein alphabetisches Wörterverzeichnis mit Umschriftangabe. Die komplette Auflistung aller Wörter und Wendungen ist zum Nachschlagen bestimmt.

Im Lehrerhandbuch wird die *List of Words* unter Verzicht auf Ausspracheangabe und deutsche Bedeutung mit Nachweis des ersten Auftretens der Wörter im Schülerbuch abgedruckt. Die in der *List of Words* wie an anderen Stellen des Schülerbuchs verwendete phonetische Umschrift folgt der 14. Auflage (1977) des von A. C. Gimson bearbeiteten *English Pronouncing Dictionary* von Daniel Jones (Dent, London). Ihre Symbole werden in einer Übersicht auf der 3. Umschlagseite zusammengefaßt.

### Die lautliche Seite der Sprache

**Allgemeines** Es kann an dieser Stelle weder ein Abriß der Phonetik und Phonologie noch ein Situationsbericht gegeben werden. Wer sich über Details informieren will, muß ohnehin die Fachliteratur zu Rate ziehen[1]. Hier kann es nur darum gehen, auf einige Sachverhalte aufmerksam zu machen, die der Englischlehrer unbedingt beachten sollte.

Erreicht schon der Lehrer keine *native proficiency,* so ist es erst recht in bezug auf den Schüler angebracht, als höchstes Ziel von einer *near-native proficiency* zu sprechen, womit allerdings in unserem Zusammenhang nicht eine Aussprache gemeint sein kann, „die mit der eines kompetenten Originalsprechers praktisch identisch ist" (vgl. E. Germer: *Didaktik der englischen Aussprache.* Schroedel, Hannover 1980, S. 28). Wenn didaktisch verstandene Toleranzbereiche gelten müssen, so sollte es sich der Lehrer andererseits angelegen sein lassen, sich Klarheit über Dialekteinflüsse auf den Fremdsprachenerwerb seiner Schüler zu verschaffen (siehe dazu E. Germer: *Deutsche Mundart und englische Aussprache.* Cornelsen-Velhagen & Klasing, Berlin 1977). Andererseits ist alles zu tun, um nicht noch das Entstehen des berüchtigten „Schulenglisch" zu fördern. Dabei geht es vor allem um drei Punkte.

---

[1] R. Arnold – K. Hansen: *Phonetik der englischen Sprache.* Hueber, München 1967; E. Germer: *Didaktik der englischen Aussprache.* Schroedel, Hannover 1980; A. C. Gimson: *An Introduction to the Pronunciation of English.* Second edition. Arnold, London 1970; G. Scherer – A. Wollmann: *Englische Phonetik und Phonologie.* Schmidt, Berlin $^2$1977. Zusätzlich sind die Veröffentlichungen der Cambridge University Press zu nennen, vor allem J. Trim: *English Pronunciation Illustrated,* ferner die Bände der *Elements of Pronunciation Series* von C. Mortimer: *Stress Time, Link-Up, Contractions* und *Weak Forms.*

### Tonträger

Wer bewußt auf Tonträger verzichtet, mindert von vornherein den möglichen Lernerfolg. Wie soll jemand, der nie oder selten das Englisch des *native speaker* hört, jemals zu einem angemessenen Sprachgebrauch kommen?

### Sprechtempo

Aus dem gleichen Grunde ist es verfehlt, das Sprechtempo in *unnatürlicher* Weise zu reduzieren. Selbstverständlich wird man im Anfangsunterricht langsamer sprechen, als es *native speaker* tun, aber es wäre völlig falsch, auf diesem Wege eine künstliche Lehrsprache entstehen zu lassen.

### Kurzformen

Die falsche Einstellung zum Sprechtempo verführt dazu, statt der sprachüblichen *weak forms* die *strong forms* zu verwenden. Wer vokabelmäßig die *strong forms* lernt, z. B. *can*
    *strong form* [kæn]
    *weak form* [kən],
und nicht an die *weak forms* gewöhnt worden ist, darf sich später nicht über Mißverständnisse wundern. *I can* [kæn] *do it* wirkt aggressiv, selbstherrlich; *I can* [kən] *do it* ist eine schlichte, sachliche Feststellung.

Es trifft auch nicht zu, bei angemessen langsamem Sprechen im Anfangsunterricht könne man nur *strong forms* verwenden. Ebensowenig trifft zu, die *weak forms* würden sich im Laufe der Zeit „von allein" einstellen. Die *strong forms* schleifen sich nicht automatisch ab, weil deutschen Schülern ein solcher Vorgang gar nicht vertraut sein kann. Im Deutschen werden nur Silben, die ein *e* enthalten, abgeschwächt (z. B. „ger*e*ttet").

### Gewichtung der Teilbereiche

In systematischen Darstellungen der Phonetik und Phonologie pflegt die Kapitelfolge vom Laut bis zur Intonation fortzuschreiten. Im tatsächlichen Sprachgebrauch dürfte aber die umgekehrte Reihenfolge ausschlaggebend sein. Ohne die Bedeutung der Lautschulung abzuwerten, muß daran erinnert werden, daß Intonationsfehler eher Mißverständnisse hervorrufen als Fehlbildungen einzelner Laute. Die Intonation (und Betonung) sollte daher im Englischunterricht mehr Beachtung finden, als es bisher üblich war.

### Zur Leistungsfeststellung

Wenn in der Fachliteratur und in den Lehrplänen auch immer wieder der Wert des Mündlichen hervorgehoben worden ist, so fand bei Unterrichtsgestaltung und Leistungsfeststellung die eigentliche mündliche Komponente doch häufig genug zu wenig Beachtung. Es ist angebracht, diesen Aspekt stärker zu berücksichtigen.

**Teilbereiche der Phonetik**

### Intonation

Die wichtigste Stelle eines Sprechakts – der durch die Intonation zu einer Einheit verbundenen Wortgruppen – ist sein Ende. Die Stimme wird dort entweder gesenkt (fallende Intonation) oder gehoben (steigende Intonation). Die fallende Intonation, die etwas Abgeschlossenes ausdrückt, findet sich dementsprechend bei Aussagen, Befehlen, Ausrufen und Bestimmungsfragen, z. B.
    *John is a pupil in my class.*
    *Come here, please.*
    *What a nice cake!*
    *What's your name?*
    *Where do you live?*

Die steigende Intonation, die auf nicht Abgeschlossenes verweist, tritt hauptsächlich auf bei dem Hauptsatz vorangestellten Nebensätzen (in

neuerer Terminologie: Gliedsätzen), bei höflichen Bitten und Entscheidungsfragen, z. B.
*When Pat saw the present, she was very surprised.*
*Can I have a cup of tea, please?*
*Is John your brother?*

Selbstverständlich gibt es zahlreiche Fälle, in denen von diesen beiden Grundmustern abgewichen wird. Dazu gehören z. B. mit steigender Intonation gesprochene Bestimmungsfragen. Es ist aber sicherlich angebracht, auf unserem Lernniveau auf derartige Unterscheidungen zu verzichten und um so mehr Sorgfalt darauf zu verwenden, die Grundmuster zu festigen.

Im Zusammenhang mit der Intonation ist auch das Problem des englischen Sprechrhythmus zu sehen (vgl. R. Mayers: *A Practical Approach to the Teaching of Weak Forms.* In: ENGLISCH, 17 (1982) 1, S. 16-19). Dabei ist entscheidend, daß der Abstand zwischen den betonten Silben im wesentlichen gleich bleibt. So würden die Sätze
'*Take it* '*home.*
'*Take it to* '*Joan.*
'*Take it over to* '*Joan.*
etwa die gleiche Sprechzeit beanspruchen. Das ist nur möglich, wenn Silben und Wörter abgeschwächt werden *(weak forms)*. Selbstverständlich ist hier nicht daran gedacht, den Sprechrhythmus zum ausdrücklichen Unterrichtsgegenstand zu erheben, wohl aber daran, erneut auf die Bedeutung der *weak forms* für authentische Sprache in Lehrer- und Schüleräußerungen hinzuweisen, u. a. auch im Hinblick auf die zuvor erwähnten Kurzformen (siehe S. 21).

**Betonung**

Zu unterscheiden sind Satzbetonung und Wortbetonung.

Bei der Satzbetonung wird der Schüler in Texten im allgemeinen durch Kursiv- oder Fettdruck auf die betreffenden Wörter hingewiesen (vgl. "Yes, it's *very* wet now.", Step 4b, S. 35). Solange der Schüler dieses „Signal" noch nicht versteht, wird der Lehrer helfend eingreifen müssen. Im mündlichen Sprachgebrauch liegt es vor allem beim Lehrer, angemessene Modelle zu geben und schrittweise darauf hinzuarbeiten, daß diese pragmatischen Signale allmählich von den Schülern übernommen werden. Behutsames Vorgehen ist geboten, weil es den Schülern erst einmal gelingen muß, überhaupt akzeptable Äußerungen hervorzubringen.

Anders liegen die Dinge bei der Wortbetonung. Man kann den Schülern im allgemeinen keine verläßlichen Regeln geben, weil ihr Verständnis sprachgeschichtliche Kenntnisse voraussetzen würde. Die Wortbetonung muß also sozusagen „mitgelernt" werden. Einen Sonderfall stellt der *level stress* dar. Ist er im Deutschen auch nicht gänzlich unbekannt (vgl. '*hunde-*'*müde,* '*stein*'*reich*), so ist er für das Englische eine typische Erscheinung, die sehr häufig auftritt. Allerdings unterliegt er der sog. Dreiakzentregel: Folgen drei Akzente aufeinander, so wird aus rhythmischen Gründen der mittlere unterdrückt. Heißt es isoliert '*thir*'*teen,* so doch etwa beim Zählen '*thirteen,* '*fourteen,* ... oder z. B. '*thirteen* '*books.* Hier bleibt der Lehrer in den uns interessierenden Lerngruppen auf Gebrauchsanweisungen, die an Beispiele gebunden sind, angewiesen, wenn das imitativ-habitualisierende Vorgehen nicht ausreicht, es sei denn, es handele sich um einfache Gegenüberstellungen wie '*Oxford* '*Road* und '*Oxford Street.*

**Lautung**

In bezug auf die Lautung werden in der Fachdiskussion in besonderem Maße unterschiedliche Anspruchsniveaus vertreten:
1. Unnachsichtiges Bestehen auf korrekter Bildung, damit sich keine falschen Lautformen festsetzen,
2. Konzentration auf die englischen Laute, die deutschen Schülern Schwierigkeiten bereiten,

3. Konzentration auf schwierige englische Laute, deren Verfehlen Bedeutungsänderungen hervorruft.

In Kenntnis der Lernbedingungen unserer Schülergruppen beziehen wir, je nach angetroffener Leistungsfähigkeit, Stellung zwischen 2. und 3.

Schwierigkeiten bereiten vor allem
a) die Konsonanten [ð, θ, r, l, w, v],
b) die Vokale [ɒ, æ, ɜ:] und
c) die Diphthonge.
Zu erinnern ist auch an das kurze [ɪ] im Auslaut von Wörtern auf *-y (dirty)*, da im Deutschen an dieser Stelle nur langes [i:] erscheint *(wie, Chemie)*.

Es liegt auf der Hand, daß sich aus solchen Gegebenheiten unterschiedliche Auswirkungen ergeben können, etwa im Hinblick auf *thick – sick* oder *when – van*. Andere Fehler, z. B. die falsche Artikulation des englischen [r], verletzen zwar die fremdsprachige phonetische Norm, beeinträchtigen aber nicht die Kommunikationsfähigkeit.

Wichtig ist es, auf das Problem des stimmhaften und stimmlosen Auslauts zu achten. Während im Deutschen z. B. *Bund* und *bunt* gleich klingen, unterscheidet das Englische sorgfältig – bedeutungsdifferenzierend – zwischen *had – hat, bag – back, prize – price* usw.

Aufmerksamkeit verdient auch die Bindung in Wortgruppen, die u. a. den Knacklaut vor folgendem Vokal verhindern hilft, den man leicht bei der Unterscheidung von norddt. „ein-ander" und süddt. „ei-nander" erkennen kann. Beispiele sind *Are you English? Boys and girls,* aber auch *Sit down* u. ä.

Schließlich sollte der Lehrer darauf gefaßt sein, daß ihm und natürlich den Schülern bei Tonaufnahmen Varianten begegnen, vielleicht bei *again, often* oder den Bezeichnungen der Wochentage. Sie sind ihm auch aus dem Deutschen bekannt, z. B. bei *Glas* mit langem oder kurzem *a*. Solche Varianten sind keine Versäumnisse der Aufnahmeleitung oder Mängel der Sprecher, sondern Erscheinungen der Sprachwirklichkeit, die gerade den Dialektsprechern unter unseren Schülern verständlich gemacht werden können.

**Lehrerhandreichungen
zum Einführungskurs**

## Lehrerhandreichungen zum Einführungskurs

**Dauer** — Für die Durchnahme des Einführungskurses wird eine Bearbeitungszeit von vier Wochen vorgeschlagen, wobei die ersten beiden Wochen ausschließlich der mündlichen Arbeit vorbehalten bleiben. Erst in der dritten Woche wird mit der stufenweisen Einführung des Schriftbildes begonnen.

**Aufbau** — In den ersten beiden Wochen üben die Schüler die Laute des Englischen und lernen, einfache Aussagen über sich und ihre unmittelbare Umwelt zu machen. Durch die Entlastung von den Schwierigkeiten des Lesens und Schreibens kann sich die Unterrichtsarbeit in dieser Zeit ganz auf das Hören und Sprechen konzentrieren. Das kommt in erster Linie der Ausspracheschulung zugute, da möglichen Interferenzerscheinungen durch das Schriftbild vorgebeugt wird. In der dritten Woche wird mit dem Lesen und Schreiben des bekannten, nur geringfügig erweiterten Sprachmaterials begonnen. In der vierten Woche werden die Schüler – auf den bisher bekannten Redemitteln aufbauend – an zusammenhängende Äußerungen in kurzen Dialogen herangeführt, während das Schriftbild weiter gefestigt wird.

**Zielsetzung** — Mit der Bereitstellung der Redemittel, die zur Verwirklichung der kommunikativen Lernziele des Einführungskurses gewählt wurden, wird keine ausführliche Behandlung der mit ihnen verknüpften Strukturen angestrebt. Sie muß Sache des späteren Unterrichts bleiben: Alle im Einführungskurs enthaltenen Strukturen werden in den ersten Units des Schülerbuchs wiederholt. Vielmehr sollen diese einfachen Redemittel als Vorbereitung und Einstieg vor der Arbeit mit dem Schülerbuch verstanden werden. Maßgebend für die Auswahl der kommunikativen Lernziele und der für ihr Erreichen notwendigen Redemittel war im wesentlichen der Gebrauchswert in der Situation der Klasse und der unmittelbaren Umwelt der Schüler.

**Inhalte** — Da gesprochenes Englisch vermittelt wird, werden grundsätzlich die hierfür üblichen Kurzformen gebraucht. Auch im geschriebenen Englisch werden diese Kurzformen zunehmend verwendet, und so ist es folgerichtig, wenn die Schüler sie beim Schreiben von Anfang an benutzen. Die Langformen werden im Einführungskurs nicht behandelt. Der Einführungskurs enthält insgesamt 36 Wörter und 19 Wendungen, die von den Schülern gelernt und gebraucht werden sollen. Hinzu kommen das englische Alphabet, die Zahlen 1-12 und einige typische englische Vornamen. Durch die konsequente Begrenzung wird es möglich, den gesamten Wortschatz immer wieder in wechselnden Zusammenhängen zu gebrauchen und dadurch verfügungsbereit zu halten. In den Lehrerhandreichungen finden sich Vorschläge für den passiven Sprachschatz, d. h. für etwa 10 Wendungen, die zu diesem Zeitpunkt nur vom Lehrer im Unterrichtsgespräch verwendet werden (Anweisungen, Arbeitshilfen usw.) und deren Verständnis den Schülern – durch häufigen Gebrauch, durch Mimik und Gestik unterstützt – keine Schwierigkeiten bereitet. Obwohl es sich im einsprachig geführten Unterricht nicht vermeiden läßt (und in gewissem Grade sogar wünschenswert ist), daß der Lehrer mehr Wörter und Wendungen gebraucht, als die Schüler aktiv beherrschen sollen, ist vor einer größeren Ausweitung zu warnen. Eine unbegrenzte Vermehrung des Angebots führt keineswegs zu entsprechend höheren Lernleistungen, sondern bewirkt eher das Gegenteil: Die Schüler werden verwirrt und entmutigt, bis sie schließlich resignieren.

**Bestandteile des Einführungskurses** — Der Einführungskurs besteht aus acht Arbeitsblättern für den Schüler und den Lehrerhandreichungen. Die Arbeitsblätter sind doppelseitig bedruckt und können zusammen mit dem Workbook oder getrennt bezogen werden. Ergänzende Tonmaterialien sind auf Tonträger erhältlich, wahlweise als Compact-Cassette oder als Tonband.

Die **Arbeitsblätter** sollten den Schülern einzeln ausgehändigt werden. Sie geben dem Lehrer konkrete Hilfen, die es ihm gestatten, den Lehrgang mit einer rein mündlichen Einübungsphase zu beginnen, ohne daß er im Unterricht auf wichtige Vorteile visuellen und gedruckten Ergänzungsmaterials verzichten muß: sachgerechter Aufbau, sorgfältig durchdachte Stufung, methodische Leitlinien. Die Einführung des Schriftbildes erfolgt ab Arbeitsblatt 3. Die Arbeitsblätter 3-8 ermöglichen gleichzeitig mit der Übung des Schriftbildes eine systematische Wiederholung, Festigung und Ergänzung der gelernten Wörter und Sätze.

In den **Lehrerhandreichungen** werden die einzelnen Lernziele kommentiert und Vorschläge für ihre unterrichtliche Verwirklichung gemacht. Eine ausführliche Darstellung des Unterrichtsverfahrens erfolgt am Beispiel der ersten Woche (S. 42 ff.).

Die **Tonträger** bieten eine Reihe sprachlicher Übungen an, die z. T. in Verbindung mit den Arbeitsblättern eingesetzt werden können. Sie enthalten ferner Aufnahmen der vier vorgeschlagenen Lieder. Die Texte der Übungen und Lieder (mit Noten) sind auf S. 45 ff. zu finden.

**Methodischer Kommentar**
Der folgende Kommentar bietet dem Lehrer ergänzende Informationen zur Vorbereitung des Unterrichts. Dabei ist darauf verzichtet worden, Einzelheiten aller Lernschritte darzustellen: Mit dem exemplarischen Unterrichtsablauf für die erste Woche (siehe S. 42 ff.) soll ein Beispiel für das empfohlene methodische Vorgehen während des gesamten Einführungskurses gegeben werden.

**Stoffverteilungsplan für den Einführungskurs**
Um die Stoffverteilung zu verdeutlichen, wird ein möglicher Unterrichtsablauf bei vier Wochenstunden dargestellt. Dieser Plan besitzt selbstverständlich keinen Normcharakter: Eine Modifizierung wird sich in der Praxis aus Gründen der unterschiedlichen Leistungsstärke der Klassen, durch Ausfallstunden, durch den Einschub ergänzender Spiele und Tonaufnahmen oder aber, wenn eine andere Stundenzahl in den vier Wochen zur Verfügung steht, als nötig erweisen. Der Stoffverteilungsplan soll lediglich die stundenweise Aufteilung des Stoffes – nicht etwa die Phasen der einzelnen Stunden – darstellen.

**Symbole**
Eine Erklärung der im methodischen Kommentar verwendeten Symbole findet sich auf S. 54.

# Stoffverteilungsplan

|  | **Woche 1** | **Woche 2** |
|---|---|---|
| **Stunde 1** | 1.1 Den Lehrer begrüßen<br>1.2 Sich verabschieden<br>1.3 Nach dem Namen fragen; den Namen sagen<br>1.4 Einen Freund begrüßen<br><br>Schülersprache:<br>    Good morning, Miss/Mrs/Mr ...<br>    Goodbye.<br>    What's your English name? – Tom.<br>    Hallo, ...<br><br>Lehrersprache:<br>    Now you say ...<br>    Listen (again).<br>    Good. | (Wiederholung 1.10, Lied 2)<br>2.1 Nach der englischen Benennung eines Gegenstandes fragen; die englische Benennung eines Gegenstandes angeben<br><br>Schülersprache:<br>    What's that in English?<br>    – It's a ...<br>    biro, book, felt-tip, pencil, ruler, pencil-case, table, board, chair, bag, rubber, pen |
| **Stunde 2** | (Wiederholung 1.3)<br>1.5 Zahlen 1-12 angeben<br>1.6 Nach dem Alter fragen; das Alter sagen<br>1.7 Namen und Alter sagen<br><br>Schülersprache:<br>    one, two, three, four, five, six, seven, eight, nine, ten, eleven, twelve<br>    How old are you? – Eleven.<br>    My name is Ann. I'm eleven.<br><br>Lehrersprache:<br>    Quiet, please.<br>    Tom, ask Mary ...<br>    And you?<br>    What's the number?<br><br>Lied 1: *Good morning* | (Wiederholung 2.1)<br>2.2 Nach der Farbe fragen; Farben benennen<br><br>Schülersprache:<br>    What colour is the/John's ...?<br>    – Blue.<br>    blue, red, yellow, green, brown, black, white, grey, orange<br><br><br><br><br><br><br><br>Lied 3: *Pen and pencil* |
| **Stunde 3** | (Wiederholung 1.5, 1.7, Lied 1)<br>1.8 Nach der Uhrzeit fragen; die Uhrzeit angeben (volle Stunde)<br>1.9 Nach dem Alter eines Dritten fragen; das Alter eines Dritten sagen<br><br>Schülersprache:<br>    What time is it, please? – Three o'clock.<br>    How old is Tom/he? – Eleven.<br>    How old is Ann/she? – Twelve.<br><br>Lehrersprache:<br>    Look (at the board), please.<br><br>Arbeitsblatt 1 | (Wiederholung 2.2)<br>2.3 Jemanden zu etwas auffordern<br><br>Schülersprache:<br>    Colour the ... red, please.<br>    Thank you.<br>    Go to the board, please.<br>    Draw a ..., please.<br>    Sit down, please.<br><br><br><br>Arbeitsblatt 2 |
| **Stunde 4** | (Wiederholung 1.8, 1.9)<br>1.10 Fragen, ob jemand ein bestimmtes Alter hat; darauf antworten<br>1.11 Freunde begrüßen und vorstellen<br><br>Schülersprache:<br>    Is he/she ten? – Yes, he/she is.<br>    – No, he/she isn't.<br>    Hallo, Tom. – Hallo, Ann.<br>    Here's John/Pat.<br>    He's/She's my friend.<br><br>Lied 2: *What time is it?* | (Wiederholung 2.3, Lied 3)<br>2.4 Fragen, wem etwas gehört; sagen, wem etwas gehört<br><br>Schülersprache:<br>    Is that Ann's/your pen?<br>    – Yes, it is.<br>    – No, it isn't. It's my/Pat's pen.<br>    – No, it isn't. My pen is blue. |

|  | **Woche 3** | **Woche 4** |
|---|---|---|
| **Stunde 1** | (Wiederholung 2.2, 2.4)<br>Schriftbildeinführung:<br>  *draw, pencil, book, pen, ruler, bag, chair, table, felt-tip, board, biro, rubber, pencil-case*<br>  *What's that in English? – It's a . . .*<br>Lehrersprache:<br>  *Write . . .*<br><br>Arbeitsblatt 3 | (Wiederholung 1.11)<br>4.1 Das Alphabet aufsagen<br>Dialog 1: Begrüßung und Vorstellung<br>Schülersprache:<br>  *A, B, C, . . . X, Y, Z.*<br>Lehrersprache:<br>  *The alphabet*<br>Schriftbildeinführung:<br>  *how, old, he's, she's, my, name, I'm, friend, hallo, your, are, you*<br><br>Arbeitsblatt 6 |
| **Stunde 2** | 3.1 Jemanden fragen, ob er etwas hat; sagen, ob man etwas hat<br>3.2 Jemanden fragen, was er hat; sagen, was man hat<br>Schülersprache:<br>  *Have you got a . . .?*<br>  *– Yes, I have./No, I haven't.*<br>  *What have you got?*<br>  *– I've got a . . .* | (Wiederholung 4.1, Dialog 1)<br>Dialog 2: Um etwas bitten; auf eine solche Bitte reagieren<br>Schülersprache:<br>  *Here you are.*<br>  *Sorry.*<br>Schriftbildeinführung:<br>  *I've got . . .*<br>  *Have you got . . .?*<br>  *Sorry.*<br>  *Here you are.*<br><br>Arbeitsblatt 7<br>Lied 4: *The alphabet song* |
| **Stunde 3** | (Wiederholung 3.1, 3.2)<br>3.3 Fragen, wo etwas ist; sagen, wo etwas ist<br>Schülersprache:<br>  *Where's the/Alan's . . .?*<br>  *– It's on/in the . . .*<br>Schriftbildeinführung:<br>  *colour, blue, red, yellow, green, brown, black, white, and*<br>  *Is the . . . blue? – Yes, it is.*<br>  *– No, it isn't.*<br><br>Arbeitsblatt 4 | (Wiederholung Dialog 2)<br>Dialog 3: Ein englisches Wort und dessen Schreibweise erfragen<br>Schülersprache:<br>  *Can you spell it, please?*<br>Schriftbildeinführung:<br>  *number*<br>  *Can you spell it?*<br><br>Arbeitsblatt 8 |
| **Stunde 4** | (Wiederholung 3.3, 1.8, Lied 3)<br>Schriftbildeinführung:<br>  *grey, one, two, three, four, five, six, seven, eight, nine, ten, eleven, twelve*<br>  *It's on/in the . . .*<br>  *Where's Alan's . . .?*<br>  *What time is it, please? – . . . o'clock.*<br><br>Arbeitsblatt 5 | (Wiederholung Dialog 2, 3; Lied 4)<br><br>Spiel: *Countdown to the moon* |

## Woche 1

| | |
|---|---|
| Schwerpunkte des Unterrichts | Einführung der englischen Laute<br>Vermittlung englischer Vornamen<br>Angaben zur Person |
| Lehrersprache | *Now you say . . .; Listen (again); Good; Quiet, please; Tom, ask Mary . . .; And you?; What's the number?; Look (at the board), please.* |
| Arbeitsmittel | Namensschilder; Arbeitsblatt 1; Tonträger, Exercises 1-6, Lieder 1 und 2 |
| Methodischer Kommentar | In der ersten Woche des Einführungskurses sollte der Unterricht rein mündlich ablaufen. Abwechslung während dieser Zeit läßt sich durch eine Variierung der Unterrichtstechniken erreichen, etwa durch Tafelarbeit (z. B. bei der Einführung der Uhrzeit), den Einsatz der Lieder und die Verwendung des ersten Arbeitsblattes sowie der Übungen auf den Tonträgern. Um in der ersten Woche möglichst viel Zeit für das Sprechen und Zuhören zu gewinnen, wird empfohlen, die Namensschilder außerhalb des Unterrichts von den Schülern anfertigen zu lassen (siehe Lernziel 1.3). |

Die eventuell auftretende anfängliche Schwierigkeit, die Schüler in das Gespräch einzubeziehen, kann durch Vorsagen oder Vorflüstern der gewünschten Antwort überwunden werden. Eine gute Möglichkeit, die entsprechenden Wendungen in einem Situationszusammenhang zwanglos einzuführen, ergibt sich durch die Verwendung von Handpuppen, mit denen ohne große schauspielerische Fähigkeiten (eine kleine Änderung der Stimmlage und die Bewegung der Puppen genügen) ein kurzes Gespräch vorgeführt werden kann. Auf diese Weise ergeben sich eine ganze Reihe von Variationen (Lehrer spricht mit David, Lehrer spricht mit Sally, Sally spricht mit David, David spricht mit der Klasse usw.), und die wenigen Wendungen werden häufig gehört und gesprochen, ohne daß diese Wiederholungen langweilig wirken. Werden die Schüler hierbei in wachsendem Maße einbezogen, ergibt sich die Frage-Antwort-Kette ganz natürlich.

Von Anfang an sollte der Lehrer auf ein normales Sprechtempo hinarbeiten. Zu langsames Sprechen ist letztlich keine Verständnishilfe und führt leicht zu einer unnatürlichen Intonation. Während der ersten Woche werden die meisten englischen Anweisungen vom Lehrer eingeführt (siehe S. 28). Die aktive Beherrschung dieser Wendungen wird von den Schülern nicht erwartet.

1.1 Den Lehrer begrüßen

**Good morning, Miss/Mrs/Mr . . .**

Da dieser Wortschatz bereits vielen Schülern bekannt sein wird, braucht er nicht besonders erläutert zu werden. Die gegenseitige Begrüßung *Good morning. – Good morning, Miss/Mrs/Mr . . .* erfolgt zu Beginn jeder Stunde.

⚠ *Morning* [ŋ] ohne nachklingendes [g] oder [k].

▷ Tonträger, Exercise 1

1.2 Sich verabschieden

**Goodbye.**

⚠ Bei *Goodbye* ist das kurze [aɪ] (wie in „bei") zu vermeiden und auf die etwas dunklere Färbung und die Längung des Diphthongs zu achten.

▷ Tonträger, Lied 1: *Good morning* (siehe S. 45)

1.3 Nach dem Namen fragen; den Namen sagen

**What's your English name? – Tom.**

Zur Einhaltung der englischen Artikulationsbasis im Anfangsunterricht bekommen die Schüler englische Namen. So lassen sich auch die englischen Grundlaute einführen und Ausspracheprobleme mit deutschen

Namen in englischen Sätzen vermeiden (wie z.B. bei *Have you got a green pen, Christa?*).

Der Lehrer schreibt die Namen auf Zettel, die von den Schülern gewählt oder, nach Mädchen und Jungen getrennt, wie Lose gezogen werden können. Soweit möglich, können die Schüler auch die englischen Entsprechungen ihrer Vornamen gesagt bekommen (z.B. Michael, Martin, Karen). Sie fertigen dann die Namensschilder an und stellen sie von der nächsten Stunde an vor sich auf.

Folgende englische Namen werden für die ersten Wochen des Englischunterrichts vorgeschlagen:

**Girls:**
| | | | |
|---|---|---|---|
| Ann | [æn] | Linda | [ˈlɪndə] |
| Carol | [ˈkærəl] | Liz | [lɪz] |
| Clare | [kleə] | Mary | [ˈmeərɪ] |
| Emma | [ˈemə] | Pat | [pæt] |
| Jane | [dʒeɪn] | Sally | [ˈsælɪ] |
| Jenny | [ˈdʒenɪ] | Sandra | [ˈsændrə] |
| Jill | [dʒɪl] | Sarah | [ˈseərə] |
| Judy | [ˈdʒuːdɪ] | Susan | [ˈsuːzn] |
| Karen | [ˈkærən] | Victoria | [vɪkˈtɔːrɪə] |
| Kate | [keɪt] | Wendy | [ˈwendɪ] |

**Boys:**
| | | | |
|---|---|---|---|
| Alan | [ˈælən] | Mark | [mɑːk] |
| Andy | [ˈændɪ] | Martin | [ˈmɑːtɪn] |
| Bob | [bɒb] | Michael | [ˈmaɪkl] |
| Brian | [ˈbraɪən] | Paul | [pɔːl] |
| Chris | [krɪs] | Peter | [ˈpiːtə] |
| David | [ˈdeɪvɪd] | Sam | [sæm] |
| Derek | [ˈderɪk] | Simon | [ˈsaɪmən] |
| Harry | [ˈhærɪ] | Steve | [stiːv] |
| Jeff | [dʒef] | Tom | [tɒm] |
| John | [dʒɒn] | Tony | [ˈtəʊnɪ] |

Für die Beantwortung von *What's your English name?* stehen die Formulierungen *Dick, I'm Dick* und *My name is Dick* zur Verfügung. Aus naheliegenden Gründen ist es sinnvoll, vorerst die kürzeste Antwort zu verlangen.

⚠ Bei *What's your English name?* Bindungen und fallende Intonation beachten (keine Knacklaute).

### 1.4 Einen Freund begrüßen

**Hallo, Tom.**

Die Begrüßung *Good morning* wäre für Kinder relativ formell und wird nur gegenüber Erwachsenen verwendet. Die hier eingeführte Begrüßungs- und Erwiderungsformel *Hallo* ist die unter Kindern übliche.

⚠ Betonung bei [həˈləʊ] beachten. Bei der Zusammensetzung mit einem Namen dagegen *level stress:* ˈHallo ˈTom.

### 1.5 Zahlen 1-12 angeben

**one, two, three, four, five, six, seven, eight, nine, ten, eleven, twelve**

Obwohl die englischen Zahlwörter von 1-12 sicher schon einer ganzen Anzahl von Kindern bekannt sein werden, muß man damit rechnen, daß sich eine falsche oder zumindest nachlässige Aussprache eingeprägt hat, besonders bei den Wörtern *one* [w], *three* [θr], *five* [v], *eight* [eɪ] und *nine* [aɪ], letzteres stärker gelängt als im Deutschen. Mit dem Wort *three* begegnet dem Schüler zum erstenmal im Einführungskurs der Laut [θ]. Am besten schreibt der Lehrer die Ziffern zur Einführung an die Tafel. Wenn gezählt wird, können die Zahlen in Rhythmusgruppen gesprochen werden:

*One, two, three,*
*four, five, six,*
*seven, eight, nine,*
*ten, eleven, twelve.*

▷ Spiel: Die Schüler zählen vorwärts (oder rückwärts), so daß fortlaufend jeder in der Klasse eine Zahl sagt. Vorher wird noch ein *Skip* vereinbart, z. B. alle durch 3 teilbaren Zahlen. Ist ein Schüler mit der vereinbarten *Skip*-Zahl an der Reihe, so sagt er nur *Skip* oder führt eine zuvor festgelegte Handlung aus (klopft auf den Tisch, klatscht in die Hände, steht von seinem Platz auf o. ä.).

**1.6 Nach dem Alter fragen; das Alter sagen**

**How old are you? – Eleven.**

Zur Beantwortung der Frage *How old are you?* wurde in diesem Fall die häufigste und einfachste Antwortform der gesprochenen Sprache gewählt: *Eleven.* Der volle Satz *I'm eleven* wird erst in 1.7 eingeführt. Nachdem die Schüler die vom Lehrer gestellte Frage beantwortet haben, können sie die Frage an ihre Mitschüler stellen.

⚠ Bindung und fallende Intonation in *How old are you?* beachten.

**1.7 Namen und Alter sagen**

**My name is Ann. I'm eleven.**

Nachdem die Schüler gelernt haben, Fragen zur Person in der Kurzform zu beantworten (1.3, 1.6), sollen sie sich nun mit zusammenhängenden Äußerungen vorstellen, d. h. in vollständigen Sätzen ihren Namen und ihr Alter sagen. Die vollständigen Sätze können über die bisher bekannten Kurzantworten eingeführt werden:

L: *What's your English name?*
S: *Tom.*
L: *Tom. . . . Your name is Tom. Now* you *say: My name is Tom.*
S: *My name is Tom.*

Ähnliches Vorgehen bei *I'm eleven*; danach können die Schüler sich der Reihe nach „vorstellen".

▶ Arbeitsblatt 1 (Übung a als Nachsprechübung, Übung b als Hörverständnis- und Nachsprechübung. Steuerung durch Tonträger oder den Lehrer; die Texte hierfür sind auf S. 45 f. zu finden.).

▷ Tonträger, Exercise 2 (mit Arbeitsblatt 1, a), Exercises 3, 4 (mit Arbeitsblatt 1, b)

**1.8 Nach der Uhrzeit fragen; die Uhrzeit angeben (volle Stunde)**

**What time is it, please? – Three o'clock.**

Dieses Lernziel bietet eine Festigungsmöglichkeit für die gelernten Zahlen 1-12 in einem sinnvollen Zusammenhang. Eine vollständige Einführung aller Uhrzeiten ist im Einführungskurs nicht beabsichtigt; sie wird im Laufe des ersten Lernjahres (Units 4, 6 und 8) vorgenommen. Die Uhrzeit kann zuerst mit der Frage *What time is it?* eingeführt werden, die später zu *What time is it, please?* erweitert wird. Am besten läßt sich die Uhrzeit über Tafelzeichnungen oder mit einer Demonstrationsuhr erarbeiten. Eine solche Uhr mit leicht drehbaren Zeigern liegt sowohl dem Haftbildsortiment als auch den Arbeitsfolien bei, kann aber auch selbst hergestellt werden.

▷ Tonträger, Lied 2: *What time is it?* (siehe S. 46)

**1.9 Nach dem Alter eines Dritten fragen; das Alter eines Dritten sagen**

**How old is Tom/he? – Eleven.**
**How old is Ann/she? – Twelve.**

Es empfiehlt sich, von dem bekannten *How old are you? – Eleven* auszugehen und anschließend zuerst die Frage mit *is* + Name, danach mit *is* + Pronomen zu stellen.

**1.10 Fragen, ob jemand ein bestimmtes Alter hat; darauf antworten**

**Is he/she ten? – Yes, he/she is.**
**– No, he/she isn't.**

Nach der Einführung der 3. Person im vorhergehenden Unterrichtsschritt treten hier zum erstenmal Entscheidungsfragen und Kurzantworten auf.

⚠ Die Antwort auf Entscheidungsfragen sollte *Yes, he is* usw. sein, da einfaches *Yes* oder *No* zwar möglich ist, aber etwas schroff klingt.

▷ Tonträger, Exercise 5 (mit Arbeitsblatt 1)

1.11 Freunde begrüßen und vorstellen

**Hallo, Tom. - Hallo, Ann.**
**Here's John/Pat.**
**He's/She's my friend. - Hallo, John/Pat.**

Die Schüler verwenden zum erstenmal nach der Einführung von *is* die Kurzformen *he's* und *she's* in Aussagen. Bei der Vorstellung ist sowohl *This is* als auch *Here's* gebräuchlich. Wegen der einfacheren Aussprache wurde für den Einführungskurs *Here's* gewählt, das meist dann verwendet wird, wenn die dritte Person auf die Sprecher zukommt. Die Schüler sollten hier stufenweise die Dialogrollen übernehmen.

▷ Tonträger, Exercise 6

## Woche 2

**Schwerpunkte des Unterrichts**
Festigung der Laute
Wortschatz aus dem Bereich „Klassenzimmer"

**Arbeitsmittel**
Gegenstände im Klassenzimmer; Arbeitsblatt 2;
Tonträger, Exercises 7-12, Lied 3

**Methodischer Kommentar**
Auf das Schreiben und Lesen wird auch in der zweiten Woche verzichtet, um die Aussprache ohne das störende Schriftbild weiter zu festigen. Nachdem die Schüler in der ersten Woche einige Angaben über sich gemacht haben, wird nun die unmittelbare Schulumwelt zum Mittelpunkt des Unterrichts. Die Schüler lernen, typische *classroom objects* und ihre Farben zu benennen, den Besitzer anzugeben bzw. zu erfragen. Während die *classroom phrases* in der ersten Woche nur vom Lehrer verwendet wurden, treten jetzt einige Anweisungen hinzu (siehe 2.3), die auch von den Schülern gebraucht werden.

**2.1 Nach der englischen Benennung eines Gegenstandes fragen; die englische Benennung eines Gegenstandes angeben**

**What's that in English? – It's a biro/book/felt-tip/pencil/ruler/pencil-case/table/board/chair/bag/rubber/pen.**

Sowohl im Einführungskurs als auch im Schülerbuch wurde *What's that?* als Grundform gewählt, da sie für die im Anfangsunterricht vorkommenden Situationen nützlicher ist als die Form *What's this?* Im idiomatischen Gebrauch sind die beiden Demonstrativpronomen oft austauschbar, es sei denn, eine Gegenüberstellung ist beabsichtigt. Darauf wurde jedoch im Einführungskurs bewußt verzichtet. Im übrigen unterliegt der unterschiedliche Gebrauch von *this* und *that* vielfältigen Bedingungen, die im Anfangsunterricht keine Berücksichtigung finden können.

*Biro* (Kugelschreiber) wird auch *ballpoint-pen* oder *ball-pen* genannt, *felt-tip* (Filzstift) als *felt-pen* oder *felt-tipped pen* bezeichnet. Die englische Bezeichnung *book* wird sowohl für Buch (z. B. *textbook*) als auch für Heft (z. B. *exercise-book*) verwendet. *Bag* kann für unterschiedliche Behälter gebraucht werden (Einkaufs-, Sporttasche, Schulranzen usw.).

⚠ Die normale Antwort auf die Frage *What's that?* wird mit *It's a . . .* eingeleitet, nicht mit *That's a . . .*

Es kommt darauf an, daß die Schüler die Frage *What's that?* zunächst einmal über das Gehör richtig aufnehmen. Daher sollte diese Wendung längere Zeit nur vom Lehrer gebraucht werden, bevor er den Versuch macht, sie in den Sprachschatz der Schüler einzugliedern. Der Wortschatz kann nach und nach mit Hilfe von Gegenständen eingeführt werden.

⚠ Wie beim [θ] muß großer Wert auf saubere Artikulation des [ð] gelegt werden, um Anklänge an [z] zu vermeiden.

▶ Arbeitsblatt 2, a

▷ Tonträger, Exercises 7, 8, 9 (mit Arbeitsblatt 2, a),
Lied 3: *Pen and pencil* (siehe S. 48)

**2.2 Nach der Farbe fragen; Farben benennen**

**What colour is the/John's . . .? – Blue/Red/Yellow/Green/Brown/Black/White/Grey/Orange.**

Die Frage *What colour is the . . .?* wird von vielen Schülern als ungewöhnlich empfunden. Sie sollte zunächst häufig genug nur vom Lehrer gestellt und von den Schülern mit der Farbangabe beantwortet werden, damit sie sich einprägt und Fehler durch den Einfluß muttersprachlicher Gewohnheiten (*\*What colour has . . .?*)[1] vermieden werden.

---

[1] Mit * wird eine Form gekennzeichnet, die in der Sprache nicht vorkommt bzw. falsch ist.

Hier tritt erstmals *the* auf. Aus methodischen Gründen werden im Einführungskurs nur Substantive mit konsonantischem Anlaut verwendet, so daß die Ausspracheform [ðiː] des bestimmten Artikels entfällt (zur Unterscheidung von [ðiː] und [ðɪ] siehe Kommentar zu S. 58; die Verwendung von *the* vor einem Adjektiv ist im Einführungskurs nicht vorgesehen.)

Die Frage *What colour is John's . . . ?* sollte erst nach der Beherrschung der Frageform mit dem Artikel eingeführt werden. Da die *possessive form* noch nicht geschrieben wird, bereitet sie wegen der Ähnlichkeit mit der Muttersprache keine besonderen Schwierigkeiten.

⚠ Die Aussprache [z] nach Vokalen und stimmhaften Konsonanten (*Sally's, Tom's*) muß beachtet und gegen [s] abgesetzt werden (*Pat's*), da die stimmhaften und stimmlosen Auslaute des Englischen deutschen Schülern Schwierigkeiten bereiten.

2.3 Jemanden zu etwas auffordern

**Colour it/the . . . red, please.**
**Thank you.**
**Go to the board, please.**
**Draw a . . ., please.**
**Sit down, please.**

Übungen, in denen die Schüler zu Handlungen, z. B. Zeichnen an der Tafel, aufgefordert werden, haben meist eine sehr hohe Motivationskraft. Nachdem der Lehrer eine Handlungsreihe eingeleitet hat, etwa einen Gegenstand an der Tafel zu zeichnen und auszumalen, können auch die Schüler die Anweisungen übernehmen. Übungen dieser Art erfüllen die wichtige Funktion der Hör- und Verstehensschulung und sollten daher in verschiedener Form laufend in den Unterricht eingebaut werden. Die Anweisungen sollten vom Lehrer stets in normalem Sprechtempo gegeben werden. Daß dabei schwächere Schüler zunächst häufiger ihre Klassenkameraden nur nachahmen, ist kein Nachteil. Es kommt auf den Lernvorgang an, weniger auf die Kontrolle.

▶ Arbeitsblatt 2, b
Nach dem Muster *Colour the chair brown, please* werden folgende Anweisungen zur Bearbeitung der Übung gegeben: *chair/brown, pencil/green, book/blue, bag/orange, biro/black, pencil-case/black, table/brown, ruler/yellow, felt-tip/red, rubber/green.*

▷ Tonträger, Exercises 10, 11 (mit Arbeitsblatt 2, b)
Vor dem Einsatz dieser Übungen sollte das Arbeitsblatt mit den oben angegebenen Farben ausgemalt sein.

2.4 Fragen, wem etwas gehört; sagen, wem etwas gehört

**Is that Ann's/your pen? – Yes, it is.**
**– No, it isn't. (It's my/Pat's pen.)**
**– No, it isn't. (My pen is blue.)**

Die *possessive form* ist seit 2.2 bekannt.
Die neuen Formen sollten anhand von Gegenständen im Klassenzimmer gestuft behandelt werden, beginnend mit den einfachen Antworten *Yes, it is./No, it isn't.* Erst danach wird *No, it isn't* durch einen erklärenden Satz erweitert.

*My* und *your* können gestisch kontrastiert werden.
Wortkombinationen wie *Is that Pat's . . . ?* bereiten vielen Schülern wegen der Folge von [z], [ð] und [s] erhebliche Schwierigkeiten. Viele neigen dabei zu einer Überkompensation, d. h., alle *s*-Laute werden gelispelt, andere weichen von [ð] auf [z] aus. Dieser Fehler läßt sich meist nicht sofort beseitigen, da er auf eine gewisse Verkrampfung zurückzuführen ist. Häufige kurze Übungen sind hier wirkungsvoller als ausgedehntes Training.

⚠ Bei der hier neuen Kurzantwort *Yes, it is* ist darauf zu achten, daß die Schüler nicht die bereits bekannte Kurzform *it's* verwenden.

▷ Tonträger, Exercise 12

## Woche 3

**Schwerpunkte des Unterrichts**
Einführung des Schreibens
Festigung und Ergänzung der bekannten Redemittel

**Schriftbildeinführung**
*draw, pencil, book, pen, ruler, bag, chair, table, felt-tip, board, biro, rubber, pencil-case; colour, blue, red, yellow, green, brown, black, white, grey, and; one, two, three, four, five, six, seven, eight, nine, ten, eleven, twelve; Alan, Pat, Sarah, Tim, John*
*What's that in English? – It's a . . .*
*Is the . . . blue? – Yes, it is./No, it isn't.*
*It's on/in the . . .*
*Where's Alan's . . . ?*
*What time is it, please? – . . . o'clock.*

**Lehrersprache**
*Write . . .*

Gegenstände im Klassenzimmer; Arbeitsblätter 3-5; Tonträger, Exercises 13-16

**Methodischer Kommentar**
Von der dritten Woche des Einführungskurses an werden relativ wenige neue Redemittel eingeführt. Statt dessen wird das Schriftbild des bekannten Sprachmaterials unter verstärkter Hinzuziehung der Arbeitsblätter stufenweise eingeführt, und zwar zunächst rezeptiv in Form von schriftlichen Arbeitsanweisungen. Erst danach wird die aktive Verwendung verlangt: Die Schüler schreiben die ersten Wörter selbst. Nach dem „Mitlese-Verfahren" kann das Schriftbild neuer Wörter bereits vor der dritten Woche passiv eingeführt werden: Die Wörter werden an die Tafel geschrieben, die Schüler lesen sie jedoch nicht vor. Die methodische Entscheidung darüber, ob der Lehrer diesem Weg folgt, muß ihm überlassen bleiben. Bei der Einführung des Schriftbildes ist darauf zu achten, daß das betreffende Wort mehrfach von Lehrer und Schülern gesprochen wird, damit das Schriftbild als Ganzes erfaßt und mit der Lautform verbunden wird.

Obwohl die Vermittlung des Schriftbildes und das Schreiben in der zweiten Hälfte des Einführungskurses relativ viel Zeit in Anspruch nehmen müssen, sollte die mündliche Arbeit weiterhin eine zentrale Rolle spielen. Um eine gewisse Abwechslung zu erreichen, empfiehlt es sich, neben der schriftlichen Arbeit auch die mündliche Behandlung von neuem Material auf alle Stunden zu verteilen.

**3.1 Jemanden fragen, ob er etwas hat; sagen, ob man etwas hat**

**Have you got a . . . ? – Yes, I have.**
**– No, I haven't.**

Da dem Unterricht das umgangssprachliche Englisch zugrunde gelegt werden soll, wird in diesem Lehrwerk statt einfachem *have* (im Sinne von „besitzen, haben") konsequent *have got* verwendet, und zwar nicht nur in Frage und Verneinung, sondern auch in Aussagesätzen. Die Form *I've got (a book)* findet sich im normalen britischen Sprachgebrauch viel häufiger als *I have (a book)*. Die Schüler sollen deshalb *I've got . . ., Have you got . . . ?* genau wie andere Patterns lernen. In Aussagesätzen sollte (dem gesprochenen Englisch entsprechend) stets die Kurzform *I've got . . .* usw. verwendet werden. Im Einführungskurs werden nur die Formen der 1. und 2. Person Singular eingeführt; erst im Schülerbuch werden sie durch *has got* usw. ergänzt.

Die Schüler sollten zuerst die Kurzantworten mit Hilfe der bereits bekannten Gegenstände im Klassenzimmer benutzen, wobei diese auch näher spezifiziert werden können, z. B. *a red pen, a blue book* usw. (⚠ nicht: *an orange bag*).

▷ Tonträger, Exercise 13

▶ Arbeitsblatt 3

3a Schriftbildeinführung: *Draw a pencil/book/pen/ruler/bag/chair.*
Aufgrund der Anweisungen in den Kästen zeichnen die Schüler die Gegenstände. Dann wird dieser Teil für Leseübungen verwendet. Auch Bildkarten – vorne ein Bild des Gegenstandes, hinten die Bezeichnung – können hier und im folgenden bei der Einführung des Schriftbildes gute Dienste leisten:
(Lehrer hält Bild hoch.)
L: *What's that? – A book. Now you say: A book.*
S: *A book.*
(Lehrer dreht Karte um.)
L: *It's a book.*
S: *It's a book.*

3b Schriftbild: *What's that in English?*
Hier schreiben die Schüler die ersten Wörter selbst. Als Hilfe für die Schreibweise dienen die Kästen in 3a. Nachdem dieser Teil bearbeitet worden ist, kann eine Übung nach dem Muster *What's number one in English? – A book* angeschlossen werden.

3c Schriftbild: *table/felt-tip/board/biro/rubber/pencil-case*
Die Schreibweise weiterer Gegenstände wird eingeführt.

3d Schriftbild: *It's a . . .*
Auf die Schreibweise der Kurzform sollte bei dieser Übung besonders hingewiesen werden.

▶ Arbeitsblatt 4

4a Schriftbild: *Colour it blue/red/yellow/green/brown/black.*
In ähnlichen Verfahren wie bei den vorhergehenden Übungen werden hier die Farben zunächst rezeptiv eingeführt.

4b Schriftbild: *Is the . . . blue? – Yes, it is./No, it isn't.*
Festigung der in 4a eingeführten Schreibweise der Farben.

4c Schriftbild: *and*
Das Lesen der bisher eingeführten Wörter wird gefestigt und mit einigen weiteren Wörtern ergänzt. Die Anweisungen sind hier etwas komplexer.

4d Hier wird das Schreiben der Farben verlangt. In den Antworten ist zwischen *it is, it isn't* und *it's* zu unterscheiden.

3.2 Jemanden fragen, was er hat; sagen, was man hat

**What have you got? – I've got a . . .**

Bei der Einführung und Übung dieser Form kann auf den Inhalt einer Schulmappe oder einer Federtasche Bezug genommen werden.

3.3 Fragen, wo etwas ist; sagen, wo etwas ist

**Where's the/Alan's . . .? – It's on/in the . . .**

Um der Gefahr der Verwechslung von *who* und *where* soweit wie möglich vorzubeugen, wurde auf die Behandlung von *who* im Einführungskurs verzichtet. (*Who* wird in Unit 2 des Schülerbuchs eingeführt.)

Die Präpositionen lassen sich anhand einer Schulmappe bzw. eines Tisches durch Sätze wie *The book is in the bag* und *The ruler is on the table* verdeutlichen. Sie werden zweckmäßigerweise zuerst rezeptiv mit *What's in/on the . . .?* eingeführt, wobei als Antwort *A book* usw. genügt. Die Bedeutung des Fragewortes *where* wird durch das Sprechen und Reagieren in der konkreten Situation unmittelbar deutlich, so daß es keiner zusätzlichen Erläuterung bedarf.

▶ Arbeitsblatt 5

5a Schriftbild: *Alan, Sarah, John, Pat, Tim, Alan's*
Nachdem in 2.2 die *possessive form* mündlich eingeführt worden ist, wird hier die Schreibweise vorgestellt.

5b Schriftbild: *in, on*
Das Schreiben der *possessive form* wird geübt.

5c Schriftbild: *where's*
Einführung einer weiteren Kurzform. Die Fragen beziehen sich auf das Bild von 5a. Das Bild kann auch zur mündlichen Übung herangezogen werden, etwa mit den Formen *Where's the...? - It's on/in the...; Is the biro in the bag? - Yes, it is./No, it isn't.*

5d Schriftbild: *one, two, three, four, five, six, seven, eight, nine, ten, eleven, twelve*
*What time is it? - ... o'clock.*
Die Schüler sollen die Uhrzeiger entsprechend den Anweisungen zeichnen. Es empfiehlt sich, vor der Bearbeitung dieses Arbeitsblattes das bei 1.8 Gelernte zu wiederholen.

5e Schriftbild: *..., please?*
Schreiben der in 5d eingeführten Zahlen.

▷ Tonträger, Exercises 14, 15, 16 (mit Arbeitsblatt 5, a)

# Woche 4

| | |
|---|---|
| **Schwerpunkte des Unterrichts** | Vermittlung der Schreibweise weiterer bekannter Wörter<br>Hinführung zu Kurzdialogen |
| **Schriftbildeinführung** | *how, old, he's, she's, my, name, I'm, friend, hallo, your, are, you; number;*<br>*Mary, Jill, Bob, Tom, Ann, David, Emma, Martin, Sally, Simon, Karen, Susan,*<br>*Peter, Carol, Mark, Chris, Jim*<br>*I've got . . .*<br>*Have you got . . . ?*<br>*Sorry.*<br>*Here you are.*<br>*Can you spell it?* |
| **Lehrersprache** | *The alphabet* |
| **Arbeitsmittel** | Gegenstände im Klassenzimmer; Arbeitsblätter 6-8;<br>Tonträger, Exercises 17-20; Lied 4 |
| **Methodischer Kommentar** | Die Einführung des Schriftbildes wird in der vierten Woche fortgesetzt und der bekannte Wortschatz weiter gefestigt. Das Alphabet wird eingeführt und in einem Spiel geübt. |
| | Unter geringfügiger Erweiterung des bekannten Wortmaterials sollen die Schüler in drei kurzen Dialogen agieren. |
| **4.1 Das Alphabet aufsagen** | Hier lernen die Schüler die Aussprache der englischen Buchstaben. Sie werden in Dialog 3 wiederholt und von nun an im Unterricht verwendet, um die Schreibweise neuer Wörter anzugeben. Die Buchstaben können einzeln durch Vorgabe an der Tafel im Chorsprechen eingeübt werden, während das ganze Alphabet in Reihenform gelernt wird.<br>*A B C D - E F G*<br>*H I J K - L M N O P*<br>*Q R S T - U V W*<br>*X - Y - Z* |

▷ Tonträger, Lied 4: *The alphabet song* (siehe S. 50)

**Dialog 1:** **Hallo. My name is John. What's your name? – My name is Peter.**
**Begrüßung und Vorstellung** **I'm eleven. How old are you? – I'm twelve.**

Dieser Dialog enthält zwar keine neuen Wörter, ist aber wegen der Länge der Äußerungen auf diesem Niveau relativ anspruchsvoll. Zur Vorbereitung fragt der Lehrer die Schüler nach ihrem englischen Namen und ihrem Alter. Danach übernehmen jeweils zwei Schüler die Rollen und führen den Dialog.

⚠ Die situationsgebundene Betonung von *your* (in der Frage *What's your name?*) und *you* (in der Frage *How old are you?*) beachten.

▶ Arbeitsblatt 6

6a Schriftbild: *Mary, Jill, Bob, Tom, Ann*
                 *how, old, he's, she's*

6b Schriftbild: *David, Emma, Martin, Sally, Simon, Karen*
                 *my, name, I'm*

6c Schriftbild: *friend*

6d Schriftbild: *Susan, Peter, Carol*
                 *hallo, your, are, you*

In den Teilen c und d werden die in a und b geübten Wörter schriftlich gefestigt, wobei die Kontrastierung von *I'm/He's/She's* hinzukommt.

**Einführungskurs**

▷ Tonträger, Exercises 17, 18 (mit Arbeitsblatt 7, a)

▶ Arbeitsblatt 7

7a Schriftbild: *Mark, Chris, Jim*
Diese Seite wird für eine Hörverständnisübung verwendet. Der hierfür erforderliche Text ist auf Tonträger (Exercise 17) enthalten, kann aber auch vom Lehrer vorgelesen werden. Die Aufgabe, daß zu jedem Situationsbild die beiden richtigen Angaben (Name und Alter) anzukreuzen sind, sollte den Schülern vorher erklärt werden. Die Bilder mit den ausgefüllten Angaben werden dann für Exercise 18 benötigt, wobei der Schüler die Rolle des Gesprächspartners auf der rechten Seite übernimmt.

Dialog 2:
Um etwas bitten; auf eine solche Bitte reagieren

**Have you got a . . ., please? – No. Sorry.**
  **– Yes. Here you are.**

Die Wendung *Have you got a . . .?* ist den Schülern seit der dritten Woche (Lernziel 3.1) als Frage nach dem Besitz bekannt. Im vorliegenden Dialog wird dieselbe Frage unter Einbeziehung von *please* als Bitte verwendet. Dementsprechend sind als Antwortmöglichkeiten nicht *Yes, I have./No, I haven't*, sondern *No. Sorry./Yes. Here you are* angebracht. Die Bedeutung von *sorry* – die übliche Kurzform von *I'm sorry* – kann zuerst mimisch verdeutlicht werden. Die Bedeutung von *Here you are* wird gestisch beim Überreichen eines Gegenstandes vermittelt. Übungen mit diesem Dialog lassen sich beispielsweise vom Lehrer mit *Tom, ask Peter for a rubber* steuern (*ask for* sollte auf diesem Niveau noch auf die Lehrersprache beschränkt bleiben).

⚠ Auf die Wendung *Here you are* ist besonderer Wert zu legen, um dem in diesem Zusammenhang falschen *please* entgegenzuwirken.

▶ Arbeitsblatt 7

7b Schriftbild: *I've got . . .*

7c Schriftbild: *Have you got . . .?; Sorry; Here you are.*

▷ Tonträger, Exercise 19

Dialog 3:
Ein englisches Wort und dessen Schreibweise erfragen

**What's that in English? – A book.**
**Can you spell it, please? – B-o-o-k.**

In diesem Dialog ist lediglich die Wendung *Can you spell it, please?* neu. Der Dialog kann anhand von Gegenständen im Klassenzimmer geübt werden. Die Buchstabierweise mit *double* (z. B. *b – double o – k*) wird hier nicht eingeführt, da die einzelne Benennung der Buchstaben durchaus verbreitet ist (z. B. *b-o-o-k*).

▷ Spiel: Das Spiel *Countdown to the moon* kann zu diesem Zeitpunkt als Rechtschreib-Lernspiel im Unterricht eingesetzt werden. Der Lehrer oder ein Schüler zeichnen so viele waagerechte Striche an die Tafel, wie das gewählte Wort Buchstaben hat. Nun fragen die Schüler der Reihe nach, ob ein bestimmter Buchstabe im Wort enthalten ist. Wird die Frage bejaht, so wird der betreffende Buchstabe über den für ihn stehenden Strich geschrieben. Für jede verneinte Frage erhält das Rateteam einen Fehlstrich an der Tafel (vgl. Zeichnung), bis schließlich ein Raumschiff entstanden ist. Bei jedem Strich findet der *countdown* statt, bis das Raumschiff bei 0 (*zero*) startet. Sieger ist entweder die Klasse, wenn sie das Wort errät, oder der die Aufgabe Stellende, wenn das Raumschiff „startet".

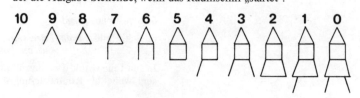

▶ Arbeitsblatt 8

8a Schriftbild: *Can you spell it?*
Festigung von Dialog 3

8b, 8c, 8d Schriftbild: *number*
Ergänzende Wortschatzübungen

▷ Tonträger, Exercise 20

# Exemplarischer Unterrichtsablauf – Woche 1

| **Methodische Hinweise** | **Lehrer** | **Schüler** |
|---|---|---|
| **1.1** Den Lehrer begrüßen<br>Lehrer schreibt seinen Namen an die Tafel und stellt sich vor.<br>Schüler sprechen Begrüßung nach.<br>Die Begrüßung wird am Anfang jeder Stunde verwendet. | *Good morning. My name is Miss/Mrs/Mr . . .*<br>*Now you say: Good morning, Miss/Mrs/Mr . . .* | *Good morning, Miss/Mrs/Mr . . .* |
| **1.2** Sich verabschieden<br>Gegen Ende der ersten Stunde einführen.<br>Lehrer läßt nachsprechen.<br><br>Die Verabschiedung wird nach jeder Stunde wiederholt. | *Goodbye.*<br>*Now you say: Goodbye, Miss/Mrs/Mr . . .* | *Goodbye, Miss/Mrs/Mr . . .* |
| **1.3** Nach dem Namen fragen; den Namen sagen<br>Englische Vornamen werden auf Zetteln verteilt.<br>Lehrer fragt nach dem Namen, spricht den Namen aus.<br>Schüler sprechen den Namen im Chor nach.<br>Lehrer fragt nach dem Namen.<br>Schüler sprechen Frage im Chor nach.<br>Schüler erfragen gegenseitig den Namen.<br>(Kettenübung, Lehrer deutet auf nächsten Schüler.) | *What's your English name? – Tom.*<br><br><br>*What's your English name?*<br>*Now you say: What's your English name?* | <br><br><br>*Tom.*<br>*Sally.*<br>*What's your English name?*<br>*What's your English name? – Tom.* |
| **1.4** Einen Freund begrüßen<br>Lehrer begrüßt einen Schüler.<br>Die restlichen Schüler sprechen die Begrüßung nach.<br>Lehrer leitet Kettenübung zur Begrüßung ein, Schüler begrüßen einander. | *Hallo, Tom.*<br>*Now you say: Hallo, Tom.*<br>*Say: Hallo, Tom.*<br>*Now you say: Hallo, Ann.*<br>*Dave and Pat, say hallo.* | *Hallo, Tom.*<br>*Hallo, Tom.*<br>*Hallo, Ann.*<br>*Hallo, Pat. – Hallo, Dave.* |
| **1.5** Zahlen 1-12 angeben<br>Lehrer schreibt Zahlen 1-12 an die Tafel und spricht sie dabei vor.<br>(Wahlweise können Karten mit den Zahlen hochgehalten werden.)<br>Lehrer deutet auf die Zahl, spricht sie vor, und die Schüler sprechen sie einzeln nach.<br>Lehrer deutet auf Zahl, fragt Schüler danach. | *One – two – three – four – five – six – seven – eight – nine – ten – eleven – twelve.*<br><br><br><br>*Now you say: One – two – . . .*<br>*What's the number?* | <br><br><br><br>*One – two – . . .*<br>*One.* |
| **1.6** Nach dem Alter fragen; das Alter sagen<br>Lehrer schreibt Zahlen an die Tafel, läßt sie nachsprechen.<br>Lehrer fragt nach dem Alter, Schüler antworten mit Zahl. | *Ten – eleven – twelve.*<br>*How old are you?* | *Ten – eleven – twelve.*<br>*Ten./Eleven./Twelve.* |

| Methodische Hinweise | Lehrer | Schüler |
|---|---|---|
| Lehrer läßt nachsprechen. Schüler fragen sich gegenseitig nach dem Alter. | *Now you say: How old are you? Tom, ask Sally: How old are you?* | *How old are you? How old are you? – Eleven.* |
| **1.7** Namen und Alter sagen Lehrer fragt Schüler nach dem Namen. | *What's your name?* | *Tom.* |
| Lehrer gibt Satz vor, Schüler spricht nach. Schüler sagen, wie sie heißen. | *Now you say: My name is Tom. And you?* | *My name is Tom. My name is Sally.* |
| Lehrer fragt Schüler nach dem Alter. | *How old are you?* | *Eleven.* |
| Lehrer gibt Satz vor, Schüler spricht nach. Schüler sagen, wie alt sie sind. | *Now you say: I'm eleven. And you?* | *I'm eleven. I'm twelve.* |
| Lehrer kombiniert Aussagen, Schüler spricht nach. | *Now you say: My name is Tom. I'm eleven.* | *My name is Tom. I'm eleven.* |
| **1.8** Nach der Uhrzeit fragen; die Uhrzeit angeben (volle Stunde) Lehrer zeichnet eine Uhr an die Tafel oder verwendet eine Demonstrationsuhr zur Einführung der Zeitangabe. | *One o'clock. Two o'clock. Three . . .* | |
| Lehrer läßt Zeitangaben nachsprechen. | *Now you say: One o'clock. Two . . .* | *One o'clock. Two . . .* |
| Lehrer fragt Schüler nach der Uhrzeit. | *What time is it?* | *One o'clock.* |
| Lehrer spricht Frage vor, Schüler sprechen nach. | *Now you say: What time is it?* | *What time is it?* |
| Schüler geben an der Tafel die Zeit vor und fragen ihre Mitschüler danach. | | S1: *What time is it?* S2: *One o'clock.* |
| **1.9** Nach dem Alter eines Dritten fragen; das Alter eines Dritten sagen Lehrer fragt Schüler, Schüler antwortet. Lehrer fragt die Klasse. Wiederholung bei anderen Jungen. | *How old are you, Tom? How old is Tom?* | *Eleven. Eleven.* |
| Lehrer spricht Frage vor, Schüler sprechen nach. Fortsetzung der Schritte bei anderen Jungen; dabei wird der Name durch *he* ersetzt. | *Now you say: How old is Tom? How old is he?* | *How old is Tom? Eleven.* |
| Lehrer spricht Frage vor, Schüler sprechen nach. Ähnliche Einführung von *How old is Ann/she?* | *Now you say: How old is he?* | *How old is he?* |
| **1.10** Fragen, ob jemand ein bestimmtes Alter hat; darauf antworten Lehrer fragt Schüler nach dem Alter. | *How old are you?* | *Eleven.* |

| Methodische Hinweise | Lehrer | Schüler |
|---|---|---|
| Lehrer spricht Satz vor, Schüler sprechen nach. | Eleven. He's eleven. Now you say: He's eleven. | He's eleven. |
| Ähnliche Einführung und Einübung bei Mädchen. | Now you say: She's eleven. | She's eleven. |
| Lehrer fragt nach dem Alter der Schüler. | How old is he/she? | He's/She's eleven. |
| Lehrer läßt Frage nachsprechen. | Now you say: How old is he? Now you say: How old is she? | How old is he? How old is she? |
| Schüler fragen nach dem Alter der Mitschüler, Schüler antworten. | | How old is she? – Twelve. |
| Schüler führen paarweise Dialoge über Mitschüler. | | What's his name? – Tom. How old is he? – Eleven. |
| Lehrer fragt, gibt Antwort vor, läßt Antwort von Schüler nachsprechen. | Is Tom eleven? (nickt) – Yes, he is. Now you say: Yes, he is. Is Tom ten? (schüttelt Kopf) – No, he isn't. Now you say: No, he isn't. | Yes, he is. No, he isn't. |
| Ähnliche Einführung von positiver und negativer Antwort bei Mädchen, Schüler sprechen nach. | ... Now you say: Yes, she is. ... Now you say: No, she isn't. | Yes, she is. No, she isn't. |
| Schüler beantworten Lehrerfragen. | Is Sally/Tom eleven? Is Sally/Tom ten? | No, she/he isn't. Yes, she/he is. |
| Schüler beantworten Schülerfragen. | | Is Sally/Tom eleven? – Yes, she/he is. – No, she/he isn't. |

**1.11 Freunde begrüßen und vorstellen**

| | | |
|---|---|---|
| Lehrer begrüßt Schüler, läßt Begrüßung von Schülern nachsprechen. | Hallo, Tom. Now you say: Hallo, Tom. | Hallo, Tom. |
| Lehrer wählt jeweils zwei Schüler aus, die eine Begegnung vorspielen. | | Hallo, Tom. – Hallo, Sally. |
| Lehrer stellt einem Schüler eine Schülerin vor. Schüler sprechen nach. | Hallo, Tom. Here's Pat. She's my friend. Now you say: Here's Pat. She's my friend. | Here's Pat. She's my friend. |
| Schüler übernimmt Lehrerrolle in gespielten Begegnungen. | | S1: Hallo, Ann. S2: Hallo, Tom. Here's Pat. She's my friend. |
| Ähnliche Einführung und Einübung bei Jungen. | | S1: Hallo, Ann. S2: Hallo, Tom. Here's Peter. He's my friend. |
| Lehrer wählt jeweils drei Schüler aus, die eine Begegnung vorspielen. | | S1: Hallo, Ann. S2: Hallo, Tom. Here's Peter. He's my friend. S1: Hallo, Peter. S3: Hallo, Tom. |

## Texte der Übungen und Lieder auf Tonträger

Die Tonträger (wahlweise Tonspule oder Compact-Cassette) enthalten Übungen zum gesamten Einführungskurs. Sie können entweder im Klassenzimmer oder im Sprachlabor eingesetzt werden. Zur Steuerung der Übungen mit den Arbeitsblättern können die Texte auch vom Lehrer vorgelesen werden.

Nach einer kurzen Einführung in die Arbeitsweise werden die Schüler in der Lage sein, die etwas langsamer als „normal" gesprochenen Aufnahmen zu verstehen. Die Tonträger bieten Nachsprech-, Struktur- und Hörverständnisübungen. Die Nachsprechübungen sind Zweiphasen-Übungen, die Strukturübungen Vierphasen-Übungen:

**Nachsprechübung**
Phase 1: Modellsatz
Phase 2: ... (Schülerwiederholung)

**Strukturübung**
Phase 1: Stimulus
Phase 2: ... (Schüler-Response)
Phase 3: Richtiger Response
Phase 4: ... (Schüler-Response)

In den Arbeitsanweisungen wird möglichst nicht über den jeweils bekannten Sprachschatz hinausgegangen. Da sich nicht einheitlich voraussagen läßt, welche Anweisungen aus dem mündlichen Klassenunterricht bekannt sind, folgt hier eine Liste von Aufforderungen in englischer Sprache (mit Angabe des erstmaligen Vorkommens):

*Listen and say* (Exercise 1)
*Look at page ...* (Exercise 2)
*Now you answer ...* (Exercise 4)
*Now you say ...* (Exercise 6)

**Exercise 1** *Listen and say:*
Good morning, Tom.
Good morning, Liz.
Good morning, Clare.
Good morning, Wendy.
Good morning, John.
Good morning, David.
Good morning, Ann.
Good morning, Steve.

**Lied 1 (Kanon)** **Good morning**

Neuer Wortschatz: *to you*

**Exercise 2** *Look at page 1. Listen and say:*
My name is Tom.
I'm eleven.
My name is Sally.
I'm ten.
My name is Bob.
I'm twelve.

My name is Ann. I'm twelve.
My name is Tim. I'm eleven.
My name is Pat. I'm eleven.

▶ Arbeitsblatt 1, Seite 1

**Exercise 3** *Schau auf Seite 2.*
*Höre gut zu und trage das richtige Alter in das Kästchen ein.*
My name is Sarah. I'm eleven.
My name is Sam. I'm ten.
My name is Jill. I'm twelve.
My name is Chris. I'm eleven.
My name is David. I'm twelve.
My name is Clare. I'm eleven.

▶ Arbeitsblatt 1, Seite 2

**Exercise 4** *Look at page 2. Listen.*
| | |
|---|---|
| Sarah, how old are you? | Eleven. |
| Sam, how old are you? | Ten. |

*Now you answer:*
| | |
|---|---|
| Sarah, how old are you? | Eleven. |
| Sam, how old are you? | Ten. |
| Jill, how old are you? | Twelve. |
| Chris, how old are you? | Eleven. |
| David, how old are you? | Twelve. |
| Clare, how old are you? | Eleven. |

▶ Arbeitsblatt 1, Seite 2

**Lied 2    What time is it?**

It's one o'-clock, it's one o'-clock now.
It's two o'-clock, it's two o'-clock now.
It's one o'-clock, it's one o'-clock now. It's
It's two o'-clock, it's two o'-clock now. It's
one o'-clock, but listen now my friend    It isn't
two o'-clock, but listen now my friend

**Exercise 5** Die Strophen können bis zwölf wiederholt werden.

*Look at page 1. Listen.*
| | |
|---|---|
| Is Tom eleven? | Yes, he is. |
| Is Sally eleven? | No, she isn't. |
| Is Sally ten? | Yes, she is. |

*Now you answer:*
| | |
|---|---|
| Is Tom eleven? | Yes, he is. |
| Is Sally eleven? | No, she isn't. |
| Is Sally ten? | Yes, she is. |

| | |
|---|---|
| Is Bob eleven? | No, he isn't. |
| Is Bob ten? | No, he isn't. |
| Is Bob twelve? | Yes, he is. |
| Is Ann twelve? | Yes, she is. |
| Is Tim eleven? | Yes, he is. |
| Is Pat twelve? | No, she isn't. |
| Is Pat eleven? | Yes, she is. |

▶ Arbeitsblatt 1, Seite 1

**Exercise 6** *Listen.*

| | |
|---|---|
| Here's John. He's my friend. | Hallo, John. |
| Here's Sally. She's my friend. | Hallo, Sally. |

*Now you say hallo:*

| | |
|---|---|
| Here's John. He's my friend. | Hallo, John. |
| Here's Sally. She's my friend. | Hallo, Sally. |
| Here's Carol. She's my friend. | Hallo, Carol. |
| Here's Peter. He's my friend. | Hallo, Peter. |
| Here's Simon. He's my friend. | Hallo, Simon. |
| Here's Victoria. She's my friend. | Hallo, Victoria. |

**Exercise 7** *Look at page 3. Listen and say:*
Number one is a biro.
Number two is a book.
Number three is a felt-tip.
Number four is a pencil.
Number five is a ruler.
Number six is a pencil-case.
Number seven is a table.
Number eight is a board.
Number nine is a chair.
Number ten is a bag.
Number eleven is a rubber.
Number twelve is a pen.

▶ Arbeitsblatt 2, Seite 3

**Exercise 8** *Look at page 3. Listen.*

| | |
|---|---|
| What's number four in English? | It's a pencil. |
| What's number seven in English? | It's a table. |

*Now you answer:*

| | |
|---|---|
| What's number four in English? | It's a pencil. |
| What's number seven in English? | It's a table. |
| What's number six in English? | It's a pencil-case. |
| What's number three in English? | It's a felt-tip. |
| What's number nine in English? | It's a chair. |
| What's number two in English? | It's a book. |
| What's number twelve in English? | It's a pen. |
| What's number five in English? | It's a ruler. |
| What's number one in English? | It's a biro. |

▶ Arbeitsblatt 2, Seite 3

**Exercise 9** *Look at page 3. Listen.*

| | |
|---|---|
| What number is the board? | Number eight. |
| What number is the pencil? | Number four. |

*Now you answer:*

| | |
|---|---|
| What number is the board? | Number eight. |
| What number is the pencil? | Number four. |
| What number is the bag? | Number ten. |
| What number is the biro? | Number one. |

What number is the book?     Number two.
What number is the rubber?     Number eleven.
What number is the felt-tip?     Number three.

▶ Arbeitsblatt 2, Seite 3

### Lied 3  Pen and pencil

Pen and pen-cil, ru-ler, book, ru-ler, book. Pen and pen-cil, ru-ler, book, ru-ler, book and felt-tip, bi-ro, bag and board. Pen and pen-cil, ru-ler, book, ru-ler, book.

Das Lied kann als Lernspiel eingesetzt werden. Die Schüler legen die kleineren Gegenstände in der Reihenfolge des Textes vor sich auf den Tisch. Das Lied wird insgesamt achtmal wiederholt. Bei der ersten Wiederholung wird *pen* durch das Wort *hand* ersetzt, bei der zweiten *pencil* und so fort, wobei der Schüler mit dem Finger auf die einzelnen Gegenstände deutet. Zum Schluß sind alle Gegenstände des Liedtextes durch das Wort *hand* ersetzt.

**Exercise 10**    *Look at page 4. Listen and say:*
The chair is brown.
The pencil is green.
The book is blue.
The bag is orange.
The biro is black.
The pencil-case is black.
The table is brown.
The ruler is yellow.
The felt-tip is red.
The rubber is green.

▶ Arbeitsblatt 2, Seite 4

**Exercise 11**    *Look at page 4. Listen.*
What colour is the pencil-case?     It's black.
What colour is the table?     It's brown.

*Now you answer:*
What colour is the pencil-case?     It's black.
What colour is the table?     It's brown.
What colour is the ruler?     It's yellow.
What colour is the felt-tip?     It's red.
What colour is the rubber?     It's green.

▶ Arbeitsblatt 2, Seite 4

**Exercise 12**  *Listen.*
| | |
|---|---|
| Is that Tom's chair? | No, it isn't. It's my chair. |
| Is that Jill's pen? | No, it isn't. It's my pen. |
| Is that Derek's felt-tip? | No, it isn't. It's my felt-tip. |

*Now you answer:*
| | |
|---|---|
| Is that Tom's chair? | No, it isn't. It's my chair. |
| Is that Jill's pen? | No, it isn't. It's my pen. |
| Is that Derek's felt-tip? | No, it isn't. It's my felt-tip. |
| Is that Sally's rubber? | No, it isn't. It's my rubber. |
| Is that Michael's pencil-case? | No, it isn't. It's my pencil-case. |
| Is that Victoria's biro? | No, it isn't. It's my biro. |
| Is that Emma's bag? | No, it isn't. It's my bag. |
| Is that Tony's book? | No, it isn't. It's my book. |

**Exercise 13**  *Listen and say:*
Have you got a ruler?
Have you got a pen?
Have you got a rubber?
Have you got a green pencil?
Have you got a blue felt-tip?

I've got a pen and a pencil.
I've got a ruler and a rubber.
I've got a pencil-case.
I've got a pen and a biro.

**Exercise 14**  *Look at page 9. Listen.*
| | |
|---|---|
| Where's Alan's book? | On the table. |
| Where's Tim's biro? | On the book. |
| Where's Pat's ruler? | In the bag. |

*Now you answer:*
| | |
|---|---|
| Where's Alan's book? | On the table. |
| Where's Tim's biro? | On the book. |
| Where's Pat's ruler? | In the bag. |
| Where's Pat's book? | On the bag. |
| Where's John's ruler? | In the pencil-case. |
| Where's Sarah's pencil-case? | On the chair. |

▶ Arbeitsblatt 5, Seite 9

**Exercise 15**  *Look at page 9. Listen.*
| | |
|---|---|
| Is Pat's book grey? | Yes, it is. |
| Is Sarah's pencil-case white? | No, it isn't. |
| Is Sarah's pencil-case green? | Yes, it is. |

*Now you answer:*
| | |
|---|---|
| Is Pat's book grey? | Yes, it is. |
| Is Sarah's pencil-case white? | No, it isn't. |
| Is Sarah's pencil-case green? | Yes, it is. |
| Is Alan's book blue? | No, it isn't. |
| Is Alan's book green? | No, it isn't. |
| Is Alan's book red? | Yes, it is. |
| Is John's ruler brown? | Yes, it is. |
| Is Tim's biro blue? | No, it isn't. |
| Is Tim's biro yellow? | Yes, it is. |

▶ Arbeitsblatt 5, Seite 9

**Exercise 16**  *Look at page 9. Listen.*
| | |
|---|---|
| What's on the table? | Alan's book. |
| What's in the bag? | Pat's ruler. |
| What's on the bag? | Pat's book. |

*Now you answer:*
| | |
|---|---|
| What's on the table? | Alan's book. |
| What's in the bag? | Pat's ruler. |
| What's on the bag? | Pat's book. |
| What's on the book? | Tim's biro. |
| What's in the pencil-case? | John's ruler. |
| What's on the chair? | Sarah's pencil-case. |

▶ Arbeitsblatt 5, Seite 9

**Lied 4** **The alphabet song**

**Exercise 17** *Schau auf Seite 13. Höre dir diese Dialoge gut an. Kreuze den richtigen Namen und das richtige Alter des Gesprächspartners an.*

Number one:
Hallo. My name is Karen.
What's your name?     My name is Peter.
I'm twelve. How old are you?     I'm eleven.

Number two:
Hallo. My name is Derek.
What's your name?     My name is Sally.
I'm eleven. How old are you?     I'm ten.

Number three:
Hallo. My name is Carol.
What's your name?     My name is Mark.
I'm twelve. How old are you?     I'm twelve.

Number four:
Hallo. My name is Martin.
What's your name?     My name is Chris.
I'm ten. How old are you?     I'm eleven.

Number five:
Hallo. My name is Victoria.
What's your name?     My name is Alan.
I'm eleven. How old are you?     I'm twelve.

Number six:
Hallo. My name is Simon.
What's your name?     My name is Ann.
I'm twelve. How old are you?     I'm eleven.

▶ Arbeitsblatt 7, Seite 13

**Exercise 18** *Look at page 13. Listen.*

Number one:
Hallo. My name is Karen.
What's your name?     My name is Peter.
I'm twelve. How old are you?     I'm eleven.

Number two:
Hallo. My name is Derek.
What's your name?   My name is Sally.
I'm eleven. How old are you?   I'm ten.

*Now you answer:*
Number one:
Hallo. My name is Karen.
What's your name?   My name is Peter.
I'm twelve. How old are you?   I'm eleven.

Number two:
Hallo. My name is Derek.
What's your name?   My name is Sally.
I'm eleven. How old are you?   I'm ten.

Number three:
Hallo. My name is Carol.
What's your name?   My name is Mark.
I'm twelve. How old are you?   I'm twelve.

Number four:
Hallo. My name is Martin.
What's your name?   My name is Chris.
I'm ten. How old are you?   I'm eleven.

Number five:
Hallo. My name is Victoria.
What's your name?   My name is Alan.
I'm eleven. How old are you?   I'm twelve.

Number six:
Hallo. My name is Simon.
What's your name?   My name is Ann.
I'm twelve. How old are you?   I'm eleven.

▶ Arbeitsblatt 7, Seite 13

**Exercise 19**  *Listen.*
Have you got a pen, please? (Yes)   Yes. Here you are.
Have you got a biro, please? (No)   No. Sorry.
Have you got a red pencil, please? (Yes)   Yes. Here you are.

*Now you answer:*
Have you got a pen, please? (Yes)   Yes. Here you are.
Have you got a biro, please? (No)   No. Sorry.
Have you got a red pencil, please? (Yes)   Yes. Here you are.
Have you got a ruler, please? (No)   No. Sorry.
Have you got a rubber, please? (Yes)   Yes. Here you are.
Have you got a blue felt-tip, please? (No)   No. Sorry.
Have you got a red biro, please? (No)   No. Sorry.
Have you got a green pencil, please? (Yes)   Yes. Here you are.

**Exercise 20**  *Listen.*
Can you spell "book", please?   Yes. It's b-o-o-k.
Can you spell "red", please?   Yes. It's r-e-d.
Can you spell "old", please?   Yes. It's o-l-d.

*Now you answer:*
Can you spell "book", please?   Yes. It's b-o-o-k.
Can you spell "red", please?   Yes. It's r-e-d.
Can you spell "old", please?   Yes. It's o-l-d.
Can you spell "that", please?   Yes. It's t-h-a-t.
Can you spell "biro", please?   Yes. It's b-i-r-o.
Can you spell "bag", please?   Yes. It's b-a-g.
Can you spell "table", please?   Yes. It's t-a-b-l-e.
Can you spell "black", please?   Yes. It's b-l-a-c-k.

**Lehrerhandreichungen
zum Schülerbuch**

## Erläuterung der Symbole

⚠ = Achtung!

▶ = Hinweis auf Einsatzmöglichkeiten von Übungen im Schülerbuch und von Arbeitsblättern des Einführungskurses

▷ = Hinweis auf Einsatzmöglichkeiten von zusätzlichen Arbeitsmitteln: Workbook (mit Angabe der Seite, der Übung und des Lernziels), Tonträger und Arbeitsfolien

☐ = Zusätzlicher Arbeitsschritt: Differenzierungsmöglichkeit durch Erweiterung oder Vereinfachung des dargebotenen Lernmaterials (je nach Leistungsstand der Klasse/Gruppe und vorhandener Zeit)

## Gliederung der Kommentarseite

Jede Seite des Schülerbuchs wird durch eine Kommentarseite des Lehrerhandbuchs begleitet.

**Sprech-** An dieser Stelle sind die kommunikativen Lernziele für einen Step, der sich über mehrere Seiten
**absichten** erstrecken kann, zusammengefaßt.

**Strukturen** Hier werden die auf der Seite neu eingeführten grammatischen Erscheinungen genannt und sprachliche Hinweise und Informationen über die Behandlung einer Struktur im Lehrwerk gegeben.

**Wortschatz,** Wortschatz und Wendungen sind in der Reihenfolge ihres Auftretens auf der Schülerbuchseite ver-
**Wendungen** zeichnet. Die Gliederung der Aufstellung entspricht der Gliederung der Schülerbuchseite: Absätze sind an den Stellen gemacht, wo auch im Schülerbuch ein Abschnitt endet.

Grundwortschatz, der in späteren Units als bekannt vorausgesetzt wird, ist fett gedruckt.

Zusatzwortschatz, der in späteren Units nicht als bekannt vorausgesetzt wird, ist normal gedruckt.

In Klammern gestellte Zusätze geben nähere Erläuterungen zum Gebrauch und zur Semantisierung.

**Weg** Hier werden methodische Vorschläge bereitgestellt
a) für die Arbeit mit dem Buch (die kommentierten Abschnitte sind in Klammern kurz beschrieben);
b) für mögliche Arbeitsschritte ohne Buch.
Die Reihenfolge der Schritte ist durch eine Numerierung gekennzeichnet.

Bietet sich der Einsatz einer Übung aus Step e oder die Verwendung auditiver oder visueller Medien an, so ist ihr frühestmöglicher Einsatzort durch ▶ bzw. ▷ signalisiert. Selbstverständlich bleibt es dem Lehrer überlassen, sie aus methodischen oder zeitlichen Gründen zu einem späteren Termin einzusetzen.

Ergänzende Arbeitsschritte zur Differenzierung werden unter ☐ vorgeschlagen.

Die methodische Kommentierung der ersten Unit enthält ferner Vorschläge zur Lehrersprache, die für die Steuerung der Arbeit mit der Schülerbuchseite verwendet werden kann.

---

Zusätzliche Arbeitsvorschläge in Form von Lernspielen, Liedern, Rätseln, Reimen und Diktaten, die unten auf der Seite gegeben werden, können je nach Klassensituation zur Auflockerung des Unterrichts benutzt werden.

Perforation und Lochung des Lehrerhandbuchs ermöglichen dem Lehrer, der dies wünscht, nur einzelne Kommentarseiten mit in den Unterricht zu nehmen und sie später in einem Ordner abzuheften.

# Unit 1

Obwohl das Schülerbuch weder Strukturen noch andere Redemittel aus dem Einführungskurs voraussetzt, ist im Falle eines Verzichts auf den Einführungskurs der Nachholbedarf etwa bei der Lehrerphraseologie, der Unterscheidung von *Mr* und *Mrs*, den Zahlwörtern oder dem bestimmten Artikel unverkennbar. Der Lehrer, der nicht mit dem Einführungskurs gearbeitet hat, muß den Stoff daher mit größerer Streckung von Darbietung und Übung behandeln und wird, besonders bei der ersten Unit, ausführlichere Einführungsphasen vor der Arbeit mit den Buchseiten einplanen.
In der ersten Unit werden die fünf Hauptpersonen des Schülerbuchs präsentiert, wobei die Schule lediglich den äußeren Rahmen darstellt. Auf das Thema „Schule" wird erst in Unit 10 näher eingegangen, nachdem geeignete sprachliche Mittel bereitgestellt worden sind. Die Vorstellungssituationen der Unit 1 haben als landeskundlichen Hintergrund die Umschulung der Kinder (von verschiedenen *primary schools* auf eine *secondary school*), die in Großbritannien üblicherweise mit elf Jahren erfolgt.

**Seite 5**

Die Einleitungsseite sollte nicht „durchgenommen", d. h. nicht mit Übungen verknüpft werden. In der Regel werden die Schüler sie weitgehend ganzheitlich erfassen. Die Probleme liegen weniger im Inhaltlichen als vielmehr in Aussprache und Schreibung *(pupil, school)*.

**Struktur** She's (= She is) ... E1[1]: Bei der Verwendung von Kurz- und Langformen kann die herkömmliche Unterscheidung schriftlich/mündlich nicht mehr durchweg aufrechterhalten werden. Die Kurzformen treten heute zunehmend in der Schriftsprache auf, und zwar auch dann, wenn es nicht um die Wiedergabe direkter Rede oder um informelle Anlässe (Privatbriefe usw.) geht.

**Wortschatz, Wendungen** here's E1, school (⚠ Bei dem Satz *Here's Park School* auf die *level stress*-Betonung 'Park 'School achten.);
and E1, a E2, pupil, at

**Weg** Ist mit dem Einführungskurs gearbeitet worden, kann auf die Schritte 1–4 verzichtet werden.

1 Begrüßung/Lehrervorstellung:
*Good morning. I'm Miss/Mrs/Mr ...*

2 Schülervorstellung in einfachster Form:
Lehrer: *I'm Miss ... And you?*
Schüler: *I'm ...*
Lehrer spricht einen Schüler an, dessen Vorname mit einem englischen identisch ist:
*Oh, you're Michael (dt.). You're Michael (engl.).*

3 Englische Vornamen werden ausgewählt (siehe Kommentar zum Einführungskurs, Woche 1, S. 30 f., oder S. 97 des Schülerbuchs) bzw. geeignete deutsche anglisiert.

4 Allmählicher Aufbau der Schülervorstellung:
*Here's Pat/Tom. She's/He's at ... School.*
*She's/He's a pupil at ... School.*

5 Kurze Wiederholung der Vorstellungsszene mit Einbringen der eigenen Schule:
*I'm Miss/Mrs/Mr ... I'm a teacher. I'm a teacher at ... School.*

6 Einbringen einer englischen Schülerin (evtl. mit Tafel- oder Folienzeichnung):
*And here's Ann Green. She's a pupil at Park School.*

7 Bearbeitung von S. 5 des Schülerbuchs. Dabei Einführung von *Look at page 5* aus der Unterrichtsphraseologie.

---

[1] Strukturen, Wortschatz und Wendungen, die im Einführungskurs enthalten sind, sind in diesem Lehrerhandbuch mit Angabe des ersten Auftretens gekennzeichnet. E1 = Einführungskurs, Woche 1.

# Step 1a

Lehrerhandbuch zu ENGLISH H · Neue Ausgabe, Band 1    57

Zum Verhältnis von mündlicher und schriftlicher Arbeit in allen Steps siehe Vorwort, S. 7.

**Sprech-**    S. 6   Sagen, wie man heißt.[1]      *I'm Dave King.*
**absichten**        Sagen, wie alt man ist.      *I'm twelve.*
               Sagen, welche Schule man besucht.      *I'm a pupil at Park School.*
               Nach dem Namen fragen.      *What's your name?*
               Nach dem Alter fragen.      *How old are you?*
               Sich entschuldigen.      *Sorry.*
           S. 7   Fragen, ob jemand ein bestimmtes Alter hat.      *Are you eleven?*
               Sagen, welcher Nationalität man ist.      *I'm German.*

**Seite 6**

**Struktur**    **I'm** (= I am) ... E1

**Wortschatz,**    **twelve** E1, **eleven** E1;
**Wendungen**    **Good morning** E1 (*Good morning* wird vor dem Mittagessen benutzt. Es entspricht im Deutschen sowohl „Guten Morgen" als auch „Guten Tag".), **Mr** E1 (Falls **Mrs** und **Miss** in E1 noch nicht eingeführt wurden, sollte dies hier im Zusammenhang mit *Mr* geschehen.), **your** E2, **teacher**;
**What's your name?** E1, **How old are you?** E1;
**You're late**, **Sorry** E4 (Wendung; verkürzte Form von *I'm sorry*)

**Weg**    **1** (obere Bildgruppe) Die Namen der Hauptpersonen werden dargeboten und geübt: *Look at page 6. Look at the boys and girls. Here's Dave King. Here's Liz Dean. Here's ...* Falls die Unterrichtssprache den Schülern nicht bereits vom Einführungskurs her bekannt ist, muß sie erklärt werden. Vgl. hierzu auch Vorwort, S. 13.

**2** (obere Bildgruppe) Die Teiltexte der Bildreihe werden gelesen bzw. mit den Angaben der Namenskarten fortgesetzt: *Look at the boys and girls again. Dave King says, "I'm Dave King. I'm twelve. I'm ..." And Liz Dean? Liz says, "I'm ..." And Pat Best? And Harry Peel/Sam Cooper?*

**3** (gelber Kasten) Übertragen des Erarbeiteten auf die eigene Person. Überleitung von Schritt 2: *And Sam Cooper? Sam says, "I'm Sam Cooper. I'm eleven. I'm a pupil at Park School." And you? You say, "I'm ..."* Evtl. muß hier, falls nicht aus dem Einführungskurs bekannt, das Wort *ten* eingeführt werden. Wenn Schwierigkeiten in der Transferphase auftreten, können Hilfen an der Tafel gegeben werden: *I'm ... I'm 10/11/12. I'm a pupil at ...*

▷ Text-Cassette/Tonband, Exercise 1

**4** Wiederholung der Begrüßung und Vorstellung: *I'm Miss/Mrs/Mr ... I'm your teacher.*

**5** (mittlere Bildgruppe) *Look at page 6. Here's Mr Hill. Mr Hill says, "Good morning. I'm ..."* Einführung der Wendungen *What's your name?* und *How old are you?*: *Look at Mr Hill and Dave King. Mr Hill asks, "What's your name?" Dave says, "Dave King."* Fortsetzung der Übung mit den anderen Personen der oberen Bildgruppe; die Altersangabe ist den Namenskarten zu entnehmen. Die Schritte 1 bis 5 können durch den Einsatz der Arbeitsfolie vorbereitet werden.

▷ Arbeitsfolie 1, Felder 1 und 2

**6** (gelber Kasten) Ausgelöst von *And you?* Transfer der vorigen Übung. Zuerst Dialog zwischen Lehrer und Schüler, dann übernehmen Schüler die Lehrerrolle, anschließend Partnerarbeit mit wechselnden Partnern.

☐ Abwandlungsmöglichkeit in leistungsstärkeren Klassen:
S1: *What's your name?*
S2: *... And your name?*
S1: *... How old are you?*
S2: *... And you?*

**7** (Strip) Als Vorbereitung kann S. 5 abermals gelesen werden. Der Strip führt die Verwendung von *I'm ...* in einer realistischen Situation vor. Einführung von *You're late. – Sorry. Look at the comic strip. Here's Ann Green. Ann says, ... Mr Hill says, ...* Wenn die abgebildete Uhr zum Verständnis nicht reicht, wird die Situation simuliert.

---

[1] Verneinte Aussagen und Antworten auf die verschiedenen Frageformen werden bei der Übersicht der Sprechabsichten in der Regel nicht besonders erfaßt.

## Seite 7

**Strukturen**  Are you . . .? – Yes, I am./No, I'm not.
You're (= You are) . . .; You aren't (= You are not) . . .

**Wortschatz**  **too**, **yes** E1, **no** E1, **not**;
**English** E1 (*I'm English* = Ich bin Engländer[in]), **German**, **in** E3, **class** (Die *secondary schools* bezeichnen die erste Klasse ihrer Schule als *Class 1*; sie entspricht der deutschen fünften Klasse.)

**Weg**

1 (oberes Bild) Da der Dialog, den Ann auslöst, realistischerweise noch nicht mündlich dargeboten werden kann, wird vom Buch ausgegangen. Die Altersangaben werden der oberen Bildgruppe auf S. 6 entnommen.
*Look at page 7. Here's Ann, Harry, Pat, Liz, Dave and Sam.*
*Ann says, "I'm eleven. Are you eleven, too?"*
*Harry says, "Yes, I am."*
*Pat says, "No, I'm not. I'm twelve."*
*And Liz? Are you eleven, too?*
*And Dave?*
Danach Übernahme der Rollen durch Schüler und Nachspielen des Dialogs.
In einer Transferphase können die Schüler die sie selbst betreffenden Angaben machen:
*I'm eleven. Are you eleven, too? – No, I'm not. I'm ten.*
Dieser Schritt kann durch den Einsatz der Arbeitsfolie vorbereitet werden.

▷ Arbeitsfolie 1, Felder 3 und 4

☐ Umformen des Dialogs zu dem oberen Bild (zuerst schriftlich):
Pat: *I'm twelve. Are you twelve, too?*
Harry: *No, I'm not. I'm . . .*

2 (mittlere Bildgruppe) Leseübung anhand der beiden Kurztexte zu *I'm . . .* und *I'm not . . .*:
*Look at the middle of page 7. Look at the boy and the girl.*
*The girl says, . . . The boy says, . . .*

☐ Erweiterung der Aussagen des Mädchens:
*I'm English. I'm not German. I'm at . . .*

3 (gelber Kasten) Bildung von Stellungnahmen nach dem Muster der Aussagen des Mädchens:
*The girl says, "I'm English." And you?*
Ggf. können Hilfen an die Tafel geschrieben werden.
Weitere Nationalitätsbezeichnungen:
*Greek* [griːk], *Italian* [ɪˈtæljən], *Spanish* [ˈspænɪʃ], *Turkish* [ˈtɜːkɪʃ], *Yugoslavian* [juːɡəʊˈslɑːvjən].

▷ Workbook, Seite 1, Übungen 1, 2
In diesen Übungen werden Schüleräußerungen mit *I'm . . ./I'm not . . .* zuerst durch Fragen gesteuert, danach zu einem zusammenhängenden Text verarbeitet.

4 (Übersicht) Hier werden die Kurz- und Langformen von *am – are* in Aussagen verdeutlicht. Die Form *you're* kann bereits an dieser Stelle nützlich sein, wenn es dem Lehrer darauf ankommt, einen Schüler die Rolle eines englischen Schülers übernehmen zu lassen, z. B. *Now you're Pat*. Ferner wird die Beantwortung der Frage *Are you . . .?* durch *Yes, I am./No, I'm not* dargestellt.
⚠ Steigende Intonation bei den Entscheidungsfragen beachten.
Überleitung zu der Übersicht durch *Look at the red box on page 7.*

# Step 1b

| | | |
|---|---|---|
| Sprech-absichten | S. 8 Sagen, wie jemand aussieht.<br>Fragen, wie jemand aussieht.<br>Sagen, wie jemand heißt.<br>S. 9 Auskünfte über andere Schüler geben. | *He's tall. He isn't small.*<br>*Is he tall?*<br>*His name is Mr Hill.*<br>*They're girls. They're at Park School.*<br>*They're in Class 1E.* |

**Seite 8**

**Strukturen**  He's (= He is) ... E1 (*She's* ... wurde bereits auf S. 5 eingeführt.)
He/She isn't (= He/She is not) ...
Is he (she) ...? – Yes, he is./No, he isn't. E1

**Wortschatz**  **small**, tall (auf Körpergröße bezogen), fair, dark, **my** E1, **friend** E1;
**father, mother** (kann durch die Zeichnung einer Familie an der Tafel eingeführt werden);
**one – seven** E1, **his, her**

**Weg**

1 Einführung von *he's*, Festigung von *she's* anhand der zuvor behandelten Sachverhalte: *Dave King is at Park School. He's twelve. He's English. He isn't eleven. He isn't German.* usw.

2 Einführung der Adjektive *tall, small, fair, dark* mit Bezug auf die Klasse. Dabei werden auch Varianten berücksichtigt: *He's small. He isn't tall.*

3 (obere Bildgruppe) Festigung der neuen Adjektive und der Strukturen *he's/she's, he isn't/she isn't* bzw. Einführung des Schriftbildes: *Look at page 8. He's small. He isn't ...*

4 (mittlere Bildgruppe) Das weitere Üben erfolgt mit Hilfe der *substitution table*.

5 (mittlere Bildgruppe) Komplexere Beschreibungen der Kinder nach dem Muster: *Look at Dave, Pat, Sam, Liz and Ann. Here's Pat. She's small and dark. Here's Sam. He's ... And Dave/Liz/Ann?*

☐ Das Erarbeitete wird mit dem auf S. 6 und S. 7 Vermittelten verknüpft: *Here's Pat. She's small and dark. She's English. She's at Park School.*

6 (erster gelber Kasten) Die Schüler machen ähnliche Aussagen über einen Freund/eine Freundin. Überleitung von Schritt 5: *And Ann? She's tall and fair. And your friend?* Zwei dem Lehrer bekannte Freunde werden ausgewählt: *And your friend, Alan? Tom is your friend. He's tall. He's dark. He isn't small. He isn't fair.* Die Beschreibung kann an der Tafel unter der Überschrift *My friend* festgehalten werden und als Muster für weitere Aussagen dienen.

☐ Ergänzung durch weitere Informationen über den Freund, z. B. *He's ten. He's at Goldberg School. He's in Class 5. He's German.*

7 Die Frageformen von *he/she is* und die entsprechenden Kurzantworten werden entweder mit Bezug auf die Klasse oder mit Hilfe der mittleren Bildgruppe eingeführt: *Is Dave tall? – Yes, he is. Is Sam tall? – No, he isn't. Is he small? – Yes, he is.* usw. Die Schritte 1 bis 7 können durch den Einsatz der Arbeitsfolie vorbereitet werden.

▷ Arbeitsfolie 2 (ohne Deckfolie)

8 (zweiter gelber Kasten) *Look at the yellow box in the middle of page 8.*
*Tom, is your father small? – Yes, he is.*
Nach Einleitung durch den Lehrer ggf. Fortsetzung als Partnerarbeit.

9 (untere Bildgruppe) Einführung von Aussagen mit *his/her* (ggf. über die Arbeitsfolie). Vor Durchnahme der Übung ist es ratsam, die Zahlen 1-10 aus dem Einführungskurs zu wiederholen, da sie, auch künftig, zur Steuerung der Übungen verwendet werden: *Look at the bottom of page 8. Look at picture 1. His name is Mr Hill.*

▷ Arbeitsfolie 2 (mit Deckfolie)

10 (unterer gelber Kasten) Die Schüler geben Auskunft über den Namen des Vaters, der Mutter, des Freundes bzw. der Freundin: *And your father, Sally? His name is ...? – His name is Klaus.*

▷ Text-Cassette/Tonband, Exercise 2
▷ Workbook, Seite 2, Übung 3 (Festigung von *his* und *her*)
▷ Workbook, Seite 2, Übung 4 (Aussagen mit den neuen Adjektiven und Festigung der Kurzantwort *No, he/she isn't.*)
▷ Workbook, Seite 2, Übung 5 (Transferübung mit verschiedenen Redemitteln)
Äußerungen möglichst zuerst mündlich behandeln. Bei der Beschreibung einer Freundin wird *he/his* durch *she/her* ersetzt.

## Seite 9

**Strukturen**  Harry and Sam are/They're (= They are) . . .
**boy – boys:** Aus unterrichtspraktischen Gründen wird zwar die Pluralbildung mit *-s* bereits in der Unit 1 vorgestellt, eine ausführlichere Behandlung bleibt jedoch der Unit 4 vorbehalten. So werden in den ersten drei Units nur Pluralendungen mit stimmhaftem Auslaut [z] gebraucht. ⚠ Auf eine möglichst korrekte Aussprache des *-s* [z] ist zu achten.
Are they . . .? – Yes, they are./No, they aren't.

**Wortschatz**  boy, girl

**Weg**

1 *Are/aren't* werden der bisher verfolgten Verfahrensweise entsprechend zuerst in der Klassensituation behandelt: *John/Tom is a boy. John and Tom are boys. They're boys.* Anschließend Weiterführung mit dem Schülerbuch.

2 (obere Bildgruppe) Zuerst Bearbeitung der Aussagen in der Pluralform mit *are*. Danach werden unter Anwendung von *they're* weitere Sätze über die abgebildeten Schüler formuliert. Die dazugehörenden *substitution tables* leisten dabei Hilfe.
*Look at page 9. Dave is a boy.*
*Harry and Sam are boys, too.*
*Ann is a girl.*
*Pat and Liz . . .*

3 Anschließend wird in einer Reihe von Fragen über Ann und Sam die Frageform *Are Ann and Sam/they . . .?* mit den entsprechenden Kurzantworten geübt.
Die Schritte 1 bis 3 können durch den Einsatz der Arbeitsfolie vorbereitet werden. Dabei Festigung der Adjektive *small, tall, dark, fair.*

▷ Arbeitsfolie 3

☐ Übertragung der Übungen von Schritt 3 auf andere Schülerkombinationen, z. B. *Harry and Dave, Harry and Liz.* Inwieweit der Lehrer die Ausdrucksmöglichkeiten ausnutzt, muß vom Klassenstand abhängig gemacht werden, z. B. *Harry and Dave are pupils at Park School/friends.*
⚠ Vorsicht ist geboten bei Fragen wie *Are they fair?* Die erforderliche Antwort könnte lauten: *Liz is fair. Harry is dark* o. ä. Das gilt auch für die Klassensituation.

▷ Workbook, Seite 3, Übung 6a (Aussagen mit *Here are . . .* und Substantiven im Plural)
▷ Workbook, Seite 3, Übung 6b (Aussagen mit *aren't*)

Bei diesen Übungen sollten die Aufschriften der Schilder nicht erklärt werden. Wird ausdrücklich nach der Bedeutung gefragt, gibt der Lehrer natürlich Auskunft (*Comprensive School* entspricht etwa der Gesamtschule in Deutschland; *R. C.* = *Roman Catholic*; *First School* = für 5–9jährige; *Middle School* = für 9–13jährige). Bei Satz 3 gibt die *school uniform* den Hinweis zur Lösung, bei Satz 5 die Aufschrift auf den Sporttaschen.

4 (Lied) In dem Lied, das nach der Melodie des bekannten englischen Kinderliedes *Girls and boys come out to play* gesungen wird, werden nur Wörter und Strukturen verwendet, die bereits eingeführt sind. Dem Lehrer muß die Entscheidung überlassen bleiben, ob man ein Lied erst singen lassen kann, wenn alle darin vorkommenden sprachlichen Erscheinungen erarbeitet worden sind. Allerdings wird oft auch die Auffassung vertreten, gerade ein Lied wie *Girls and boys* könne für die Einführung von *they're* herangezogen werden. Nach Strophe 1 (Sam) und Strophe 2 (Pat) können weitere Schülernamen benutzt werden, wobei die Steuerung über Tafelanschrieb erfolgen könnte: Liz (11), Dave (12).

▷ Text-Cassette/Tonband, Aufnahme des Liedes (mit Gitarre)

5 (Übersicht) Die Übersicht kann ggf. zu Übungen Anregungen geben, ist aber hauptsächlich zu Nachschlagezwecken und zur Darstellung der Formen gedacht. Sie sollte keineswegs zum Ausgangspunkt formalgrammatischer Betrachtungen gemacht werden, die der kommunikativen Zielsetzung zuwiderlaufen würden und keinen nennenswerten Gewinn brächten.
⚠ Von inhaltlich sinnlosen Umformungen wie *They aren't girls* ist abzusehen. Überleitung zu der Übersicht durch *Look at the red box on page 9.*

## Step 1c

| | | |
|---|---|---|
| Sprech-<br>absichten | S. 10 | Aussagen über sich und andere machen, in bezug auf<br>– Freundschaft, *Dave and I are/We're friends.*<br>– Schule, *We're at the same school.*<br>– Schulklasse. *We're in the same class.*<br>Nach Freunden/Schule/Schulklassen fragen. *Are you friends/at the same school/in the same class?* |

**Seite 10**

| | |
|---|---|
| Strukturen | We're (= We are) ...<br>We aren't (= We are not) ... |
| Wortschatz,<br>Wendungen | the E2, the same (Diese Wendung kann aufgrund der Klassensituation geklärt werden: *Ann is in Class 5A. Tom is in Class 5, too. They're in the same class.*), **but** |

Weg 1 (Graphik) Den Ausgangspunkt für die Bearbeitung dieser Seite bildet die Graphik, in der die Freundschaftsbeziehungen der Kinder dargestellt sind. Zuerst werden die Schüler damit vertraut gemacht:
*Look at page 10. Here are pupils in Class 1F and Class 1E at Park School. Sam, Dave, Harry, Pat, Liz and Ann are in Class 1F. They're in the same class. Tom, Penny and Sally are in Class 1E.*
Fortsetzung wie im Buch: *Sam and Dave are friends. Dave and ...*

☐ Um in lernschwächeren Gruppen den Übergang von *they* zu *we* zu erleichtern, können Fragen zu der Graphik gestellt werden, z. B.
*Are Sam and Dave friends? – Yes, they are.*
*Are Sam and Sally friends? – No, they aren't.*

2 (Harry und Penny) Zuerst Einführung von Aussagen mit *we're/we aren't*:
*Look at Harry Peel. Harry says, "Dave and I are friends. We're ..."*
*And Penny? She says, "Liz and I ..."*
Nach den Aussagen von Harry und Penny wird die Übung fortgesetzt, indem die anderen Kinder (siehe Namenskarten) Fragen über sich und ihre Freunde beantworten:
*And your friends, Sam? – Dave and I are friends. We're at the same school. We're in the same class.*
*And your friends, Ann? – Pat and I are friends. We're at the same school. We're in the same class. Sally and I are friends. We're ...*
*And your friends, Dave/Tom/Liz/Pat/Sally?*

▷ Text-Cassette/Tonband, Exercise 3

3 (gelber Kasten) Die Schüler berichten mit ähnlichen Aussagen über ihre Freunde.

4 (unteres Bild) Einführung der Kurzantworten *Yes, we are./No, we aren't* im Dialog:
*Look at the bottom of page 10. Look at the boy and the girl. The boy is Tom. The girl asks Tom, "Tom, are you and Dave friends?"*
*Tom says, "No, we aren't."*
Das Gespräch kann anschließend abgewandelt werden, z. B.
*Pat, are you and Sally friends? – No, we aren't.*
*Are you and Liz friends? – Yes, we are.*
*Are you at the same ...?*
⚠ Es empfiehlt sich, hier lediglich auf die Graphik Bezug zu nehmen, weil sonst in einer Transferphase persönliche Abneigungen u. ä. in den Unterricht getragen werden könnten.

▷ Workbook, Seite 3, Übung 7 (Transferübung mit den neuen Sprachmitteln und den Kurzantworten *Yes, we are./No, we aren't.*)
Da *fourteen* noch nicht vorausgesetzt werden kann, wird die Zahl in Ziffern gegeben. Der Lehrer sollte auf die Zahl hinweisen, braucht aber das Schriftbild nicht einzuführen.

5 (Übersicht) Die Übersicht dient nur der Orientierung im Formenbestand. Die kommunikative Absicherung ist durch die vorausgegangenen Übungen gegeben.
Überleitung zu der Übersicht durch *Look at the red box.*
Eine Darstellung der Formen von *be* in Verbindung mit allen Pronomen findet sich im Workbook auf Umschlagseite 2.

▶ Schülerbuch, Seite 12, Übungen 1, 3

## Seite 11

In diesem ersten Dialogtext erscheinen einige der zuvor behandelten Redemittel in einer umfassenderen Anwendungssituation. Die Schüler haben sich bisher überwiegend mündlich geäußert und dazu ergänzende schriftliche Übungen durchgeführt. Ausgespart werden mußte das auf einen längeren Text bezogene Leseverständnis. Jetzt sind aber so viele Redemittel verfügbar, daß eine Situation dieses Umfangs angeboten werden kann.
Nach dem ersten Tag an der neuen Schule begegnet Ann ihrem Lehrer, der offensichtlich bei den Namen seiner Schüler noch unsicher ist.

**Wendungen**    **Good afternoon** (Die Begrüßung *Good morning* ist seit 1a bekannt. *Afternoon* beginnt früher als unser „Nachmittag". Die Grenze zwischen *morning* und *afternoon* liegt theoretisch bei *noon*, im tatsächlichen Sprachgebrauch richtet man sich bei der Begrüßung nach der Zeit vor und nach dem Mittagessen. In 1e, *Say it in English*, sind diese und andere Begrüßungsformeln zusammengefaßt.), **of course** (Da diese Wendung für das Verständnis der Pointe des Dialogs wesentlich ist, sollte sie nach Möglichkeit vorher eingeführt werden: *What's your name? Oh, yes, Mary! Of course!*)

**Weg**    Welche Bearbeitungsform gewählt wird, hängt davon ab, wie der Lehrer die Leistungsfähigkeit der Klasse einschätzt. Zur Arbeit mit Texten und Dialogen und zu ihrer motivatorischen Funktion siehe auch Vorwort, S. 17 ff.

**1** Darbietung der Tonaufnahme bei geschlossenem oder geöffnetem Buch.

▷ Text-Cassette/Tonband
Bei der Tonaufnahme wird die Freude von Ann und Sally über die peinliche Lage des Lehrers, der sich die Namen der neuen Schüler noch nicht gemerkt hat, durch gedämpftes Lachen, Kichern und übermütig-kessen Ton zum Ausdruck gebracht. Der Lehrer trägt ebenfalls zur Komik der Situation bei, indem er die Rolle des vergeßlichen, aber sympathischen Pädagogen mit viel Einfühlungsvermögen darstellt.

**2** Verständnisüberprüfung. Mögliche Fragen:
*Is Mr Hill a teacher?*
*Is Ann a teacher?*
*Is Ann a pupil?*
*Is Sally a pupil, too?*
*Are Sally and Pat friends?*
*Mr Hill is a teacher. Is Ann in his class?*
*Is Sally in his class?*
*Are Sally and Ann in the same class?*

**3** Lesen mit verteilten Rollen (der Lehrer übernimmt anfangs die Rolle von Mr Hill).

☐ Ggf. szenisches Spiel anhand der vorliegenden oder einer gekürzten Fassung.

☐ Umformen des Dialogs: Ann und Sally begegnen Miss May, Sallys Lehrerin.

▶ Schülerbuch, Seite 12, Übung 2

---

**Lernspiel**

*Quiz about Unit 1:* Das Quiz kann als Gruppenwettkampf durchgeführt werden. Für jede richtige Antwort gibt es einen Punkt. In lernschwächeren Gruppen kann jede richtige Antwort bei geschlossenem Buch mit zwei Punkten, jede richtige Antwort bei offenem Buch mit einem Punkt bewertet werden. Vorschläge für Fragen:
1. *I'm Harry Peel. What's my school? (Park School)* 2. *I'm late at Park School. What's my name? (Ann Green)* 3.-5. *What's the boy's name? Harry...?/Sam...?/Dave...? (Harry Peel/Sam Cooper/Dave King)* 6.-8. *What's the girl's name? Liz...?/Pat...?/Ann...? (Liz Dean/Pat Best/Ann Green)* 9. *What's the teacher's name in Class 1F? (Mr Hill)* 10. *Is Sam tall and dark? (No, he isn't.)* 11. *Is Ann fair? (Yes, she is.)* 12. *Is Dave fair? (No, he isn't.)* 13. *Is Pat fair? (No, she isn't.)* 14. *Are Ann and Pat English? (Yes, they are.)* 15. *Are Dave and Sam pupils at Park School? (Yes, they are.)* 16. *Are Dave and Ann friends? (No, they aren't.)* 17. *Are Liz and Pat in the same class? (Yes, they are.)* 18. *Is Sally Parks in Mr Hill's class? (No, she isn't.)* 19. *Ann and Pat are in the same class. What is it? (1F)* 20. *What's Penny's class? (1E)*

# Step 1e

## Seite 12

Die Übungen in Step e einer jeden Unit sollten nicht schematisch durchgenommen werden, d.h.,
- es wäre verfehlt, sie erst dann heranzuziehen, wenn man das Schülerbuch bis zu der entsprechenden Seite durchgearbeitet hat. Sie sollten schon während der Arbeit mit den vorangegangenen Steps eingesetzt werden, sobald ein sprachliches Phänomen eingeführt und im mündlichen Unterricht behandelt worden ist. Das Lehrerhandbuch gibt Hinweise hierfür;
- sie sollten einem tatsächlichen Bedarf entsprechen. Das bedeutet, daß man ggf. auch die eine oder andere Übung auslassen kann;
- sie können mehrmals in zeitlich versetzten Abständen (z. B. zu Wiederholungszwecken bei der Behandlung einer späteren Unit) durchgeführt werden.

**Übungen**

**1** Gebrauch der Personalpronomen.
In dieser Einsetzübung wird ein schriftlicher Anlaß benötigt, bei dem die Langform des Verbs nicht als ungewöhnlich gilt (siehe Bild). So kann das Übungsziel sich auf die Anwendung der Pronomen ohne Verbindung mit den Kurzformen beschränken.
Eine Übersicht der Personalpronomen mit deutschen Entsprechungen ist auf S. 98 des Schülerbuchs zu finden.

Lösungen:
1. *I*
2. *He*
3. *They*
4. *She*
5. *We*

**2** Anwendung von Redemitteln aus Unit 1.
Die Übung ist recht anspruchsvoll, da sie auf den Aufbau eines Dialogs hinausläuft.

Lösungen:
1. Jim: *Good morning.*
   Mr Peters: *Good morning.*
2. Mr Peters: *You're late!*
   Jim: *Sorry.*
3. Mr Peters: *What's your name?*
   Jim: *Jim Fox.*
4. Mr Peters: *How old are you?*
   Jim: *Eleven, Mr Brown.*
5. Mr Peters: *I'm not Mr Brown. I'm Mr Peters.*
   Jim: *Oh, yes, of course.*

**3** Gebrauch der Kurzantworten mit Formen von *be*.
Hier werden die Antworten, die aus Gründen der Lernerleichterung getrennt voneinander eingeführt wurden, in einem Kurzdialog zusammen geübt.

Lösungen:
3. *Yes, he is.*
4. *Yes, we are.*
5. *No, we aren't.*
6. *No, she isn't.*
7. *No, we aren't. She isn't my friend!*

▷ Workbook, Seite 4, Übung 8 (Festigung der neuen Sprachmittel, auch aus *Say it in English*, im *multiple choice*-Verfahren)
▷ Workbook, Seite 4, Übung 9 (Zusammenfassende Übung mit allen bisher bekannten Kurzantworten [Singular und Plural]). Die Fragen beziehen sich auf die Schüler selbst.
▷ Workbook, Seite 4, Übung 10 (Wortschatzrätsel)

## Sounds

Zu der Funktion der Abschnitte *Sounds* und den möglichen Arbeitsformen siehe Vorwort, S. 19 bzw. S. 15 („Auditive Medien"). Die Überschrift *Sounds* kann erklärt werden.
In diesem Abschnitt werden vier Vokale miteinander verglichen. Die rote Hervorhebung dient lediglich dazu, die Aufmerksamkeit auf den Teil des Wortes zu lenken, der den vorgestellten Laut enthält. Sie sollte nicht als Darstellung orthographischer Gesetzmäßigkeiten verstanden werden. Buchstaben, die in der englischen Schreibung Einfluß auf den hervorgehobenen Laut haben, wie etwa Konsonantenverdopplung oder *e* am Ende eines Wortes, z. B. *Sam – same*, wurden nicht berücksichtigt.
Entsprechend der im *English Pronouncing Dictionary* (14. Aufl.) benutzten phonetischen Umschrift wird hier das Zeichen [ɪ], früher [i], verwendet.

▷ Text-Cassette/Tonband, *Sounds*

## Seite 13

### Say it in English

Die Überschrift *Say it in English* dürfte keine Verständnisschwierigkeiten bereiten, da *say* aus der Lehrersprache bekannt ist.
In diesem Abschnitt sind Wendungen zusammengefaßt, die häufig bei der Begrüßung und der Verabschiedung gebraucht werden. Gleichzeitig wird auf deren unterschiedliches Register hingewiesen. Deshalb kommen die etwas weniger formellen Wendungen *hallo* und *bye* hier in Situationen vor, in denen Jugendliche unter sich sind.

**Sprech-absichten**

| Freunde begrüßen. | *Hallo, Pat.* |
| Erwachsene begrüßen. | *Good afternoon, Miss May.* |
| Sich von Freunden verabschieden. | *Bye, Dave.* |
| Sich von Erwachsenen verabschieden. | *Goodbye, Mr Hill.* |

**Wortschatz, Wendungen**

**Hallo** E1 (⚠ Betonung auf der zweiten Silbe [həˈləʊ], dagegen *level stress*- Betonung bei der Zusammensetzung mit einem Namen: ˈHallo ˈTom), **Bye** (verkürzte Form von *Goodbye*), **Goodbye** E1

Lösungsvorschläge:

| Sam: | *Hallo, Dave.* | Harry: | *Bye, Dave.* |
| Dave: | *Oh, hallo, Sam.* | Dave: | *Bye.* |
| Pat: | *Goodbye, Miss May.* | Ann: | *Good morning (afternoon), Mr Hill.* |
| Miss May: | *Goodbye, Pat.* | Mr Hill: | *Good morning (afternoon), Ann.* |

Es versteht sich von selbst, daß die vorgegebenen Muster abgewandelt werden können.

▷ Arbeitsfolie 4 (Festigung der Wendungen zur Begrüßung und Verabschiedung)

### Activity

Der Vorschlag knüpft an die Vorliebe an, die Jugendliche für *badges/buttons* haben – in Großbritannien vielleicht noch mehr als bei uns. Sie werden an den Souvenirständen der meisten Burgen, Schlösser usw. verkauft. Durch diese *Activity*, die ohne komplexere Arbeitsanweisungen durchgeführt werden kann, haben die Schüler Gelegenheit, ihre noch geringen Englischkenntnisse anzuwenden. Vielleicht kommt sogar die Aufschrift *English is OK* zustande. Es ist nicht auszuschließen, daß Schüler ihnen geläufige englische Begriffe verwenden, die nicht in der ersten Unit des Schülerbuchs vorgekommen sind (z. B. das hier gebrauchte *OK*). Die folgenden Aufschriften lassen sich mit den aus dem Schülerbuch bereits bekannten sprachlichen Mitteln gestalten:
*Hallo. I'm ...*
*My English name is ...*
*I'm a pupil at ... School.*
*I'm ... What's your name?*
*I'm in Class ...*
*Hallo. – Bye.*
*I'm late. Sorry.*
*Hallo. What's your name?*
*Girls/Boys are OK.*

### Diktatvorschlag

Zur Verwendung von Diktaten siehe auch Vorwort, S. 13 f.

*Liz is a pupil at Park School. Her class is 1F. Pat Best is her friend.*
*Mr Hill is a teacher at the school. The girls are in his class.*

# Unit 2

Lehrerhandbuch zu ENGLISH H · Neue Ausgabe, Band 1    65

Thematisch steht die Familie im Mittelpunkt dieser Unit. Die Schüler lernen, Auskünfte über Eltern, Geschwister und ihre Umgebung einzuholen bzw. zu geben. Hierfür werden einfache sprachliche Mittel bereitgestellt. Die Rahmenhandlung spielt bei der Familie King, die von Sam Cooper nach der Schule besucht wird. Daß sie ein Reihenhaus besitzt, ist für Großbritannien nicht untypisch. Die Mehrheit der Engländer wohnt in solchen kleinen Einfamilienhäusern, während relativ wenige – wie die Coopers – in Etagenwohnungen leben. Um den Eindruck zu vermeiden, hier sei die „typische" englische Familie dargestellt, treten in 2d weitere Familien auf.

Zur Beschreibung von Besitzverhältnissen werden in dieser Unit die Struktur *have/has got*, die Personalpronomen und das Genitiv-*'s (possessive case)* eingeführt.

## Step 2a

**Sprech-**  S. 14 Fragen, wer jemand ist.           *Who's that?*
**absichten**        Aussagen über die Familie machen.   *Mr King is Dave's father.*

**Seite 14**

**Struktur**  **Dave's father:** Das Auftreten von Formen mit Genitiv-*'s* kann zu Fehlern bei der Pluralbildung führen (*\*They're friend's*), wie umgekehrt in Anlehnung an das Deutsche die Schreibung *\*Daves* vorkommen mag. Daher sollte man alle Übungsmöglichkeiten ausnutzen. Auch wenn sonst dem Mündlichen Priorität gegeben wird, ist es bei sprachlichen Erscheinungen dieser Art erforderlich, dem Schriftlichen breiteren Raum zu gewähren und beide Formen – *possessive case* und Plural – angemessen zu üben. Das gilt auch für die folgenden Monate, wobei selbstverständlich anfangs ausreichend Fehlertoleranz angezeigt ist. Bei der Einführung des *possessive case* werden die Beispiele auf Eigennamen beschränkt, d. h., Formen wie *the boy's friend* werden vorerst ausgeschlossen.

**Wortschatz,**  **Who's that?, family** (Auf die Schreibweise *families* hinweisen.);
**Wendungen**    **sister, brother**

**Weg**  1 Einführung von *Who's that?* in der Klassensituation oder mit der Arbeitsfolie. Zur Verwendung von *that* statt *this* im Anfangsunterricht vgl. Kommentar zum Einführungskurs, Woche 2, S. 34.

2 Einführung von *brother* und *sister*, z. B. über „Stammbaum" (Tafelzeichnung) der Familie King:
*Mrs King is Dave's mother. Mr King is Dave's father. Sally is Dave's sister. Dave is Sally's brother.*
Wahlweise kann die Einführung auch über die Arbeitsfolie erfolgen.

▷ Arbeitsfolie 5
▶ Schülerbuch, Seite 99 (Zusammenfassung „Familienmitglieder")

3 (oberer Seitenteil) Benennung der im Buch abgebildeten Familienmitglieder:
1. *Who's that? – Dave King, Sally King, Mr and Mrs King.*
2. *Who's that? – Sam Cooper, John . . .*

4 (unterer Seitenteil) Zusammenstellen der Familienangaben nach dem Muster:
*Mr King is Dave's father. Mrs King is Dave's mother. Sally King is Dave's sister.*

☐ Übungserweiterung durch Umformung nach dem Muster:
*Mr King is Sally's father. Mrs King is Sally's mother. Dave King is Sally's brother.*

5 Schriftliche Übung von Sätzen mit *possessive case*, ggf. mit Pluralform kontrastiert, z. B.
*Harry and Robert are Jane's brothers.*
*John and Mark are Sam's brothers.*
*Sam and Mark are John's brothers.*

▷ Workbook, Seite 5, Übung 1 (Festigung von *Who's that?*)
▷ Workbook, Seite 5, Übungen 2a, 2b (Benennung der Familienmitglieder; Festigung der Schreibweise von Namen im *possessive case*)
Bei Übung 2b (Transferübung) können die Schüler Fotos in die Umrisse einkleben.

# Step 2b

|  |  |  |
|---|---|---|
| **Sprech-** | S. 15 Sagen, ob und wie viele Geschwister | *I've got two brothers.* |
| **absichten** | man hat. | *I haven't got a sister.* |
|  | Jemanden fragen, ob er Geschwister hat. | *Have you got a brother/sister?* |

### Seite 15

**Strukturen** **I've got** (= I have got) ... E3: Diese Struktur wird zuerst verwendet, um Auskünfte über Geschwister zu geben. In 2c wird dann die zweite Möglichkeit des Gebrauchs – Angaben über den Besitz zu machen – eingeführt. Die Einführung der Form *has got* folgt erst auf S. 19.
**Have you got ...?** – Yes, I have./No, I haven't. E3
**It's** (= It is) ... E2

**Wortschatz,** **or, dog;**
**Wendungen** **ask;**
**mum, dad** (Entsprechend der häufigsten Schreibweise werden *mum* und *dad* hier grundsätzlich klein geschrieben: *My dad is at work;* Großschreibung nur in der Anrede: *Hallo, Dad!*), **at work**

**Weg** 1 (obere Bildgruppe) Ergänzen der Aussagen zu den sechs dargestellten Kindern; Lese-, Sprech- und Schreibübung. Die Informationen über die Familien von Sam, Liz und Pat sind in der Graphik der gegenüberliegenden Seite enthalten.

2 (gelber Kasten) Aussagen der Schüler über ihre eigenen Geschwister, zuerst in der Form *I've got ...*, danach *I haven't got ...*, dann kombiniert *I've got ... I haven't got ...*

▷ Text-Cassette/Tonband, Exercise 1

3 (mittlere Bildgruppe) Fortsetzung der Fragen Mr Hills an Schüler, die die Rollen von Harry, Pat, Ann und Liz übernommen haben. Die erforderlichen Informationen hierfür sind ebenfalls der Übersicht *families* auf S. 14 zu entnehmen.

☐ Sobald die Schüler etwas Sicherheit im Umgang mit den Kurzantworten gewonnen haben, können sie die Lehrerrolle übernehmen.

4 (gelber Kasten) In Partnerarbeit werden Fragen an die Klassenkameraden gestellt, die sie entsprechend ihren Familienverhältnissen beantworten. Die Aufforderung *Ask a partner* sollte erklärt werden, wenn sie nicht bereits aus der Unterrichtsphraseologie bekannt ist.

☐ Die Antworten können durch früher eingeführte Redemittel erweitert werden, z. B.
a) *Have you got a brother?* – *Yes, I have.*
*What's his name?* – *Peter.*
*How old is he?* – *Ten.*
*What's his school?* – *Goldberg School.*
b) *Have you got a brother?* – *Yes, I have. His name is Peter. He's ten. He's at Goldberg School.*
Die Schritte 1 bis 4 können durch den Einsatz der Arbeitsfolie vorbereitet werden.

▷ Arbeitsfolie 6

☐ Versuch einer längeren zusammenhängenden Äußerung (z. B. Vorstellung):
*My name is ... I'm eleven. I'm in Class ...*
*I've got a sister and a brother. We're ...*

▷ Workbook, Seite 6, Übung 3 (Aussagen nach dem Muster *I've got a brother./I haven't got a sister.*)

5 (Übersicht) Die Übersicht verdeutlicht die Bildungsweise der Kurz- und Langformen von *have got*.

6 (Strip) Der Strip dient zur Vorbereitung des Dialogs auf S. 16. Gleichzeitig wird die vollständige Antwort auf *Who's that?* mit *It's ...* präsentiert. Dies kann über das in 2a eingeführte Frage-Antwort-Muster verdeutlicht werden:
*Who's that?* – *Sally King. It's Sally King.*

## Seite 16

In diesem Dialogtext werden Konflikte zwischen Bruder und Schwester in scherzhafter Form angedeutet. Inwieweit der Lehrer ihn zum Ausgangspunkt eines szenischen Spiels macht, richtet sich nach der Leistungsstärke der Lerngruppe, da hierbei die natürlich gehaltene Sprache des zweiten Dialogteils relativ hohe Anforderungen stellt.

**Wortschatz, Wendungen**

ten E1, **thirteen**; **that's** (*That* ist bisher nur in der Wendung *Who's that?* bekannt.), **nice** (kann über das bekannte *good* eingeführt werden), **terrible** (Semantisierungsvorschlag: *My sister isn't OK. She's terrible. Terrible* auch mimisch verdeutlichen.), **what**, **all right** (kann über *OK* vermittelt werden), **terrific** (kann in der Klassensituation durch Bezug auf Beliebtes geklärt werden, z.B. *English is OK. It's good. It's terrific.*)

**Weg**

Zur Arbeit mit Dialogen und Texten siehe auch Vorwort, S. 17 ff.

1 Vermittlung der neuen Wörter, insbesondere *terrific* und *terrible*, die für das Verständnis des Dialogs von Bedeutung sind.

  ▶ Schülerbuch, Seite 99 (Zusammenfassung „Zustimmung und Gefallen")

2 Darbietung der Tonaufnahme. Die Schüler schauen dabei ins Buch, um die durch die Bilder repräsentierte Situation vor Augen zu haben. Hinführung auf die Situation mit: *Here's Sally King, Sam Cooper and Dave King.*

  ▷ Text-Cassette/Tonband

3 Bei der Präsentation der Tonaufnahme bietet sich nach dem ersten Dialogteil eine Zäsur an. Mögliche Fragen zur Verständnisüberprüfung:
*Is Sally Dave's sister?*
*Are Mark and John Dave's brothers?*
*Are Mark and John Sam's brothers?*
*How old are Sam's brothers?*
Dem zweiten Dialogteil können Transferfragen folgen:
*Are sisters terrible?*
*Are brothers terrific?*

4 Lesen des Dialogs mit verteilten Rollen.

  ☐ Spielen des Dialogs (siehe hierzu jedoch die oben ausgeführte Einschränkung).

# Step 2c

| | | |
|---|---|---|
| **Sprech-absichten** | S. 17 Besitz beschreiben.<br>Fragen, ob jemand etwas besitzt.<br>Sagen, was der eigenen/einer anderen Familie gehört.<br>S. 18 Sagen, was man besitzt.<br>S. 19 Fragen, wie etwas auf englisch heißt.<br>Sagen, wie etwas auf englisch heißt.<br>Sagen, was jemand besitzt. | *Our TV is new. Their house is small.*<br>*Have you got a car?*<br>*We've got a flat.*<br>*They've got a TV.*<br>*I've got a calculator.*<br>*What's that in English?*<br>*It's a pen.*<br>*Dave has got a pencil-case.* |

**Seite 17**

**Strukturen**   We've got (= We have got) ...
They've got (= They have got) ...

**Wortschatz**   **our**, **flat**, **new**, **balcony**, **big**, **cat**, **black** E2, **TV**, **cassette-recorder** (*cassette* gleichzeitig einführen); **their**, **house** (bezeichnet ein Einfamilienhaus. Ein Haus mit mehreren Wohnungen heißt im Englischen *block of flats*.), **garden**, **car**, **garage**; **rabbit**

**Weg**

1 Die neuen Substantive werden über das Buch, Tafelzeichnungen, Haftbildelemente oder die Arbeitsfolie eingeführt. *TV* und *cassette-recorder* evtl. real oder mit Katalogabbildung verdeutlichen. Zur Vokabeleinführung siehe auch Vorwort, S. 13.

2 Einführung der neuen Adjektive in Verbindung mit den Substantiven:
*Here's a cat. It's black. It's a black cat.*
*It's big, too. It's a big, black cat.*
Wahlweise kann die Einführung auch über die Arbeitsfolie erfolgen.

▷ Arbeitsfolie 7

3 (Bildgruppe *The Coopers*) Vervollständigung der Reihe *Our flat is new. Our...* mit den dargestellten Gegenständen.

☐ Fortsetzung mit Fragen:
*You're Sam. Is your flat new? – Yes, it is.*
*Is your balcony small? – No, it isn't.*

4 (Bildgruppe *The Kings*) Vervollständigung der Reihe *Their house is small. Their...*

☐ Fragen zu den Bildern:
*Is their house big? – No, it isn't.*
*Is their house small? – Yes, it is.*

5 (mittlere Bildgruppe) Fortsetzung der Fragen von Sam, durch die Bilder gesteuert: *Have you got a dog/cassette-recorder/TV/garage?* Mit Hilfe der Angaben der oberen Bildgruppe (*The Kings*) können die Schüler die Rollen von Dave und Sally übernehmen.

6 (gelber Kasten) Ähnlich wie im vorhergehenden Dialog sprechen die Schüler über das, was ihre Familien besitzen. Die Einübung erfolgt mit Hilfe des Buches, um Anfangsschwierigkeiten zu überwinden, dann ohne Buch. Fragestellung ggf. zuerst durch den Lehrer, danach Übergang zur Partnerarbeit.

☐ Um die Transferübung zu vereinfachen, wurde der Zusatz *It's a...* weggelassen. In leistungsstärkeren Gruppen können jedoch solche Zusätze aufgenommen werden, ggf. unter Einführung des einen oder anderen Adjektivs (z. B. *It's a French/Japanese car*).

7 (Übung Sam) Einführung von *We've/They've got...* Vervollständigung von Sams Aussagen mit den Informationen der oberen Bildgruppe (*The Coopers/The Kings*).
Die Schritte 3, 4 und 7 können durch den Einsatz der Arbeitsfolie vorbereitet werden.

▷ Arbeitsfolie 7

☐ Transferübungen mit *We've/We haven't got... (And your family?)* und *They've/They haven't got... (And your friend's family?)*.

▷ Workbook, Seite 6, Übung 4 (Verwendung von *They've got...*, um zu sagen, was jemand besitzt; Festigung der entsprechenden Kurzantworten)

▷ Workbook, Seite 6, Übung 5 (Transferübung; Aussagen mit *We've/We haven't got...* und Festigung der Kurzantworten *Yes, we have./No, we haven't.*)

8 (Übersicht) Hier werden die Kurz- und Langformen von *We've/They've got...* dargestellt.

▶ Schülerbuch, Seite 99 (Übersicht aller Possessivpronomen)
▶ Schülerbuch, Seite 21, Übung 3

## Seite 18

*I've got...* ist seit 2b bekannt, wo die Struktur aber lediglich in bezug auf Familienmitglieder verwendet wurde. Jetzt wird ihre Anwendung auf persönlichen Besitz ausgedehnt.

**Wortschatz** **bike, calculator, record-player** (*record* gleichzeitig einführen); **homework, newspaper, for, programme**

**Weg**

1 (obere Bildgruppe) Fortsetzung des Gesprächs mit Hilfe der abgebildeten Gegenstände.

2 Transferübung mit *Have you got a...? – Yes, I have./No, I haven't.* Steuerung durch den Lehrer.

3 (gelber Kasten) In Partnerarbeit fragen Schüler nach dem persönlichen Besitz, ausgehend von den Bildern.

☐ Umformen bei Gegenständen bzw. Tieren, die der Schüler nicht besitzt: *I haven't got a rabbit. Have you got a rabbit?*

▷ Workbook, Seite 7, Übung 6 (Festigung der Verwendung von *I've/I haven't got...* bei Besitz und Transferübung)

4 (Strip) Dieser Strip dient als Überleitung auf S. 19: *Homework. Have got* wird hier zum Ausdruck anderer Sprechabsichten als bisher verwendet: *Have you got the newspaper?* (Um etwas bitten; vgl. *Say it in English*, S. 40); *You've got homework* (Sagen, daß jemand etwas zu erledigen hat). Da das Verständnis dieser Bedeutungsnuancen wohl keine Schwierigkeiten mit sich bringt, kann der Lehrer sich darauf beschränken, den neuen Wortschatz einzuführen.

---

### Liedvorschlag

**Bingo**

Neuer Wortschatz: *farmer, sir; has got* wird auf S. 19 eingeführt.

Das Lied kann zur Festigung des englischen Alphabets dienen. Falls das Alphabet nicht bereits im Einführungskurs behandelt worden ist, sollte es hier vor Einsatz des Liedes erarbeitet werden (Tafelanschrieb). Eine Aufstellung des englischen Alphabets mit phonetischer Umschrift findet sich auf S. 97 des Schülerbuchs.

Weitere Namen können auf der Tafel vorgegeben werden, damit zusätzliche Strophen entstehen.
Männlich: Billy, Bonzo, David, Derek, Harry, Peter, Rover, Simon.
Weiblich: Alice, Betsy, Ellen, Patsy, Penny, Sally, Wendy.

## Seite 19

Mit der Einführung von *What's that in English?* wird es den Schülern ermöglicht, im Unterricht nach Substantiven zu fragen, die sie für ihre Sprechhandlungen benötigen (siehe dazu auch S. 22). Hier werden die Vokabeln für eine Reihe von Gegenständen aus der unmittelbaren Umwelt der Schüler – dem Klassenzimmer – eingeführt. Es wurde jedoch bewußt vermieden, das Thema „Schule/Unterricht" zum inhaltlichen Mittelpunkt der Unit zu machen.

**Struktur**  **He/She has got . . .:** Um eine Verwechslung des Genitiv-*'s* mit der Kurzform von *is* auszuschließen, ist auf die Kurzform von *has (John's got a . . .)* verzichtet worden. *Has* wird normalerweise als *weak form* ausgesprochen, also [həz].

**Wortschatz, Wendungen**  **What's that in English?** E2 (In dieser Wendung hat *that* keine räumliche Bedeutung. Vgl. hierzu Schülerbuch, S. 96, *Say it in English.*), **pen** E2 (*Pen* wird oft als allgemeiner Begriff verwendet, wo eigentlich *(fountain) pen, biro* oder *felt-tip* gemeint ist; hier: „Füller".), **felt-tip** E2 (Andere gängige Bezeichnungen sind *felt-pen* und *felt-tipped pen.*), **book** E2 (Ist sowohl für „Buch" als auch für „Schreibheft" gebräuchlich. *Exercise-book* wird meistens nur zur genauen Unterscheidung verwendet.), **rubber** E2, **pencil-case** E2, **biro** E2 (Auch *ball-pen, ballpoint* oder *ballpoint-pen* genannt. Das Wort *biro* kommt von dem Namen des ungarischen Erfinders. ⚠ Aussprache ['baɪrəʊ] beachten.), **ruler** E2, **pencil** E2, **magazine**, **bag** E2 (*Bag* wird als Sammelbegriff für verschiedene Arten von Behältern verwendet; vgl. Abbildung auf S. 100 des Schülerbuchs.)

**Weg**

1. Einführung der neuen Substantive und der Wendung *What's that in English?* in der Klassensituation. Ist der Arbeit mit dem Schülerbuch die Durchnahme des Einführungskurses vorangegangen, wird dieser Unterrichtsschritt eine Wiederholungsphase sein.

2. (obere Bildgruppe) Einführung des Schriftbildes der neuen Wörter.

   ☐ Übung zur Festigung des neuen Wortschatzes und zur Anwendung von *it* bei Gegenständen. Der Lehrer hält einen Gegenstand hoch und stellt die Frage:
   *Here's a nice pen. Is it your pen, Ann? – No, it isn't. It's Tom's pen.*

3. Einführung von *has got* in der Klasse. Der Lehrer hält Gegenstände hoch:
   *John/Ann has got a pen. He/She has got a ruler, too. He/She hasn't got a rubber.*

4. (mittlere Bildgruppe) Vervollständigung der Aussagen über den Besitz von Dave und Sally, wobei die beiden Bilder miteinander verglichen werden, um festzustellen, was Dave bzw. Sally nicht haben.

5. Da die Frageform analog zu *Have you got . . . ?* gebildet wird, bereitet es keine Schwierigkeiten, sie an dieser Stelle zu verwenden:
   *Has Sally/she got a . . . ? – Yes, she has./No, she hasn't.*
   *Has Dave/he got a . . . ? – Yes, he has./No, he hasn't.*

▶ Schülerbuch, Seite 100 (Mustersätze für Fragen und Kurzantworten mit *has got*)

☐ Als spielerische Transferübung können die Schüler den Inhalt ihres Schulranzens oder der Schultasche eines Freundes beschreiben: *He has/She has/I've got a . . .*

▷ Text-Cassette/Tonband, Exercise 2
▷ Workbook, Seite 7, Übung 7 (Festigung von Aussagen mit *has got* und *hasn't got*; Anwendung des neuen Wortschatzes aus dem Bereich „Schreibzeug")

6. (Übersicht) Verdeutlichung der Lang- und Kurzformen von *hasn't got*. Um zu zeigen, wann *has* verwendet wird, sollte auf die Beispielsätze mit *he/she* und Eigennamen hingewiesen werden. Unter Umständen mit weiteren Beispielen erläutern: *Dave/Mr Hill/Tom/The teacher/My friend has got . . .*
   Ein Kontrast zwischen *have got* und *has got* läßt sich wahlweise herstellen
   a) anhand der Übersichten auf S. 15, 17, 19 des Schülerbuchs;
   b) durch Tafelanschrieb in Form eines Paradigmas;
   c) mit der Zusammenfassung im Workbook auf Umschlagseite 2.
   Zur Übung und Bewußtmachung von *have got/has got* wird hier Übung 1 von S. 21 des Schülerbuchs angeschlossen.

▶ Schülerbuch, Seite 21, Übungen 1, 2, 4

---

Der Vorschlag für ein Lernspiel zur Anwendung von *have got/has got* findet sich bei S. 22.

Lehrerhandbuch zu ENGLISH H · Neue Ausgabe, Band 1    71

**Seite 20**

Diese Seite bietet die ersten beschreibenden Texte des Schülerbuchs. Sie können für Leseübungen (still, laut) eingesetzt werden und auch als Ausgangspunkt für kurze schriftliche Familienbeschreibungen der Schüler dienen. Für diese Sachberichte sind unterschiedliche Familienformen gewählt worden, um so der Entwicklung stereotyper Vorstellungen entgegenzuwirken und den Schülern einen möglichst breiten Identifikationsspielraum zu gewähren.

**Wortschatz, Wendungen**

hairdresser (⚠ Auf die Verwendung des unbestimmten Artikels bei Berufsbezeichnungen hinweisen; zur Verdeutlichung siehe auch Abbildung *policeman/typist* auf S. 100 des Schülerbuchs.); **policeman**, typist, **in the mornings** (*Morning* ist aus *Good morning* 1a bekannt.), **lots of**

**Weg**

Zur Arbeit mit den Texten siehe auch Vorwort, S. 17 ff.

1 Einführung des neuen Wortschatzes. Die Berufe lassen sich durch typische Bewegungen oder mit Fotos aus Illustrierten darstellen. Auch wenn Stillesen versucht wird, sollte auf diesen Schritt nicht verzichtet werden.

2 Darbietung der Texte vom Tonträger, zuerst bei geschlossenem, dann bei geöffnetem Buch. Ob sich lautes Lesen anschließen sollte, wird der Lehrer nach den Gegebenheiten der Klasse entscheiden.

▷ Text-Cassette/Tonband
Die Tonaufnahmen der drei Texte dienen als Muster für persönliche Stellungnahmen der Schüler in der gesprochenen Sprache.

☐ Je nach Leistungsstand der Klasse kann der Versuch des Stillesens unternommen werden.

3 Schriftliche oder mündliche Beantwortung von Verständnisfragen. Mögliche Fragen:

(Emma Smith)
*Has Emma got a brother/sister?*
*What's her sister's name?*
*How old is her sister?*
*Have the Smiths got a house/flat?*
*Have they got a garden/balcony?*

(Martin Pitt)
*Is Martin's father a teacher/hairdresser/policeman?*
*Is Martin's mother a teacher/hairdresser/typist?*
*Is Martin's mother at work in the mornings?*
*Has Martin got a brother/sister/dog?*
*Has Martin got lots of friends?*

(Carol Walker)
*Has Carol got a brother/sister/dog?*
*How old is Mark/Tommy/Derek/Carol?*
*What's their dog's name?*
*Is Mr Walker a hairdresser/policeman/teacher?*
*Is Mr Walker a teacher at Park School/Green Street School?*

4 (gelber Kasten) Jetzt fertigen die Schüler Kurzbeschreibungen ihrer eigenen Familien an, wobei die Texte dieser Seite als Modelle dienen. An der Tafel oder mit dem Tageslichtprojektor können bekannte Redemittel vorgegeben werden:
*I've got a (...) brother(s)/sister(s).*
*I haven't got a brother/sister.*
*His/Her name is.../Their names are...*
*He's/She's/They're 10/11/...*
*We've got a house/flat/garden/balcony/...*
*We haven't got a...*
*We've got a dog/cat/rabbit.*
Die Schüler können ggf. Fotos ihrer Familien mitbringen, aus denen sich zusammen mit den Texten Poster gestalten lassen.

☐ Wenn auch die Berufe der Eltern angegeben werden sollen (*My dad/mum is a...*), sind weitere Berufsbezeichnungen vom Lehrer bereitzustellen. Dabei können die Schüler Fragen nach dem Muster *What's... in English?* stellen (vgl. hierzu S. 22, *Say it in English*).
Um Übersetzungsprobleme zu vermeiden, ist es ratsam, bei ungewöhnlicheren Berufen oder bei Berufen ohne einfache englische Entsprechung eine Umschreibung zu geben, z. B. *office worker, factory worker, farmer.*
Weitere häufige Berufe: *building labourer, nurse, shop assistant, decorator, baker, mechanic, electrician, bus/taxi driver, secretary.*

▷ Workbook, Seite 8, Übung 8 (Anspruchsvollere Übung, in der Aussagen mit Formen von *be* und *have got* in einem zusammenhängenden kurzen Bericht verlangt werden)

**Step 2e**     Lehrerhandbuch zu ENGLISH H · Neue Ausgabe, Band 1     72

**Seite 21**

**Übungen**

**1** Kurzantworten auf Fragen mit *have got/has got*.
Hier werden die beiden Formen *have got/has got* in einem Dialog nebeneinander verwendet. Auch die in dieser Unit getrennt voneinander eingeführten Sprechabsichten – Aussagen zur Familie, Angaben über Besitz – kommen nun zusammen in einem Dialog vor.

Lösungen:
2. *No, we haven't.*
3. *Yes, we have.*
4. *Yes, it has.*
5. *No, I haven't.*
6. *Yes, I have.*
7. *No, we haven't.*
8. *Yes, I have.*
9. *No, he hasn't.*

**2** *has got/have got* zur Angabe von Besitz.
In dieser Übung werden die beiden Formen des Verbs kontrastiert, sowohl bei Pronomen als auch bei Eigennamen. Die Übung dient auch zur Umwälzung des neu eingeführten Wortschatzes aus dem Bereich „Schule".

☐ Fragen zu den Bildern nach dem Muster:
*Has Ann got a calculator? – No, she hasn't.*
*Has she got a pen? – Yes, she has.*

Lösungen:
*What has Harry got? – He has got a ruler.*
*What has Dave got? – He has got a pencil-case.*
*What has Liz got? – She has got a calculator.*
*What have Sam and Pat got? – They've got a ruler.*
*What have Liz and Ann got? – They've got a book.*
*What have Dave and Harry got? – They've got a calculator.*
*What have Ann and Harry got? – They've got a book.*

**3** Einsetzübung aller Possessivpronomen.
*My, your, his, her* wurden in Unit 1 eingeführt, während *our* und *their* dem Schüler erst seit dieser Unit bekannt sind.

Lösungen:
1. *Her*   2. *Our*   3. *Your*   4. *Their*   5. *His*   6. *My*

**4** Wortschatzübung.
Jedem Piktogramm sind drei Substantive zuzuordnen.

☐ Einsatz von Wortkarten, mit denen ein einfaches Lernspiel entwickelt werden kann *(Have you/Has he got a ...?)*.

Lösungen:
2. *book, magazine, newspaper*
3. *cassette-recorder, TV, record-player*
4. *sister, girl, mother*
5. *brother, boy, father*
6. *house, garage, school*

▷ Workbook, Seite 8, Übungen 9–11 (Rätselartige Wortschatzübungen)

**Sounds**

Kontrastierung von vier Vokalen.

▷ Text-Cassette/Tonband, *Sounds*

**Lernspiel**

Kreuzworträtsel zur Sachgruppe „Schreibzeug".
Das Gitter und das Wort *pencil-case* werden vorgegeben.

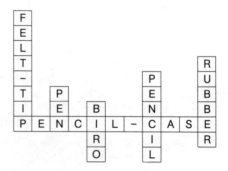

## Seite 22

### Say it in English

Nachdem auf S. 19 die Wendung *What's that in English?* eingeführt wurde, wird in diesem Abschnitt die Unterrichtssituation in zwei Bildfolgen dargestellt. Einzelne Schüler fragen nach einem Gegenstand oder einem Wort, der Lehrer beantwortet die Frage; das Wort wird nachgesprochen, der Lehrer bestätigt die Aussprache.

| | | |
|---|---|---|
| **Sprech-** | Fragen, wie ein Gegenstand auf englisch heißt. | *What's that in English?* |
| **absichten** | Fragen, wie ein Wort auf englisch heißt. | *What's "Auto" in English?* |
| **Wendung** | *That's right.* | |

**Weg**

1 Wiederholung der Wendung *What's that in English?* mit Gegenständen im Klassenzimmer. Ausbau entsprechend der Bildfolge.

2 Einführung von *What's "Auto" in English?*, zunächst auch mit Gegenständen, die bekannt sind.

3 Übungsdurchnahme. Die Wörter des ersten Bildpaares – *ruler* und *dog* – sind den Schülern bekannt, die des zweiten Bildpaares – *pencil-sharpener* und *room* – neu. Letztere wurden bewußt gewählt, weil sie nicht zum Wortschatz der ersten Units gehören und damit der Übergang zu einer realistischen Fragesituation geschaffen werden soll.

4 Übertragung auf andere Wörter, die die Schüler erfragen. Es empfiehlt sich, die Übung vorerst auf Substantive zu beschränken.

☐ Ausbau oder Abwandlung des Dialogmusters, z. B.
*Is that a pencil-case in English? – That's right.*
Ausbau der Lehrerbestätigung bei falschem Nachsprechen durch den Schüler:
*No. Bag.*
*No, that isn't right. Bag.*
*No, that isn't right. It's bag. Try again. Say "bag".*

### Activity

Der Begriff *poster* wird keiner gesonderten Einführung bedürfen, jedoch ist auf die korrekte Aussprache zu achten. Ebenso wie die *Activity* in Unit 1 geben die Poster den Schülern Gelegenheit, ihre noch sehr begrenzten Sprachkenntnisse in sinnvollen Zusammenhängen anzuwenden. Ausweitungsmöglichkeiten ergeben sich aus den häufig englischsprachigen Bezeichnungen für Süßigkeiten, Namen von Sängern usw.

---

### Diktatvorschlag

*Sam has got lots of homework. His felt-tips are in his pencil-case. He has got his book, too. But he hasn't got his ruler. Penny has got it. Who's Penny? Penny is Sam's black cat.*

### Lernspiel

*I've got a bag:* Bei diesem *cumulative game* muß der zweite Schüler den Satz des ersten wiederholen und einen Gegenstand hinzufügen, der dritte Schüler die Gegenstände des ersten und zweiten wiederholen und ebenfalls durch ein Wort ergänzen. Wer ein Wort ausläßt oder in kurzer Zeit kein neues hinzufügen kann, scheidet aus.
S1: *I've got a bag.*
S2: *I've got a bag and a pen.*
S3: *I've got a bag, a pen and a dog.* usw.
In leistungsstärkeren Gruppen kann das Spiel abgewandelt werden, damit nicht nur der Wortschatz, sondern auch die Anwendung von *have got/has got* wiederholt wird.
S1: *I've got a bag.*
S2: *David has got a bag. I've got a bag and a pen.*
S3: *Sally has got a bag and a pen. I've got a bag, a pen and a dog.*

# Unit 3

Thema dieser Unit, in deren Mittelpunkt Pat Best und ihre Familie stehen, ist die Freizeit der Kinder: Pat repariert ein altes Fahrrad und unternimmt einen Ausflug mit ihrer Freundin Ann Green. Als wichtiges Redemittel wird das *present progressive* eingeführt, zunächst, um noch andauernde Handlungen zu beschreiben, danach, um Absichten zum Ausdruck zu bringen.

## Step 3a

| | | |
|---|---|---|
| **Sprechabsichten** | S. 23 Jemanden dazu auffordern, etwas zu tun. | *Go to the shops, please.* |
| | Auf eine Aufforderung positiv reagieren. | *OK, Mum.* |
| | Sagen, was jemand gerade tut. | *Harry is painting the garage.* |
| | S. 24 Fragen, was jemand gerade tut. | *What's Pat doing?* |
| | S. 25 Fragen, ob jemand etwas gerade tut. | *Is Ann watching TV?* |

**Seite 23**

**Strukturen** **Buy a cassette:** Imperativformen sind bereits im Einführungskurs eingeführt worden (E2). Sie bereiten den Schülern wegen ihrer strukturellen Ähnlichkeit zum Deutschen und der häufigen Verwendung im Unterricht kaum Schwierigkeiten.

**Harry is painting the garage:** Um Lernschwierigkeiten zu isolieren, wird das *present progressive* zuerst nur im Singular mit Eigennamen eingeführt. Hierbei ist – auch in der gesprochenen Sprache – die Langform üblich, während bei den Personalpronomen, die erst auf S. 24 im Zusammenhang mit dem *present progressive* verwendet werden, die Kurzform gebraucht wird. Orthographische Probleme bei der Bildung der *-ing form* des Verbs werden ebenfalls noch vermieden. Außerdem beschränkt sich dieser Step nur auf die Darstellung des Verlaufs einer Handlung, die zum Zeitpunkt des Sprechens/Schreibens noch nicht abgeschlossen ist. Zum *present progressive* mit futurischer Bedeutung siehe den Kommentar zu 3b (S. 26).

**Wortschatz, Wendungen** **go, to, shop** (Einführung über Tafelbild), **go to the shops** (= einkaufen gehen), **please** E1, **buy, clean, room** (Tafelzeichnung), **repair, paint** (gestisch verdeutlichen)

**Weg**

1 Einführung der Imperativform in der Klassensituation: *Go to the board, please. Draw a house. Clean the board, please.* (*Board* und *draw* sind einzuführen, wenn nicht mit dem Einführungskurs gearbeitet worden ist.)

2 (obere Bildleiste) Einführung des neuen Wortschatzes nach dem Muster:
1. *Here's Mrs Brown and Tom. Mrs Brown says, "Go to the shops, please."*
Die Schritte 1 und 2 können durch den Einsatz der Arbeitsfolie vorbereitet werden.

▷ Arbeitsfolie 8
▷ Text-Cassette/Tonband, Exercise 1

3 (mittlere Bildgruppe) Anwendung der Imperativform und der neuen Verben in veränderten Situationen. Von dem vorgegebenen Muster kann abgewichen werden:
*Harry, paint the garage, please.*
*Paint the garage, please.*

4 Einführung des *present progressive* in der Klassensituation durch *John is going to the board* und – nachdem die Tafel vollgezeichnet ist – *John is cleaning the board.*

5 (untere Bildgruppe) Bei der Bearbeitung kann evtl. an die mittlere Bildgruppe angeknüpft werden. Einige Schüler führen nach Anweisung des Lehrers Handlungen vor *(Paint the garage, please, Harry)*, die zuerst vom Lehrer, dann von Schülern beschrieben werden: *Harry is painting the garage.*

☐ In leistungsstärkeren Gruppen können Schüler ebenfalls Anweisungen geben, die vorgeführt und von den anderen beschrieben werden.

▷ Text-Cassette/Tonband, Exercise 2
▷ Workbook, Seite 10, Übung 1 (Festigung der Imperativform; Beschreibung einer Handlung im *present progressive*)

---

**Lernspiel**

*O'Grady says:* Die Schüler stehen. Der Lehrer führt durch Gesten eine Handlung vor (z.B. ein Haus streichen) und sagt gleichzeitig *O'Grady* [əʊˈgreɪdɪ] *says, "Paint a house"*. Die Schüler imitieren die Bewegung des Lehrers. Sagt er jedoch nur *"Paint a house"*, darf sich kein Schüler rühren. Wer sich bewegt, scheidet aus und muß sich setzen. Sieger ist, wer als letzter steht.

## Seite 24

**Strukturen**

**What's he/she doing?**
**She's/She isn't painting:** Nachdem die 3. Person Singular mit Eigennamen eingeführt wurde (S. 23), werden nun die kontrahierten Formen mit den Personalpronomen vermittelt.

**Wortschatz, Wendungen**

**good** (bisher nur in Wendungen wie *Good morning* bekannt), **wheel** (Den Unterschied zwischen *wheel* und *bike* evtl. durch Tafelzeichnungen verdeutlichen.);
**ride a bike, park, Sunday, Monday, Tuesday, Wednesday, Thursday, Friday, Saturday;**
**do** (⚠ fallende Intonation bei der Frage *What's . . . doing?*)

**Weg**

1 (obere Bildgruppe) Einführung des neuen Wortschatzes. Darstellung der Situation *That's a good bike, Pat* (*that* ist aus der Wendung *Who's that?* bekannt und dürfte ohne Schwierigkeiten verstanden werden) und mimische Verdeutlichung von *Oh? Is it?* (Überraschung).

2 Einführung der Wochentage. Dies kann mit Hilfe der in vielen Klassen üblichen Datumsangabe an der Tafel geschehen, mit der der Lehrer zweckmäßigerweise schon in der vorausgehenden Woche beginnt. Da die Monatsnamen und die Ordinalzahlen erst in Unit 8 behandelt werden, empfiehlt es sich jedoch, vorläufig nur das Datum in Ziffern anzugeben und den Tag voll auszuschreiben *(Monday, 4. 11. 19 . .).* Einführung auch über Tafelzeichnung möglich (Kalenderblätter, Tagebuchaufschlag).

3 (Merkzettel) Lesen der Aufgaben.
*What's on Pat's list for Monday? - Clean the bike.*
*What's on Pat's list for Tuesday? - Clean the bike and go to the shops.*
(Verwendung von *list* nur durch den Lehrer)

☐ Umsetzen des Merkzettels in einen Dialog. Vorab ist *on* vor Wochentagen einzuführen:
*Ann Green says, "Clean the bike on Sunday."*
*Pat Best says, "And on Monday?"*
Ann: *Clean the bike and go to the shops on Monday.*
Pat: *And on Tuesday?*
Ann: *Buy a wheel and . . .*
Pat: *And on . . . ?*

4 (untere Bildgruppe) Bei den Wochentagen *Monday, Tuesday* und *Friday* betont die Gleichzeitigkeit verschiedener Handlungen den hier vermittelten Aspekt des *present progressive*.
⚠ *It's Saturday. Pat is going to the park:*
*go* hier: fahren; *walk* wird in 7e eingeführt.

☐ Ein abgewandelter Merkzettel, der nur Pats Tätigkeiten enthält, wird auf die Tafel übertragen. Bei geschlossenem Buch beantworten die Schüler Fragen nach dem Muster:
*It's Sunday. What's Pat doing? - She's cleaning the bike.*

5 (unterer Übungsabschnitt) Die aus der *substitution table* gewonnenen Aussagen zu der Bildreihe stehen immer in Verbindung mit einer Tagesangabe, damit sich sinnvolle Äußerungen ergeben können, nicht etwa unsinnige Koppelungen wie
*Pat is cleaning the garage.*
*Pat isn't cleaning the garage.*
⚠ Die Übung der verneinten Aussage wird nur in dem Maße durchgeführt, wie es erforderlich ist, die Form *isn't . . . ing* zu festigen.

Auch wenn auf die orthographische Besonderheit *ride - riding*, die in der Tabelle enthalten ist, hingewiesen wird, sollte zu diesem Zeitpunkt auf eine ausführliche Erklärung oder Regelformulierung verzichtet werden, zumal den Schülern bisher nur ein solches Verb bekannt ist.

☐ Der allmählich steigende Übungsaufwand läßt an die Notwendigkeit von Hausaufgaben denken (siehe Vorwort, S. 9). Z. B. wäre eine Merkzettel-Aufgabe analog zu Schritt 4 möglich:
*Monday: Buy a cassette.*
*Tuesday: Repair my bike.* usw.
Diese Notizen sind umzusetzen in:
*It's Monday. Peter is buying a cassette.*
⚠ Bei der Umsetzung muß *my* in *his/her* umgewandelt werden:
*It's Tuesday. He's repairing his bike.*

▷ Workbook, Seite 11, Übung 2 (Festigung von verneinten Aussagen im *present progressive: He/She isn't . . .*)
Die Übungssituation ist eine Fortsetzung von Übung 1 auf S. 10.

## Seite 25

**Strukturen** Is Harry watching TV? – Yes, he is./No, he isn't. Die Kurzantworten sind den Schülern der Form nach seit Unit 1 bekannt. Hier werden sie damit vertraut gemacht, daß die Kurzantworten auch bei Fragen im *present progressive* gebraucht werden.
What are they doing?
Ann and Pat are/They're riding bikes.

**Wortschatz** watch TV (*TV* seit 2c bekannt), read

**Weg**

1 (obere Bildgruppe) Einführung der Fragebildung im *present progressive* und Gebrauch der Kurzantworten. Die Fragen sind in bezug auf verneinte Antworten lediglich ein Auswahlangebot, so daß nicht etwa alle Fragen zu jedem Bild gestellt werden. Ferner ist darauf zu achten, daß nicht regelmäßig erst eine Frage gestellt wird, die eine bejahende Antwort verlangt, und dann eine Frage, die negativ zu beantworten ist. Andernfalls käme es zu einem rein mechanischen Übungsablauf.

2 (mittlerer Übungsabschnitt) Mit Bezug auf die obere Bildgruppe Einführung des Plurals im *present progressive* (zunächst mit Namen). Aus den abgebildeten Tätigkeiten werden „Handlungspaare" zusammengestellt, wobei die Farben der Bilder ordnen helfen.
2. *Liz and Sam are reading.*
3. *Sally and Simon are watching TV.*
4. *Harry and Dave are going to the shops.*
5. *Tom and Susan are cleaning a room.*

3 (unterer Übungsabschnitt) Einführung des *present progressive* mit *they*. Die Farben der unterlegten Fragezeichen erleichtern das Suchen in der oberen Bildgruppe.

▷ Arbeitsfolie 9 (Festigung des *present progressive*)

4 (Übersicht) In dieser Übersicht geht es vor allem um eine Darstellung der Bildung des *present progressive* in Frage, Aussage und Verneinung. Die Beispielsätze sind also nicht als zusammenhängende Äußerungen der gesprochenen Sprache zu verstehen. Die Bilder verdeutlichen die Anwendung der Zeitform (über Handlungen sprechen, die noch andauern), und sie ermöglichen den Verzicht auf einen deutschsprachigen Hinweis zur Funktion des Redemittels. Ob eine solche Ergänzung erforderlich ist, muß der Lehrer von Fall zu Fall entscheiden. So könnte er an dieser Stelle beispielsweise eine allgemeine Funktionsbeschreibung (z. B. „eine Handlung, die noch im Gange ist") oder kontrastiv einen Hinweis auf Ausdrücke wie „im Augenblick" und „gerade" im Deutschen bzw. einen Vergleich mit dialektalen Varianten („Ich bin am/beim Lesen") einbringen. Auf S. 28 sind die Sprechabsichten, die sich mit dem *present progressive* in dieser Unit verwirklichen lassen, zusammengefaßt.

▷ Workbook, Seite 11, Übung 3, und Seite 12, Übungen 5, 6 (Festigung von Fragen und Aussagen im *present progressive*, 3. Person Plural)

▷ Workbook, Seite 12, Übung 4 (Festigung der Wochentage)

---

**Liedvorschlag**

**London's burning**

Neuer Wortschatz: *burn, bring, water, fire*

Dieser Kanon ist vor über 300 Jahren entstanden. Er erinnert an das große Feuer von 1666, bei dem mehr als 13 000 Londoner Häuser zerstört wurden.

# Step 3b

Nachdem in 3a die Bildung des *present progressive* und seine Anwendung zur Beschreibung einer noch andauernden Handlung eingeübt und gefestigt worden ist, wird nun eine weitere Sprechabsicht vorgestellt: die Versprachlichung von Plänen und Vorhaben. Damit werden die Ausdrucksmöglichkeiten der Schüler bereits im frühen Stadium des Spracherwerbs um ein Vielfaches erweitert. Ähnlich der Verwendung des Präsens mit futurischer Bedeutung im Deutschen („Morgen gehe ich ins Kino") wird auch das *present progressive* im Englischen häufig zum Ausdruck von Absichten gebraucht und ist deshalb in dieser Funktion von hohem kommunikativen Stellenwert. Das *present progressive* mit futurischer Bedeutung kommt hier in Verbindung mit einer adverbialen Zeitbestimmung (z. B. *What are you doing on Sunday afternoon?*) vor, die aber bei der Beantwortung einer Frage normalerweise nicht wiederholt wird *(I'm reading a book)*.

In Band 2 des Lehrwerks werden weitere Redemittel für futurische Aussagen bereitgestellt: *going to* (bei Vorhersagen) und *will/'ll* (bei spontanen Angeboten).

**Sprech-** S. 26 Fragen, wo jemand ist. *Where's Ann?*
**absichten** Sagen, wo jemand ist. *She's at the cinema.*
Sagen, was jemand vorhat. *Sam is going to the zoo (on Saturday).*
S. 27 Fragen, was jemand vorhat. *What are you doing on Sunday?*

### Seite 26

**Wortschatz,** **cinema**, **zoo**, **library**, **youth club**, **baths** (= Badeanstalt; *swimming-pool* bezieht sich nur auf das Bek-
**Wendungen** ken.), **where** E3, **on Saturday** (Die Wochentage sind seit 3a bekannt. Neu ist hier die Zusammensetzung mit der Präposition *on*.)

**Weg** 1 (Fotogruppe)[1] Einführung des neuen Wortschatzes:
*Ann is at the cinema. Mike and Tom are at the record shop. Simon and Jill are at the ...*
(*At* ist bereits in den Wendungen *at school* und *at work* bekannt.)

2 (Fotogruppe) Einführung von *where*. Fortsetzung der Fragereihe nach dem Muster:
*Where's Ann? – She's at the cinema.*
*Where are Mike and Tom? – They're at ...*

☐ Kontrastübung zu *where/who*:
*Who's at the zoo? – Simon and Jill.*
*Where's Bob? – He's at the youth club.*

▶ Schülerbuch, Seite 30, Übung 1

3 (untere Bildreihe) Einführung des *present progressive* mit futurischer Bedeutung, vorerst nur mit dem Verb *going*:
*Look at the picture. Where are the boys and the girls? – They're at school. It's Friday. In England school is on Monday, Tuesday, Wednesday, Thursday and Friday but not on Saturday. What are the pupils doing on Saturday? – Sam is going to the youth club. Harry ...*

**Lernspiel**

*Where am I?*: Ein Schüler stellt sich vor, an einem bestimmten Ort zu sein. Die anderen Schüler erraten aus seiner gestischen und mimischen Darstellung, wo er sich befindet. (Das Spiel kann auch als Mannschaftswettbewerb durchgeführt werden.)
*Are you at the cinema? – No, I'm not.*
*Are you in your room? – No, I'm not.*
*Are you on a balcony? – Yes, I am.*
Bisher bekannte Orte: *at the zoo/library/youth club/baths/record shop, at school, in a shop/garden, on a bike, in a car.*

---

[1] Anmerkung: Beim ersten Druck des Schülerbuchs sind in der Lehrerfassung versehentlich die Bildunterschriften der oberen Fotoreihe vertauscht worden. Sie lauten richtig: *Ann – Mike and Tom – Simon and Jill.*

### Seite 27

**Strukturen**  I'm reading a book.
We're reading.

**Wortschatz, Wendungen**  afternoon (*Good afternoon* ist seit 1d bekannt.), **evening**; on your bike, **come**

**Weg**

1 (obere Bildgruppe) Übung zur Verwendung des *present progressive* mit futurischer Bedeutung bei weiteren Verben.

▷ Text-Cassette/Tonband, Exercise 3

2 (gelber Kasten) Ggf. muß Wortschatz zusätzlich eingeführt werden (vgl. *What's ... in English?*, S. 22). Folgende Verben stehen den Schülern bisher zur Verfügung: *buy, clean, do, go, paint, read, repair, ride my bike, watch TV*.
Weitere Tätigkeiten, die u. U. eingeführt werden können: *do my homework, go to church, stay at home, play in the .../with ..., visit a friend. I don't know* könnte als zusätzliche Wendung nützlich sein.

☐ Mögliche Erweiterung:
*Are you going to the baths/... on Saturday?*
*– Yes, I am./No, I'm not.*

☐ Erweiterungsmöglichkeit für leistungsstärkere Klassen:
*Are you going to the baths/... on Saturday?*
*– No, I'm not. I'm painting the garage/...*

▷ Arbeitsfolie 10, Deckfolie 1 (Festigung des *present progressive* mit futurischer Bedeutung)

3 (Übersicht) Hier werden Fragen (mit Kurzantworten) und Aussagen im *present progressive* mit futurischer Bedeutung präsentiert. Die Zusammenfassung zeigt auch die Bildung der ersten und zweiten Person (Singular und Plural).
Eine zusammenfassende Darstellung der Anwendungsmöglichkeiten des *present progressive* findet sich im Workbook auf Umschlagseite 3.

4 (Strip) Der Strip, der auf S. 28 fortgesetzt wird, führt auf den Text *A long way on a bike?* (S. 29) hin. In dieser Situation wird gezeigt, wie das Redemittel zum Ausdruck einer Absicht *(I'm going to Woodlake)* und einer Einladung/Aufforderung *(Are you coming?)* gebraucht wird. Diese Sprechabsicht wird in 3c ausführlich behandelt.

▶ Schülerbuch, Seite 30, Übung 2

**Liedvorschlag**

Neuer Wortschatz: *sleep, bell, ring*

Eine Tonaufnahme dieses Kanons ist auf der Compact-Cassette *English Songs,* 24 englische Kinderlieder für den Anfangsunterricht, enthalten (Cornelsen-Velhagen & Klasing, Berlin).

Ohne nennenswerte Wortschatzerweiterung wird hier die Anwendung des *present progressive* gefestigt. Die in 3b vermittelte Funktion dieser Zeitform als Redemittel, um Pläne und Absichten auszudrücken, wird auf Aufforderungen, bei etwas mitzumachen, ausgedehnt. Mit der Einführung des entschuldigend-ablehnenden *Sorry* und des zustimmenden *Yes, OK* werden die Möglichkeiten, Gesprächsszenen aufzubauen, erweitert.

| | | |
|---|---|---|
| **Sprech-** | S. 28 Sich erkundigen, ob ein anderer sich | *I'm going to the cinema.* |
| **absichten** | den eigenen Absichten anschließen will. | *Are you coming?* |
| | Auf eine Einladung reagieren. | *Sorry. I'm going to the zoo./Yes, OK.* |

**Seite 28**

**Wortschatz,** **with**;
**Wendungen** It's all right with ... (= ... ist damit einverstanden), mile

**Weg** 1 (obere Bildgruppe) Einführung der Aufforderung, bei etwas mitzumachen, durch die Beispiele des oberen Bildpaares. Steuerung der Übung zunächst durch den Lehrer:
1. *I'm going to the youth club. Are you coming?*
Schüler: *Sorry. I'm cleaning my bike.*
Danach Übernahme beider Rollen durch Schüler.
Bei diesen Aussagen im *present progressive* wird auf die adverbiale Bestimmung der Zeit verzichtet, weil der Sprecher gerade dabei ist, wegzugehen (*I'm going to the baths* = Ich gehe gleich ins Schwimmbad).
Aus Gründen der Vereinfachung werden hier nur Aussagen mit *going* und die Aufforderung mit *coming* verlangt.
Die Piktogramme mit der Ortsangabe wurden auf S. 26 eingeführt.

▷ Arbeitsfolie 10, Deckfolie 2 (Festigung von *I'm going to ... Are you coming?* und entsprechenden Antworten in kurzen Dialogen)

▷ Workbook, Seite 13, Übung 7 (Festigung der Aufforderungen nach dem Muster *I'm going to ... Are you coming?* und entsprechender Kurzantworten)
Von der Graphik dieser Übung kann für weitere Übungen ausgegangen werden, z. B.
*Who's going to the baths?*
*Where's Tim going?*
*Is Tim going to the baths?*

2 (Übersicht) Hier sind die beiden in dieser Unit behandelten Sprechabsichten zusammengefaßt, die mit dem *present progressive* verwirklicht werden können.

3 (Strip) Die Rahmenhandlung, die auf S. 27 eingeleitet wurde, wird hier fortgesetzt. Pat Best will mit ihrem „neuen" Rad einen Ausflug mit ihrer Freundin unternehmen.

▶ Schülerbuch, Seite 30, Übung 3

---

**Lernspiel**

*Are you coming?:* Für dieses Lernspiel sind Bildkarten erforderlich, die von Schülern anzufertigen sind und folgende Orte darstellen (jeder Ort kann mehrfach vorhanden sein): *the cinema, the youth club, the baths, the zoo, the record shop, the library, the park, the shops, Woodlake.* Das Spiel kann in Gruppen oder als Mannschaftsspiel durchgeführt werden. Die Bildkarten werden an die Schüler verteilt. Jeder Schüler erhält eine Karte, die die andere Mannschaft nicht sehen darf. Ziel des Spiels ist es, möglichst viele Karten innerhalb einer bestimmten Zeit für die eigene Mannschaft zu sammeln. Ein Schüler stellt einem von ihm gewählten Mitglied der anderen Mannschaft die Frage:
*I'm going to the zoo on Saturday. Are you coming, John?*
Je nach der Darstellung auf seiner Bildkarte antwortet der Schüler:
*Yes, OK.* (und gibt seine Karte ab) oder *Sorry. I'm going to the shops.*
Danach fragt ein Schüler der zweiten Mannschaft weiter.

**Seite 29**

Nach den in 2d enthaltenen Texten in Form von kurzen Sachberichten bietet dieser Step eine weitere Textsorte, die Erzählung, an. Durch die Verwendung der neu eingeführten *progressive form* zur Beschreibung der Bilder entsteht eine Bildgeschichte. Da im ersten Band des Lehrwerks auf den Gebrauch des *simple present* als Erzählzeit verzichtet wird, um *simple present* und *present progressive* deutlich voneinander abzugrenzen, werden Erzähltexte erst im zweiten Lernjahr (nach der frühzeitigen Einführung des *simple past*) zur dominierenden Textsorte.

**Wortschatz, Wendungen**

a long way (Evtl. auf den Strip auf S. 28 Bezug nehmen: *Woodlake is 5 miles. That's a long way*. Der entsprechende Ausdruck *far* wird in der Regel nur in Fragen und verneinten Sätzen verwendet.), **this afternoon** (Evtl. *this morning* und *this evening* ebenfalls einführen; vgl. Zusammenfassung auf S. 101 des Schülerbuchs.), **take**; **very, sun, shine** (*The sun is shining* kann über Tafelbild vermittelt werden. ⚠ *shine – shining*), **swim** (kann gestisch verdeutlicht werden. ⚠ *swim – swimming*); puncture (⚠ Aussprache [ˈpʌŋktʃə] beachten), **sometimes**

**Weg**

Zur Arbeit mit den Texten siehe auch Vorwort, S. 17 ff.

1 Evtl. Einführung des neuen Wortschatzes. Geht die anschließende Textbehandlung vom Buch aus, können viele Wörter über die Bilder des Buches erschlossen werden.

2 Darbietung der Texte vom Tonträger, zuerst bei geschlossenem, dann bei geöffnetem Buch. Für die erste Präsentation bietet sich eine abschnittsweise Behandlung an.

▷ Text-Cassette/Tonband
Die Tonaufnahme ist mit Geräuschen unterlegt. In Abschnitt 1 fangen sie das Beladen des Autos ein, ist zu hören, wie sich Pat und Ann mit *Bye* und Fahrradklingeln von Mr und Mrs Green verabschieden.
Abschnitt 2 wird begleitet von den Geräuschen am Strand und im Wasser.
In Abschnitt 3 ist lautes Straßengeräusch eingeblendet, während Mr Green sich müht, das Rad zu wechseln.

☐ Erschließung der Texte in Stillarbeit.

3 Gemeinsame Lektüre der Texte.

4 Schriftliche oder mündliche Beantwortung von Verständnisfragen. Die bisher eingeführten Redemittel erlauben es bereits, längere Fragen zu stellen bzw. die Schüler über den Inhalt sprechen zu lassen. Mögliche Fragen:

(Abschnitt 1)
*Is it Sunday?*
*Who's going to Woodlake?*
*Where are Ann and Pat going?*
*Are Ann and Pat going with Mr and Mrs Green?*
*Are Mr and Mrs Green going to Woodlake, too?*
*Are Pat's mum and dad going to Woodlake on their bikes?*
*Have Mr and Mrs Green got a car?*
*Are they taking their car to Woodlake?*

(Abschnitt 2)
*Is it Saturday morning?*
*Are Ann and Pat in Ann's garden?*
*Are Ann and Pat in Woodlake?*
*Is Woodlake nice?*
*Is the sun shining?*
*What are Ann and Pat doing?*

(Abschnitt 3)
*Are Mr and Mrs Green swimming?*
*Are they in Woodlake?*
*What are they repairing?*
*Has the car got a puncture?*

☐ Zur weiteren Festigung können die ersten beiden Abschnitte der Erzählung als Lückentext verwendet werden (Tafel, Overhead-Folie). Welche Wörter dabei ausgelassen werden, richtet sich nach der Leistungsfähigkeit der Klasse. Vorschlag für leistungsschwächere Klassen:
*It's (Saturday) morning. Pat and Ann are going (to) Woodlake (this) afternoon. They're on their (bikes). Mr and (Mrs) Green are going to Woodlake, too. But they're taking their (car). Woodlake is a long way on a (bike).*
*It's (Saturday) afternoon. Ann and Pat are in Woodlake. Woodlake is very (nice). The (sun) is shining. Ann and Pat are swimming.*

In leistungsstärkeren Gruppen können auch Wörter ausgelassen werden, die besonderer Aufmerksamkeit bedürfen, z. B. bei der Orthographie (*taking*) oder wegen Abweichungen vom Deutschen (*on their bikes*). Vorschlag:
*It's Saturday morning. Pat and Ann are going (to) Woodlake (this) afternoon. They're going (on their) bikes. (Mr and Mrs) Green are going (to) Woodlake, (too). But they're (taking their) car. Woodlake is a long way (on) a bike.*
*It's Saturday afternoon. Ann and Pat are in Woodlake. Woodlake is (very) nice. The sun is (shining). Ann and Pat are (swimming).*

### Seite 30

**Übungen**

1 Übung zur Unterscheidung von *where* und *who*.
Wegen muttersprachlicher Interferenzen (*who* = wer; *where* = wo) wurden *who* und *where* nicht gleichzeitig eingeführt (*who* ist seit 2a bekannt, *where* erst seit 3b). Sollten Schwierigkeiten bei der Unterscheidung auftreten, kann der Übung eine kurze Wiederholung vorangestellt werden, z. B.
a) (mit Gegenständen) *Here's a magazine. Where's the magazine? - (It's) In the bag.*
(mit Schülern) *Who's that? - Ann.*
b) (mit Tafelzeichnungen) *Here's a boy. His name is Tom. He's in a house. Where's the boy? - (He's) In a house. Who's the boy? - (It's) Tom.*
Weitere Beispiele: *girl (garden), teacher (school).*

Lösungen:
1. *Mary! Where's the cassette-recorder? Have you got it?*
2. *Who has got it? Sally?*
3. *It isn't here. Where is it?*
4. *Alan? Who's Alan?*
5. *Where are they?*

2 Zusammenfassende Übung zur Fragebildung mit *be*, *have got* und *present progressive*. Gleichzeitig müssen die richtigen Personalpronomen eingefügt werden.

Lösungen:
1. *Are you new here?*
2. *Have you got a house or a flat?*
3. *Is it nice?*
4. *Are you at Park School?*
5. *Have you got a brother or a sister?*
6. *Is he at Park School, too?*
7. *Has he got a car?*
8. *Are you going to the youth club on Saturday?*

3 Beantwortung von Fragen mit verschiedenen Fragewörtern und Strukturen.
Ob Kurz- oder Langantworten verlangt werden, hängt davon ab, worauf abgezielt wird – schnelle Informationsentnahme (Kurzantwort) oder Festigung von Strukturen.

☐ Die Antworten zu den Fragen - auch Kurzantworten - können als Grundlage für eine einfache *guided composition* dienen.
*The Dean family: The Dean family is in the garden. Mrs Dean is reading. She's reading a magazine. Mr Dean has got a cassette-recorder. Liz is riding a bike. Pete is in the garage. He's repairing his bike.*

Lösungen:
1. *They're in the garden./In the garden.*
2. *Mrs Dean is reading./Mrs Dean.*
3. *Mrs Dean is reading a magazine./A magazine.*
4. *Mr Dean has got a cassette-recorder./A cassette-recorder.*
5. *Liz is riding a bike./Liz.*
6. *He's in the garage./In the garage.*
7. *He's repairing his bike.*

▷ Workbook, Seite 13, Übung 8 (Wortschatzübung)

### Sounds

Neben dem Vergleich [ð] - [θ] wird hier der Laut [ŋ] geübt, dem im Zusammenhang mit dem *present progressive* in dieser Unit Beachtung geschenkt werden sollte.

▷ Text-Cassette/Tonband, *Sounds*

**Seite 31**

**Say it in English**

Nachdem in 3a Redemittel für einfache Aufforderungen bereitgestellt wurden, wird diese Sprechabsicht nun etwas differenzierter behandelt. Auch die Reaktionen auf Aufforderungen und Bitten werden hier ausführlicher präsentiert, während in 3a, um Lernschwierigkeiten zu isolieren, nur eine Antwort gezeigt wurde.

| | | |
|---|---|---|
| **Sprech-absichten** | Jemanden höflich auffordern, etwas zu tun. | *Clean the car, please.* |
| | Jemanden dringlich auffordern, etwas zu tun. | *Hurry up and do your homework.* |
| | Auf eine Aufforderung zustimmend reagieren. | *OK./All right.* |
| | Auf eine Aufforderung zögernd reagieren. | *All right, all right.* |
| | Eine Aufforderung ablehnen. | *In a minute. I'm reading./Oh no, not again!* |
| **Wortschatz, Wendungen** | **Hurry up, in a minute, again** | |

Lösungsvorschläge:

1. *Paint the garage, please (, Mr Brown). – OK (, Mrs Hill).*
2. *Hurry up and clean the garage (, John). – All right, all right (, Dad).*
3. *Go to the shops, please (, Alan). – In a minute. I'm repairing my bike (, Mum).*

Es versteht sich von selbst, daß die vorgegebenen Muster abgewandelt werden können.

**Activity**

Zielsetzung dieser Aufgabe ist es, den Schülern die Bedeutung der englischen Sprache in ihrer Umwelt zu verdeutlichen. Es ist davon abzuraten, in diesem frühen Stadium näher auf die englischsprachigen Funde einzugehen, etwa in bezug auf Schreibung oder Bedeutungsunterschiede. Neben Zeitungen und Zeitschriften können die Kataloge von Versandhäusern oder die Umgebung als Anregung dienen, in der englischsprachige Firmenschilder und Hinweise zu finden sind: *Shell, BP, School Bus, Headquarters, English spoken* usw.

---

**Diktatvorschlag**

*It's Friday evening. Lots of boys and girls are at the baths this evening. Ann is at the baths, too. She's swimming. But where's her friend, Pat? She isn't swimming and she isn't at the youth club. She's in the park. She's riding her new bike.*

# Unit 4

Das Thema „Tiere" wurde für diese Unit gewählt, weil es erfahrungsgemäß Zehn- bis Elfjährige besonders anspricht und auch diverse Transfermöglichkeiten bietet. Eine wichtige Rolle spielt hier die Familie Dean mit ihrem kleinen Hund Snoopy. Im Strukturenbereich stehen Einführung und Verwendung von *there is/are*... sowie *can* im Mittelpunkt, nachdem zu den bereits bekannten *be* und *have got* in Unit 3 weitere Verben (im Imperativ und *present progressive*) eingeführt wurden.

## Step 4a

**Sprechabsichten**

S. 32 Fragen, was an einem bestimmten Ort ist.    *What's in the window?*
Aussagen darüber machen, was an einem bestimmten Ort ist.    *There's a dog in the window.* / *There are some pets in the window.*
S. 33 Fragen, ob man etwas haben kann.    *Can I have a cat (, please)?*
Fragen, ob man etwas tun darf.    *Can I go to the baths (, please)?*
Sagen, daß jemand etwas tun darf.    *Yes, all right.*

### Seite 32

**Strukturen**

**There is/are ...:** Die Struktur hat im gesprochenen Englisch einen hohen Frequenzwert. Da abstrakte grammatische Erklärungen hier keine Lernhilfe bieten, sollte an ihre Stelle eine verstärkte Übungsphase treten. ⚠ Bei *there are* Schwachform [ˈðər] und Bindung beachten.

**a – some:** Dem unbestimmten Artikel entspricht bei Pluralformen *some*. *Some* bei Unzählbarem (z. B. *some sugar*) und *any* in verneinten Sätzen werden erst in Band 2 eingeführt.

**book – books, dog – dogs:** Die einfache Pluralform *-s* [z] wurde bereits in Unit 1 verwendet. Hier werden orthographische und phonetische Besonderheiten berücksichtigt. Zu achten ist auf die Schreibung *box – boxes* und die Aussprache der Pluralendung als

| [s] | [z] | [ɪz] |
|---|---|---|
| *rabbits* | *hamsters* | *boxes* |
| *cats* | *dogs* | *cages* |
| *baskets* | *budgies* | *garages* |

Die Schreibung kann hier nur begrenzt als Lernhilfe herangezogen werden, vgl. *cages* [ɪz], aber *bikes* [s]. Der Abschnitt *Sounds* in dieser Unit bietet eine Übung zur Aussprache der Pluralendung (S. 39).

**Wortschatz, Wendungen**

**pet**, pet shop, **window**, **box**, budgie, cage, **basket**, hamster;
**thanks** (Wendung; *thank you* E2 ebenfalls einführen), **your** (= euer, eure)

**Weg**

1. Einführung der Struktur *There's a ...* mit bekannten Gegenständen in der Klasse: *What's in the bag? – There's a pencil-case/book/... in the bag.*

2. (kleines Bild) Einführung des neuen Wortschatzes anhand der in der Zeichnung dargestellten Gegenstände und Tiere und Festigung von *There's a ...*

3. Einführung von *There are some ...* mit Gegenständen oder Haftbildelementen: *What's in the pencil-case? – There are some pencils/felt-tips/... in the pencil-case.* Die Schritte 1 und 3 können durch den Einsatz der Arbeitsfolie vorbereitet werden.

   ▷ Arbeitsfolie 11, Deckfolien 1 und 2

4. (großes Bild) Einführung der Pluralformen der neuen Wörter.

   ☐ Abwandlungsmöglichkeit zur Übung der Aussprache der Pluralendungen: *There are two rabbits/three hamsters/... in the shop.*

   ▷ Schülerbuch, Seite 39, Übung 4

5. (gelber Kasten) Lehrer fragt Schüler, Schüler fragen Schüler. Der Lehrer beginnt mit den Schülern, von denen er weiß, daß sie ein Tier haben. U. U. sind weitere Bezeichnungen einzuführen: *goldfish, mouse/mice, guinea pig* [ˈgɪnɪpɪg] Meerschweinchen, *canary* [kəˈneərɪ] Kanarienvogel, *parrot* Papagei, *tortoise* [ˈtɔːtəs] Land- und Süßwasserschildkröte. (*Turtle* ist die Meeresschildkröte.)
   ⚠ Ein Tier, dessen Name (und damit auch Geschlecht) bekannt ist, wird mit *he* bzw. *she* bezeichnet. Weiß man den Namen nicht, verwendet man *it*.

   ▷ Workbook, Seite 14, Übungen 1, 2 (Festigung von *There's a .../There are some ...* und neuem Wortschatz)

6. (Strip) Zu diesem Zeitpunkt können schon Fragen zum Inhalt gestellt werden: *Where's the dog? Have they got a dog? Are Liz and Pete going to the pet shop? Look, they've got a dog. What's his name?*

## Seite 33

Unter Berücksichtigung ihrer Häufigkeit in der gesprochenen Sprache treten Bitten mit *Can I . . . ?* als erste Form der *can*-Sätze in diesem Lehrwerk auf. Die Wendung wird auch in die Unterrichtsphraseologie übernommen: *Can I have a/the pencil, please?* (vgl. S. 40). Auf die Bildung, Funktion und Anwendung von *can* in Aussagesätzen und weiteren Fragesätzen wird in 4c eingegangen.

**Struktur**    **Can I . . . ?** Infolge der Übereinstimmung mit dem Deutschen ergeben sich aus der Einführung beider Funktionen („Ich möchte . . ." und „Darf ich . . . ?") keine unterrichtlichen Schwierigkeiten. Das früher in Lehrbüchern bevorzugte *May I . . . ?* würde in den Situationen, an die hier gedacht ist, zu formal klingen.

**Wortschatz**    **have** (*have got* ist seit Unit 2 bekannt. Auf die Form *have* in der Wendung *Can I have a cat, Mum?* wird man kaum eingehen müssen.)

**Weg**

1. (obere Bildgruppe) Einführung in die Situation (Foto):
*You're in the pet shop with your mum. They've got a very nice cat. You ask, "Can I have a cat, Mum?"*
Die Schüler setzen die Fragen anhand der daneben abgebildeten Tiere fort.

   ☐ Abwandlungsmöglichkeit: Steuerung mündlich wie bei Schritt 1, nur mit Gegenständen im *pet shop*, z. B. *a new basket for my cat/dog, a new cage for my budgie/hamster/rabbit.*

2. (mittlere Bildgruppe) Einführung in die veränderte Situation:
*You haven't got a pen. You're in the shop. You ask, "Can I have a pen, please?"*

   ▷ Text-Cassette/Tonband, Exercise 1

   ☐ Ausbau der vorigen Übung als Kurzdialog (evtl. mit Gegenständen im Klassenzimmer nachgespielt).
S1: *Can I have a pen, please?*
S2: *A pen? Yes, here you are.*
S1: *Thank you.*
*Here you are* wurde bereits im Einführungskurs (E4) verwendet.

3. (untere Bildgruppe) *Your friends are going to the baths this afternoon. Your mum is in the garden. You ask, "Can I go to the baths, Mum?"*
Die Piktogramme zur Steuerung der Fragen der Schüler wurden auf S. 26 eingeführt.

   ☐ Abwandlungsmöglichkeit der vorigen Übung: Antworten wahlweise *Yes, all right* oder *No, sorry* (gestische Stimuli).

   ▶ Schülerbuch, Seite 39, Übung 2
   ▷ Workbook, Seite 14, Übung 3 (Übung zu der Sprechabsicht „Um etwas bitten" mit *Can I have your . . ., please?*)

4. (Übersicht) Bei dieser Zusammenfassung geht es nur um eine etwas differenziertere Darlegung der Sprechabsichten, die auf der Seite präsentiert wurden. Sie sollte nicht als Aufforderung zu einer grammatischen Behandlung der Struktur mißverstanden werden.

---

**Tafelzeichnungen**

Bei der Einführung der Tierbezeichnungen können einfache Tafelzeichnungen nützlich sein. Die folgenden Beispiele sind entnommen aus H. Gutschow: *Englisch an der Tafel.* Cornelsen-Velhagen & Klasing, Berlin 1980.

Lehrerhandbuch zu ENGLISH H · Neue Ausgabe, Band 1

In diesem Step wird die Einführung von *What time is it?* mit der Wiederholung des *present progressive* verbunden. Nach der Einführung einiger Vokabeln wird ein Dialog präsentiert.

**Sprech-** S. 34 Nach der Uhrzeit fragen. *What time is it?*
**absichten** Die Uhrzeit sagen (volle Stunde). *It's . . . o'clock.*

### Seite 34

Die Einführung der Uhrzeiten wird aus unterrichtspraktischen Gründen auf mehrere Units des Lehrwerks verteilt. Nach der Einführung der vollen Stunde – wie bereits im Einführungskurs – folgt in Unit 6 die Angabe der halben und viertel Stunden, während in Unit 8 die Minutenangabe mit einer wiederholenden Zusammenfassung verbunden wird.

**Wortschatz,** day, **What time is it? – It's . . . o'clock** E1, bark at, **play, run** (△ *run – running*), **after;**
**Wendungen** **take the dog for a walk**, It's your turn, **now**

**Weg** 1 Die Zahlen 1-12, die im Einführungskurs eingeführt wurden und in den Units 1-3 vereinzelt vorkommen, sollten vor der Bearbeitung der Seite gefestigt werden (Steuerung durch Tafelanschrieb). Die Schreibweise der Zahlen ist auf S. 101 des Schülerbuchs zusammengefaßt.

2 Für das Üben von *What time is it? – It's . . . o'clock* wird eine Demonstrationsuhr verwendet (z. B. Haftbildelement oder Arbeitsfolie), an der erst der Lehrer, dann Schüler Zeiten einstellen und die Frage an die Klasse richten. Mit einem entsprechenden Arbeitsbogen kann die Schreibweise gefestigt werden.

▷ Arbeitsfolie 12
Die Uhr wird mit zwei Zeigern geliefert.

3 (obere Bildgruppe) Lösungen für die Fortsetzung der Übung:
4. *He's playing with a cassette.*
5. *He's running after the policeman.*
6. *He's barking at a cat.*
7. *He's playing with a newspaper.*
8. *He's barking at the TV.*

4 (Strip) Dieser Strip dient u. a. der Vermittlung zweier Wendungen (*take the dog for a walk* und *it's your turn*), die zum Verständnis des Dialogs auf S. 35 beitragen.
Mögliche Fragen:
*What's Liz doing this afternoon? – She's taking Snoopy for a walk.*
*Is Snoopy running? – Yes, he is.*
*Is Liz running, too? – Yes, she is.*
*What's Pete doing? – He's reading.*

▶ Schülerbuch, Seite 39, Übung 1
▷ Workbook, Seite 15, Übung 4 (Festigung der Sprechabsichten „Fragen, ob man etwas haben kann/tun darf")
▷ Workbook, Seite 15, Übung 5 (Schreibung der vollen Stunde bei Uhrzeitangaben)

---

**Lernspiel**

*What am I doing?:* Die Klasse wird in zwei Mannschaften eingeteilt. Nacheinander spielt jeder Schüler eine Handlung vor, deren englische Bezeichnung er kennt. Mit bis zu fünf Fragen muß die andere Mannschaft erraten, was der Schüler „macht", z. B.
*Are you watching TV? – No, I'm not.*
*Are you reading a book? – No, I'm not.*
*Are you reading a newspaper? – Yes, I am.*
Bisher bekannter Wortschatz:
a) Verben, die mit mehreren Objekten kombiniert werden können: *go (to), buy, clean, repair, paint.*
b) Weitere Tätigkeiten: *ride a bike, watch TV, read, swim, bark, run, take the dog for a walk.*

**Seite 35**

Ein weiteres Erlebnis der Dean-Kinder mit ihrem kleinen Hund bildet die inhaltliche Grundlage dieser Szenenabfolge. Die Kinder erfahren, daß das Halten eines Hundes auch gewisse Pflichten mit sich bringt. Zur Erklärung, warum der Vater nicht bereit ist, die Verantwortung zu teilen, vgl. S. 32: *It's* your *dog, not* our *dog.*

Die Kurzdialoge enthalten Beispiele einiger bereits früher eingeführter Sprechabsichten, nämlich jemanden höflich oder mit Nachdruck aufzufordern, etwas zu tun (3a, 3e: *Say it in English*), auf eine solche Aufforderung zu reagieren (3e: *Say it in English*) und zu fragen, ob man etwas tun darf (4a).

**Wortschatz** wet, **rain**, wait, **still**

**Weg** Zur Arbeit mit Texten und Dialogen siehe auch Vorwort, S. 17 ff.

1 Darbietung der Tonaufnahme, wobei der Text zunächst abgedeckt bleibt, die Bilder aber ggf. zu Hilfe genommen werden können. Für die erste Präsentation bietet es sich an, die drei Kurzdialoge getrennt zu behandeln.

▷ Text-Cassette/Tonband
Die Tonaufnahme ist zur Untermalung von *A wet afternoon* mit dem Geräusch von Regen unterlegt. Ein anderes Hintergrundgeräusch ist das Winseln und Bellen von Snoopy.

2 Lesen des Textes mit verteilten Rollen.

3 Absichern des Verständnisses im Frage-Antwort-Verfahren:

(Abschnitt 1)
*What time is it?*
*Is Snoopy in the house?*
*What's Pete doing?*
*Is it Pete's turn for Snoopy's walk?*
*Is it Liz's turn?*
*Is the sun shining?*

(Abschnitt 2)
*What time is it?*
*What's Snoopy doing?*
*What are Liz and Pete doing?*
*Are the programmes good?*

(Abschnitt 3)
*What time is it?*
*Is Liz taking Snoopy for a walk?*
*Is Snoopy barking?*
*Is it still raining?*

---

**Reime**

*Rain before seven,*
*Fine after eleven.*     (Altes Sprichwort)

Neuer Wortschatz: *before, fine*

*Rain on the big house,*
*Rain on the tree,*
*Rain on the green grass –*
*But not on me.*

Neuer Wortschatz: *on* (E3, 7a), *tree, green* (E2, 5b), *grass, me* (8a)

*Rain, rain, go away,*
*Come again another day.*
*Pete and Liz and Snoopy say,*
*"Go away – so we can play."*

Neuer Wortschatz: *go away, another* (5e), *say* (6e), *so*

Hier werden weitere Anwendungsmöglichkeiten von *can* eingeführt und geübt.

| Sprech-absichten | S. 36 | Sagen, was jemand tun kann. | *He/She/They can paint a room.* |
|---|---|---|---|
| | | Fragen, was jemand tun kann. | *What can ... do?* |
| | | Sagen, daß man selbst etwas tun kann. | *I can paint a room.* |
| | S. 37 | Sagen, daß jemand etwas nicht tun kann. | *He/She/They can't paint a room.* |
| | | Jemanden fragen, ob er etwas tun kann. | *Can you paint a room?* |

### Seite 36

**Struktur** **can:** Hauptschwierigkeiten bei der Einführung der *can*-Aussagen dürften die vom Deutschen abweichende Wortstellung und die falsche Verwendung der *-ing form* in Verbindung mit *can* sein. Die Grundform des Verbs wurde bereits in 3a eingeführt (Imperativ). Zur Reduzierung der Lernschwierigkeiten werden weitgehend den Schülern bekannte Verben benutzt.

**Wortschatz** clever, **carry**, catch, ball

**Weg**

1 (Strip) Der Strip dient der Präsentation der neuen Struktur und der Einführung des Wortschatzes. Ganzheitliches Erfassen. Fortsetzung der Situation auf S. 37.

2 (mittlere Bildgruppe)
*What can they do? What can Mr King do?*
*– He can paint a house.*
*What can Snoopy do? – He can bark.*
Fortsetzung der Fragen und Aussagen:
*(Dave and Sally) They can paint a room.*
*(Mr Dean) He can repair a car.*
*(Pat and Ann) They can repair a bike.*
*(Lulu) She can carry a bag.*
*(Tom) He can ride a bike.*
*(Mr Hill) He can read a German newspaper.*

▷ Text-Cassette/Tonband, Exercise 2

☐ Abwandlungsmöglichkeit:
*Mr King can paint a house. He's painting a house now.*
*Snoopy can bark. He's barking now.* usw.
⚠ Wegen der Gefahr, daß Sätze wie *\*Mr King can painting a house* gebildet werden, empfiehlt es sich, eine solche Übung nur auf leistungsstärkere Gruppen zu beschränken.

▷ Workbook, Seite 16, Übung 6 (Festigung der Wortstellung in Aussagen mit *can*)

3 (gelber Kasten) Die Schüler werden aufgefordert, in Partnerarbeit Aussagen darüber zu machen, was sie selbst tun können. Das aufgeführte Wortmaterial kann dabei als Anregung und Stütze dienen. Bei der Durchführung der Übung ist darauf zu achten, daß sie kommunikativ sinnvoll erfolgt. Eine Aussage wie *I can paint a garage* kann sich auch auf das Mithelfen beziehen, während bei *house* natürlich nicht an ein deutsches Großstadthaus zu denken ist: *house*, im Unterschied zu *block of flats*, ist im englischen Sinne zu verstehen.

### Liedvorschlag

An dieser Stelle kann das Lied *Look at the rain* aus der Sammlung *My friend Jack, New Songs for English*, von Ken Wilson eingesetzt werden (Cornelsen-Velhagen & Klasing, Berlin). Darin kommen das *present progressive* und eine Frage mit *can* vor.

| Struktur | **Seite 37**<br>can't |
|---|---|
| Wortschatz | silly |

**Weg**

1 Bei der Einführung von *can't* kann der Lehrer auf den gelben Kasten auf S. 36 zurückgreifen:
*You can repair a bike. I can't (repair a bike).*
*You can't carry a TV. I can carry a TV.*

2 (obere Bildgruppe) Erste Bearbeitung der Bildreihe mit vollständigen Aussagen zu den Darstellungen.

▷ Text-Cassette/Tonband, Exercise 3

3 (obere Bildgruppe) Einführung der Kurzantworten mit *can't*.

▷ Arbeitsfolie 13 (Festigung von Aussagen mit *can/can't* und von Fragen mit *can* und den Kurzantworten *Yes, I can./No, I can't.*)

4 (gelber Kasten) Die Fragen für die Phase der Partnerarbeit gehen aus von a) den Vorgaben im gelben Kasten und b) dem, was dem Sprecher sonst verfügbar ist. Als Anregung für weitere Tätigkeiten kann der gelbe Kasten auf S. 36 dienen.
⚠ Es ist darauf zu achten, daß nur die Pluralformulierung *English newspapers* verwendet wird, da die Form *an English newspaper* aus Gründen der Stoffbeschränkung und der Isolierung von Lernschwierigkeiten noch nicht dargeboten werden konnte.

☐ Das bisher Geübte kann auf andere Personen übertragen werden:
*My friend/brother/sister can/can't ...*
*My father/mother can/can't ...*

▷ Workbook, Seite 16, Übung 7 (Transferübung; Festigung der Fragen mit *can* und der Kurzantworten *Yes, I can./No, I can't.*)
▷ Workbook, Seite 16, Übung 8 (Festigung der Wortstellung in Aussagen mit *can't*)

5 (Übersicht) Neben der Frageform und den Kurzantworten geht es hier primär um eine Verdeutlichung der Wortstellung, wobei *can/can't* + Infinitiv in Aussagesätzen als Einheit (hier *can/can't ride*) dargestellt wird. Als Verneinung von *can* wird nur die Kurzform *can't* eingeführt. Die Langform *cannot* ist in dieser Übersicht nur Muster für die Bildung der Verneinung.
Im unteren Teil der Übersicht soll gezeigt werden, daß *can/can't* bei allen Personen gleich ist.
Eine zusammenfassende Darstellung von Aussagen mit *can/can't* und von Fragen mit *can* findet sich im Workbook auf Umschlagseite 2.

6 (Strip) Der Strip setzt die Situation von S. 36 fort. Ganzheitliches Erfassen.

☐ In Anlehnung an *He can't catch a ball, but he can bark!* (Strip) können die Schüler Aussagen über sich selbst und andere *(friend, father, mother, brother, sister)* machen.

---

**Lernspiel**

*Nonsense words:* Der Lehrer schreibt durch Vertauschen von Buchstaben entstandene *nonsense words* aus einem Themenbereich an die Tafel. Danach können
a) einzelne Schüler aufgefordert werden, Gegenstände an die Tafel zu zeichnen, z. B.
*John, can you draw a "ushoe"?*
b) alle Schüler möglichst viele Wörter in einer begrenzten Zeit abschreiben, z. B.
*What's a "moro"?*
Wer die meisten Wörter erraten hat, gewinnt.
Die Schüler können auch selbst Wörter zu bestimmten Themen verschlüsseln und der Klasse als Aufgabe stellen. Mögliche Wortgruppen:
*People:* boy, girl, pupil, friend, teacher, father, mother, sister, brother, mum, dad, policeman, hairdresser, typist.
*At school:* pen, pencil, felt-tip, calculator, rubber, pencil-case, biro, bag, ruler.
*Places:* park, cinema, library, zoo, school, youth club, baths.
*At home:* house, garden, flat, balcony, room, record-player, cassette-recorder.

### Seite 38

Nach Kurzberichten in 2d und einem Erzähltext in 3d tritt hier als neue Textsorte der Leserbrief hinzu. Damit wird auf ein weiteres Lernziel hingearbeitet: das Zusammenfassen von zuvor eingeführten Aussagen zu Interessenschwerpunkten. Abgesehen vom Verstehen der Texte kommt es darauf an, daß die Schüler etwas über ihre eigenen *pets* sagen können.

Zu beachten, wenn auch nicht betont hervorzuheben ist, daß die Kurztexte zu Begründungen hinführen, obwohl die spezifischen syntaktischen Mittel (z. B. *because*) noch fehlen: *I haven't got a dog. My mother and father are at work every day and we haven't got a garden.*

**Wortschatz**  **favourite**, goldfish, **sit**, **watch** (*watch TV* ist seit 3a bekannt); **all**; **every**; **understand**, mouse (Auf die unregelmäßige Pluralform *mice* ist hinzuweisen.); **talk**

**Weg**  Zur Arbeit mit den Texten siehe auch Vorwort, S. 17 ff.

1 Da die abschnittsweise Unterteilung der Seite die Möglichkeit zur Erschließung in kleinen Schritten bietet, zuerst Bearbeitung nur eines Leserbriefes im Stilleseverfahren.

2 Darbietung der entsprechenden Tonaufnahme bei geschlossenem oder geöffnetem Buch.

▷ Text-Cassette/Tonband
Die Tonaufnahmen sind wie eine „Hörerpost" gestaltet.

3 Entsprechendes Vorgehen (Wechsel zwischen Stillesen und Vorspielen vom Tonträger) bei allen weiteren Leserbriefen.

4 Nach Vorführung des Klangbildes gemeinsames Lesen der Leserbriefe.

5 Absichern des Verständnisses im Frage-Antwort-Verfahren, wobei die bisher eingeführten Redemittel angemessen umgewälzt werden sollten. Mögliche Fragen:

(Dave King)
*Has Dave got a pet? Has his sister got a pet? What's his sister's pet? What can you do with a goldfish?*

(John Hunt)
*Has John got a brother? What are their pets? Have they got a cat, too? Are all his pets nice?*

(Jill Walker)
*Has Jill got a favourite pet? What can you do with dogs? Can Jill have a dog? Have the Walkers got a garden?*

(John Hooley)
*What's John's pet? How old is the cat? What's the cat's name? Is Tabby a clever cat? What can Tabby do?*

(Mary Brown)
*Has Mary got a pet? Has Mary got a dog/cat/budgie/rabbit? Have the Browns got a house? Is a big dog a good pet for a flat? Can Mary's budgie talk?*

☐ Wortschatzarbeit:
a) Erarbeitung der Sachgruppe *pets*. Folgende Tiere werden in den Briefen genannt: *goldfish, dog, cat, hamster, budgie, mouse/mice*.
b) Erarbeitung der Sachgruppe „Behältnisse". Bisher bekannt sind: *bag, basket, box, cage*.
c) Zusammenstellung von Aussagen zum Thema *What can a pet do?* mit Verben aus dem Text, z. B. *A dog/cat can bark/run/sit/watch TV/play/understand his name/catch mice.*

6 (gelber Kasten) Die Schüler machen Aussagen über ihr eigenes Lieblingstier, zuerst mündlich, dann evtl. auch schriftlich. Die Arbeit kann durch Tafelanschrieb gesteuert werden, wobei nützliche Redemittel aus den Stellungnahmen im Text zusammengestellt werden, z. B.
*... is my favourite pet.*
*A ... can run/play/ ...*
*I haven't got a .../I've got a ...*
*His/Her name is ...*
*He's/She's four.*
*He's/She's a clever ...*
*... are good pets. They're very nice.*

▷ Workbook, Seite 17, Übungen 9a, 9b (Wiederholung von *have got/has got* bzw. *haven't got/hasn't got*)

☐ Erarbeitung von Aussagen zum Thema *My favourite magazine/TV programme/book/teacher/day is ...* (vgl. S. 102 des Schülerbuchs).

**Seite 39**

**Übungen**

1. Wiederholung des *present progressive*.
   Mit z. T. in Unit 4 eingeführten Verben werden Aussagen im Singular und Plural gefestigt. Evtl. Probleme bereiten könnte
   a) der Wegfall des *e*: *ride – riding*;
   b) die Verdoppelung der Konsonanten: *run – running*.
   Weitere Beispiele bereits bekannter Verben:
   a) *come, take, shine*;
   b) *swim, sit*.

   ☐ Abwandlungsmöglichkeiten:
   a) *Is John running? – No, he isn't.*
      *Is he riding a bike? – Yes, he is.* usw.
   b) *What's John doing? – He's riding a bike.*
      *What are Alice and Mark doing?* usw.
   c) *Who's riding a bike? – John.* usw.

   Lösungen:
   *Alice and Mark are buying a cat.*
   *Simon is catching a ball.*
   *Rex and Blackie are running after a car.*
   *Snoopy is barking at the TV.*
   *Jane and Mary are playing with a hamster.*

2. Bitten um Erlaubnis mit *Can I . . .?*
   Diese Art von Bitten wurde bereits in 4a (S. 33) mit den Verben *have* und *go to* eingeführt. In dieser Übung werden ähnliche Sätze mit anderen Verben gebildet.

   Lösungen:
   1. *Can I watch TV?*
   2. *Can I ride your bike?*
   3. *Can I go to the baths?*
   4. *Can I read your magazine?*
   5. *Can I paint my bike?*

3. Festigung der Präpositionen.

   Lösungen:
   2. *Liz is playing with Simon.*
   3. *Harry and Dave are at the baths.*
   4. *Sam is going to the shops.*
   5. *Snoopy is running after Lulu.*
   6. *Ann and Sally are at the cinema.*
   7. *Mr Peel is in the garden.*
   8. *Mrs Green is taking her dog for a walk.*

4. Übungen zu *There's a/There are some . . .*
   Es empfiehlt sich, zuerst die Sätze mit *There's a . . .* zu bilden, danach die Pluralaussagen mit *There are some . . .*

   Lösungen:
   *There's a budgie/cage/boy/record-player/window/newspaper/pen.*
   *There are some magazines/books/records.*

   ☐ Abwandlungsmöglichkeiten:
   a) *Where's the budgie? – It's in the cage.*
      *Where are the records/cassettes?*
   b) *Is the pen on the record-player? – No, it isn't.*
      *Is it on the table? – Yes, it is.*
      *Are the records on the record-player?*

▷ Workbook, Seite 18, Übungen 10, 11, 13 (Rätselartige Wortschatzübungen)
Bei Übung 10 muß die Bedeutung von *20p* erklärt werden, wenn die Schüler danach fragen.
▷ Workbook, Seite 18, Übung 12 (Festigung der Wortstellung in verschiedenen Satzmustern)

**Sounds**

Hier wird die unterschiedliche Aussprache der *s*-Endung des Plurals geübt. △ Zu beachten ist der Sonderfall *house/houses*, um die richtige Aussprache [-zɪz] einzuschleifen und dem Fehler [-sɪs] vorzubeugen.

▷ Text-Cassette/Tonband, *Sounds*

## Seite 40

### Say it in English

In diesem Abschnitt werden zwei Strukturen, die getrennt voneinander eingeführt worden sind, unter pragmalinguistischen Gesichtspunkten miteinander in Verbindung gebracht. *Can I have the ..., please?* verwendet man, um um etwas zu bitten, was präsent ist. (Es entspricht somit etwa *Can you pass me the ..., please?*) *Have you got a ...?* wurde bereits in Unit 2 eingeführt, um nach Besitz zu fragen. In den hier dargestellten Situationen wird dasselbe Sprachmittel (unter Hinzufügung von *please*) gebraucht, um jemanden zu bitten, einem etwas zu leihen. *Have you got a ..., please?* kam in diesem Sinne bereits im Einführungskurs (E3) vor. An den Beispielen wird außerdem die Verwendung von bestimmtem und unbestimmtem Artikel deutlich. *Can I have the lemonade, please?* (= Limonade ist zu sehen), dagegen *Have you got a ruler, please?* (= Lineal ist nicht zu sehen).

| | | |
|---|---|---|
| **Sprech-** | Um etwas bitten, was man sieht. | *Can I have the book, please?* |
| **absichten** | Um etwas bitten, was man nicht sieht. | *Have you got a book, please?* |
| **Wortschatz** | lemonade | |

**Weg**

1 Einführung der Wendung *Can I have the ..., please?* mit Gegenständen in der Klassensituation. Der Lehrer verdeutlicht durch Zeigen bzw. Ausstrecken der geöffneten Hand, daß ihm der genannte Gegenstand gereicht werden soll.

2 Falls noch nicht bei S. 33, Schritt 2, geübt, übernehmen Schüler Kurzdialoge nach dem Muster:
S1: *Can I have the pen, please?*
S2: *Here you are.*
S1: *Thank you.*

3 Einführung von *Have you got a ..., please?* in Realsituationen, z. B.
*I haven't got a ruler. John, have you got a ruler, please?*

4 Schüler führen Kurzdialoge durch, z. B.
S1: *Have you got a red pencil, please?*
S2: *Yes, here you are.*
S1: *Thank you. Have you got a black felt-tip, please?*
S2: *No, sorry.*
Die Farben wurden in E2 eingeführt und können hier kurz wiederholt werden. Falls nicht mit dem Einführungskurs gearbeitet wurde, lassen sie sich durch die bekannten Adjektive *black* und *new* ersetzen.

5 Durchnahme der Übung im Schülerbuch. Lösungen:
1. *Have you got a box, please?*
2. *Can I have the newspaper, please?*
3. *Have you got a magazine, please?*
4. *Can I have the ball, please?*
5. *Have you got a pencil, please?*

### Activity

Der Vorschlag ähnelt dem im Schülerbuch auf S. 22 gegebenen, allerdings mit dem Unterschied, daß die Schüler nicht mehr zeichnen, was sie sprachlich ausdrücken können, sondern daß sie Bildmotive auswählen, zu denen sie etwas schreiben können. Dabei lassen sich einfache Sprachmuster zur Beschreibung von Gegenständen (vgl. Beispiel *What's in the pencil-case?*), die direkte Rede (vgl. Beispiel *Here's a policeman*) oder kurze Bild- bzw. Situationsbeschreibungen (vgl. Beispiel *It's Saturday*) erarbeiten.

---

### Diktatvorschlag

*My pet is a small, white dog. His name is Tim. He has got a basket in my room, but the basket isn't very good. Tim can have a new basket. There are some nice baskets at the pet shop. Mum is buying it on Saturday.*

Wahlweise kann der Lehrer ein Diktat zum Thema *Our pets* einsetzen, das aus den Kurztexten auf S. 38 entwickelt wird. Siehe auch die Hinweise zu Klassenarbeiten im Vorwort, S. 13 f.

# Unit 5

Das Leben zu Hause am Beispiel der Familie Peel ist inhaltliches Thema dieser Unit. Dabei geht es sowohl um das Teilen der Aufgaben im Haushalt als auch um ein Problem in der Familie.
Als wichtige sprachliche Funktionen werden behandelt: Ausdrücken einer Verpflichtung, Zustimmen und Widersprechen, Aussprechen von Verboten und Ausdrücken von Wünschen.

## Step 5a

**Sprech-** S. 41 Sagen, was jemand tun muß. *Harry has got to help in the kitchen.*
**absichten** Sagen, was jemand nicht zu tun braucht. *He hasn't got to clear the table.*
Fragen, ob jemand etwas tun muß. *Have you got to help at home?*

### Seite 41

**Strukturen** **I've got to/He has got to...**: Die Struktur wurde anstelle von *must* gewählt, weil sie in den meisten Fällen dem heutigen Sprachgebrauch entspricht. *Must* ist dagegen nur in einigen Situationen angebracht: "If I say that you or I *must* do something, I probably mean that *I* feel it is necessary. *Have (got) to* is generally used to talk about obligations that come from 'outside'. (...) I probably mean that another person wants it done, or that there's a law, a rule, an agreement, or something of the kind." (M. Swan: *Practical English Usage*, Oxford University Press, 1980). Vorteilhaft für den deutschen Schüler ist, daß durch die Verwendung von *have got to* die Schwierigkeiten mit den verneinten Formen *mustn't* und *needn't* umgangen werden. *Have got to* wurde statt *have to* gewählt, weil es eher dem *colloquial style* entspricht und die Fragebildung und Verneinung mit *do* vermeidet.

**Wortschatz,** **help, at home** (vgl. die bereits bekannten Wendungen *at work, at school*), kitchen, **lay the table** (*table*
**Wendungen** E2), **clear the table, make the bed, dry the dishes** (*dishes* = Geschirr), **wash the dishes, wash**;
**why** (vgl. Übersicht der *wh*-Fragewörter auf S. 102 des Schülerbuchs), **because, only** (= erst)

**Weg** 1 Einführung des neuen Wortschatzes aus dem Bereich „Arbeit zu Hause". Dabei können die meisten Tätigkeiten gestisch verdeutlicht und, wo möglich, in Gruppen zusammengefaßt werden, z. B. *lay/clear the table, dry/wash the dishes, wash the dishes/car:*
*I'm at home. I'm not at school. I'm helping at home/in the kitchen. Look! Here's a table. I'm laying the table. I'm...*

☐ Ratespiel zur Übung der neuen Wendungen. Der Lehrer, später ein Schüler, stellt durch Gesten eine Handlung dar und fragt *What am I doing?* Die Schüler raten:
*Are you washing the dishes? – Yes, I am.*

2 Einführung von *I've got to...:*
*I'm at home. I can't go to the park/ride my bike. I've got to wash the dishes. I've got to...*

3 (Bildleisten) Übung der Aussagen mit *I've got to...* durch die Äußerungen von Harry und Einführung von *I haven't got to...* Anschließend Vervollständigen der Aussagen von Jane. Die Initialen identifizieren die Kinder.

☐ In lernschwächeren Gruppen sollte die Bedeutung der Initialen erklärt werden:
*What's the boy's name?... Yes, Harry Peel. Harry.* (Hervorhebung des ersten Buchstabens oder Zeichnung eines Schildes mit H an der Tafel) *H is for Harry. Look at the pictures.*

▷ Text-Cassette/Tonband, Exercise 1

4 (gelber Kasten) Die Transferphase wird durch Lehrerfrage eingeleitet; danach Schülerfragen und Partnerarbeit anhand des Sprachmaterials in den Bildleisten.
Die Schritte 1 bis 4 können durch den Einsatz der Arbeitsfolie vorbereitet werden.

▷ Arbeitsfolie 14
▷ Workbook, Seite 19, Übung 1a (Kurzantworten nach Fragen mit *Have you got to...?*)

5 (Mrs Peel) Einführung von *has got to* mit Hilfe der beiden Bildleisten. Zunächst Aussagen mit *Harry/He has got to...*, danach mit *Harry/He hasn't got to...* Anschließend Aussagen zu Jane und Robert.

☐ Ggf. Erweiterung durch *Has Harry/he got to help in the kitchen? – Yes, he has./No, he hasn't.* (entsprechend mit *Jane/she*)

6 (gelber Kasten) Transferphase, in der Schüler über die Aufgabenverteilung in der eigenen Familie sprechen (evtl. auch schriftlich).

☐ Ergänzungsmöglichkeit: *go to work* (vgl. Unit 2: *at work*), *clean the bike/garage, repair the...*

▷ Workbook, Seite 19, Übung 1b (Aussagen mit *has got to/hasn't got to*; danach Transferübung: Aussagen mit *I've got to.../I haven't got to...*)

**Seite 42**

Bereits in 3c wurden Redemittel eingeführt, die für einfache Einladungen gebraucht werden: *I'm going to the baths. Are you coming?* Mit der Struktur *can*, die seit Unit 4 bekannt ist, wird nunmehr eine weitere Möglichkeit für Aufforderungen (bei etwas mitzumachen) bereitgestellt. Gleichzeitig erweitert die neue Struktur *have got to* die Antwortmöglichkeiten, die in Unit 3 dargeboten wurden: Die Verhinderung durch eine Verpflichtung wird als Grund für die Ablehnung stärker betont.

**Struktur** We've got to . . .

**Wendung** Can you help me with my homework? (Als Wendung behandeln; *help, homework* sind bekannt; *object case pronouns* werden erst in Unit 8 zusammenfassend eingeführt.)

**Weg** 1 (obere Bildgruppe) Anwendung von *have got to* in einer Situation:
*Ann can't understand her homework. She says, "Can you help me with my homework, Harry?" Harry says, "Not now. I've got to dry the dishes."*
Fortführung mit Pat *(repair my bike)* und Penny *(clean my room)*. Anschließende Übung mit Liz und Pete *(wash the car)*, Dave und Sally *(wash the dishes)*, Sam und John *(go to the shops)*.
Dabei Einführung von *We've got to* . . .

☐ Wiederholung der „Telefonate", jedoch mit veränderter Reihenfolge der Bilder:
*Hallo, Penny. Can you help me with my homework? – Not now. I've got to clean my room.*

☐ Ggf. weitere Festigung von *has got to:*
*Has Pat got to dry the dishes? – No, she hasn't. Has she got to repair her bike? – Yes, she has.*

2 (obere Bildgruppe) Einführung von Fragen mit *What has/have . . . got to do?*

☐ Festigung von *why* und *because:*
*Why can't Harry help Ann? – Because he has got to dry the dishes.*

3 (mittlere Bildgruppe) Freie Übung mit bekanntem Wortschatz. Die Orte und deren Piktogramme sind aus 3b (S. 26) bekannt. Die Schüler antworten auf die Einladungen mit Aussagen nach dem vorgegebenen Muster.

Folgende Kombinationen sind mit dem bisher eingeführten Wortschatz möglich und können in lernschwächeren Gruppen ggf. an die Tafel oder auf eine Folie geschrieben werden:
– clean the flat/the balcony/the garage/my room/my bike/a window
– repair my cassette-recorder/a cassette/my bike/my record-player
– wash the dishes/the car
– paint the garage/my bike/the balcony/a box
– buy a newspaper/cassette/magazine/book/pen/record
– go to school/the library/the zoo/the cinema/the shops/the park

☐ Erweiterung der Antworten in leistungsstärkeren Gruppen durch *prepositional phrases*, z. B. *with my mother, for my sister.*

▷ Workbook, Seite 20, Übungen 2a, 2b
Übung 2a dient der Kontrastierung von *have got to* und *has got to* in Aussagen. Sie bereitet 2b vor, in der komplexere Äußerungen in einem situativen Kontext (telefonische Einladungen) verlangt werden.

4 (Übersicht) Zusammenfassung der neuen Struktur, dabei Zuordnung der Pronomen zu den Formen *have got to/has got to*. Ein vollständiges Verbparadigma mit allen Personen findet sich im Workbook auf Umschlagseite 3.

### Seite 43

**Struktur** You've got to . . .

**Wortschatz** decorate;
wall, **door**, ceiling, **bottle**, (gleichzeitig Einführung von *a bottle of*), paint-cleaner, roller, **paint-brush**, paint (Substantiv; als Verb aus 3a bekannt)

**Weg**

1 Einführung des neuen Wortschatzes. *Wall, door* und *ceiling* können im Klassenzimmer gezeigt oder durch eine einfache Tafelzeichnung verdeutlicht werden (vgl. Schülerbuch, S. 102). Einführung von *paint, roller, paint-brush, bottle of paint-cleaner* mit dem Buch oder durch Tafelzeichnung:
*My room isn't very nice. I've got to decorate it. I've got to buy . . .*

2 (Strip) Die Bildreihe führt in die Thematik ein. *You've got to clean it* und *You can decorate it* („du mußt" – „du darfst") werden gegenübergestellt. Auf die Verwendung des Personalpronomens *it* in der Objektform *(You've got to decorate it)* sollte nicht eingegangen werden.

3 (mittlere Bildgruppe) Festigung der neuen Substantive und Anwendung in häufigen Zusammensetzungen mit bekannten Verben. Das Personalpronomen *you* in diesen Aussagen entspricht dem deutschen „man".

4 (gelber Kasten) Transferübung in Partnerarbeit.

5 (Lied) Das Lied ist eine Abwandlung des bekannten englischen Kinderliedes *Here we go round the mulberry bush* mit einem Text aus dem Wortschatzbereich dieser Unit. Es wird gerne mit Gestik begleitet, indem die Handlungen des Textes von den Schülern vorgeführt werden.

▷ Text-Cassette/Tonband, Aufnahme des Liedes

☐ Erweiterung des Liedtextes durch andere Begriffe, z. B. *Now we've got to clean the flat/wash the dog/carry a box/hurry up/read a book/wash the car.*

▶ Schülerbuch, Seite 49, Übung 1

---

**Rätsel**

*Here are my letters:*
*One is in do, but not in zoo.*
*Two is in Tom, but not in Tim.*
*Three is in no, but not in yes.*
*Four is in rain, but not in sun.*
*I'm in a room. What am I?*

*Here are my letters:*
*One is in brother, but not in mother.*
*Two is in dad, but not in mum.*
*Three is in Sunday, but not in Monday.*
*Four is in book, but not in biro.*
*Five is in where, but not in why.*
*Six is in cat, but not in car.*
*I'm in a pet shop. What am I?*

Neuer Wortschatz: *letter* (= Buchstabe)

Die Lösung des ersten Rätsels ist *door*, die des zweiten *basket*. Die Wörter ergeben sich durch das Herausschreiben der Buchstaben, die das jeweils erste Wort nicht mit dem zweiten gemeinsam hat.

Wurden in 3b bei der Einführung von Absichtserklärungen mit dem *present progressive (I'm going to the baths)* die sprachlichen Mittel bereitgestellt, sich zu einer damit verbundenen Aufforderung zum Mitmachen zu äußern, so wird in diesem Step eine weitere wichtige sprachliche Funktion behandelt: das ablehnende oder zustimmende Reagieren auf die Absichtserklärungen eines anderen und das Unterbreiten von Gegenvorschlägen.

**Sprech-** S. 44 Einer Idee zustimmen. *Fine! White walls are nice.*
**absichten** *White walls? That's a good idea!*
Von einer Idee abraten. *Don't paint the walls white.*
Von einer Idee abraten und einen *Don't paint it blue. Paint it*
Gegenvorschlag unterbreiten. *green.*

**Seite 44**

**Struktur** **Don't . . .:** Der verneinte Imperativ wird im Zusammenhang mit der seit 3a bekannten Imperativform eingeführt. Eine besondere Bewußtmachung dürfte deshalb nicht erforderlich sein. Der verneinte Imperativ wird der kommunikativen Funktion „Von einer Idee abraten" zugeordnet; seine Verwendung als Befehl („Du darfst nicht . . .") wird in Übung 4, S. 49, verdeutlicht.
⚠ Ein Ausrufezeichen nach *Don't . . .* ist nur bei nachdrücklichen Befehlssätzen erforderlich.

**Wortschatz,** **next, weekend** (⚠ Betonung ['wiːkˈend] beachten), **white** E2, **Fine!, That's a good idea!, blue** E2;
**Wendungen** **yellow** E2, **litre** (Wendung *a litre/two litres of* analog zu *a bottle of* einführen. Farbe – wie auch andere Flüssigkeiten – wird in Großbritannien inzwischen nach *litres* und nicht mehr nach *pints/gallons* verkauft.)

**Weg** 1 (oberes Bild) Das Szenenbild stellt die Redemittel im Zusammenhang mit einer Situation vor:
*The Peels are in their new house. They've got to decorate a room next weekend. Mr Peel says, "I'm painting the walls white." That's his idea. But is it a good idea? Mrs Peel says, . . .*

2 Ordnen der sprachlichen Mittel (evtl. an der Tafel) nach Vorschlag/positive Reaktionen/Gegenvorschlag. Hierfür kann auch die Übersicht von S. 45 vorgezogen werden.

3 (Hauptbildgruppe) Üben der sprachlichen Reaktionsmöglichkeiten:
*And Harry's room? Harry has got to decorate his room. His friend Dave King is in the room, too. What are Harry's ideas? Harry says, "I'm painting the walls yellow." Dave says, "Don't paint the walls yellow. Paint the walls white."*
Weitere Lösungen (die bildlichen Vorgaben für die Reaktionen Daves finden sich in der rechten Spalte):
*I'm painting the ceiling white. – Fine! White ceilings are nice./A white ceiling? That's a good idea!*
*I'm painting the doors blue. – Fine! Blue doors are nice./Blue doors? That's a good idea!*

*I'm buying one litre of blue paint. – One litre of blue paint? That's a good idea.*
*I'm buying one bottle of paint-cleaner. – Don't buy one bottle of paint-cleaner. Buy two bottles (of paint-cleaner).*
*I'm buying a roller. – Don't buy a roller. Buy a paint-brush.*
*I'm going to Jackson's shop. – Don't go to Jackson's shop. Go to Lee's shop.*
Selbstverständlich sind auch Zustimmungen wie *OK* oder *All right* akzeptabel.
Die Schritte 1 bis 3 können durch den Einsatz der Arbeitsfolie vorbereitet werden.

▷ Arbeitsfolie 15

☐ In leistungsstärkeren Klassen kann man – evtl. mit Hilfe von Tafelzeichnung, Folie oder sprachlicher Vorgabe – auch eine aus Schritt 3 abgewandelte Übung entwickeln, z. B.
*I haven't got a pet. I'm buying a dog. – Fine! Dogs are nice (pets)./A dog? That's a good idea!/Don't buy a dog, buy a cat.*
Folgende Haustiere sind seit Unit 4 bekannt: *dog, cat, rabbit, hamster, budgie, goldfish.*

## Seite 45

**Wortschatz** week, **green** E2, **brown** E2, **red** E2

**Weg** **1** (obere Seitenhälfte) Hier soll ein Dialog analog dem auf S. 44 zwischen Harry und Dave nachgespielt werden. Obwohl beinahe dieselben sprachlichen Äußerungen gefordert werden und die Form der visuellen Stimuli den Schülern inzwischen vertraut ist, stellt diese Übung höhere Anforderungen, da beide Rollen von Schülern zu übernehmen sind. Falls die Erarbeitung des Dialogs zwischen Sally und Dave nicht unmittelbar nach der Übung auf S. 44 erfolgen kann, empfiehlt es sich, eine kurze Wiederholungsphase voranzustellen. Die Reihenfolge der Vorschläge und der Antworten darauf ist beliebig.
Dialogbeispiel:
*I'm painting the walls brown. – Fine! Brown walls are nice.*
*I'm buying a paint-brush. – Don't buy a paint-brush. Buy a roller.*

**2** (gelber Kasten) Für die Transferphase wird der aus 3b, S. 27, bekannte Sprechanlaß aufgegriffen und mit den in diesem Step neuen Elementen kombiniert. Die Antwortvorschläge sind gegenüber der vorigen Übung etwas abgewandelt, um beispielsweise Reaktionen wie *Don't go to the cinema. Come to the zoo* zu ermöglichen.

In lernschwächeren Gruppen können bekannte Tätigkeiten vorgegeben werden (Tafel, Folie):
*I'm cleaning a (the/my) room/balcony/garage/bike.*
*I'm going to the zoo/cinema/library/youth club/baths/shops.*
*I'm reading a book/magazine/newspaper.*
*I'm buying a pen/book/calculator/dog/cat/...*
*I'm repairing my bike.*
*I'm painting my (the) bike/balcony/garage.*
*I'm riding my bike.*
*I'm swimming.*
*I'm playing with my dog/brother/...*

**3** (Übersicht) Weitere bekannte Redemittel können ggf. hinzugefügt werden: *All right, OK, good, terrific; Oh, no. That isn't nice/That isn't a good idea/That's a terrible idea. Come to my house* (= Komm zu mir nach Hause) ist als Wendung anzusehen.

▶ Schülerbuch, Seite 49, Übungen 4, 5

Wegen ihrer Häufigkeit und Nützlichkeit in einer Reihe von Alltagssituationen wird die Form *would like* bereits im ersten Band des Lehrwerks eingeführt. Sie sollte auf dieser Lernstufe selbstverständlich nicht als *conditional form* dargestellt und auf andere Verben übertragen werden. Nach der Einführung zuerst in einer Einkaufssituation werden weitere Formen auf S. 47 behandelt. In 8c wird dann *would like to* eingeführt, nachdem *would like* ausreichend gefestigt worden ist.

| | | |
|---|---|---|
| Sprech-<br>absichten | S. 46 Fragen, ob man behilflich sein darf.<br>Sagen, was man haben möchte.<br>S. 47 Fragen, ob jemand etwas haben möchte.<br>Ein Angebot ablehnen.<br>Ein Angebot annehmen. | *Can I help you?*<br>*I'd like four litres of yellow paint.*<br>*Would you like some cakes?*<br>*No, thank you.*<br>*Yes, please.* |

**Seite 46**

Struktur  **I'd (= I would) like . . .:** Die Langform braucht bei der Behandlung dieser Seite noch nicht erklärt zu werden. ⚠ Da Schüler erfahrungsgemäß dazu neigen, das *'d* wegzulassen, sollte besonders auf die Aussprache dieser Endung geachtet werden.

Wortschatz, Wendungen  **you** (= dir, Ihnen), **Here you are** E4 (Diese Wendung wird manchmal – aber keineswegs immer – gebraucht, wenn etwas überreicht wird. Hier wird sie jedoch verwendet, um dem in diesem Zusammenhang falschen *please* – als Übertragung aus dem Deutschen – beim Nachspielen der Situation vorzubeugen.), **Anything else?** (als Wendung behandeln; evtl. Hinweis auf deutsches „Sonst noch etwas?")

Weg

1 Einführung von *I'd like . . .* und *Here you are* in einer Einkaufssituation, die der Lehrer herstellt, indem er einen Laden mit Gegenständen aus dem Klassenzimmer aufbaut: *Here's a shop. What has the shop got? It has got some pens, some felt-tips, some pencils, . . .*
Einführung von *I'd like . . .*:
*I haven't got a pen. I'm going to the shop. I'm in the shop. I've got to say, "I'd like a pen, please."*
Nach Einführung von *Here you are* (gestisch verdeutlichen) können Schüler die Rollen in kurzen „Einkaufsgesprächen" übernehmen:
S1: *(Good morning.) I'd like a biro, please.*
S2: *Here you are.*
S1: *Thank you.*

2 (oberer Seitenteil) Analog zu den in Schritt 1 eingeführten Kurzdialogen können die Gegenstände auf Harrys Einkaufsliste zuerst einzeln verlangt werden. Dazu kann die Liste an die Tafel geschrieben werden. Danach wird ein Dialog entwickelt, in dem alle Gegenstände „gekauft" werden.

☐ Übertragungsmöglichkeit: Entwicklung ähnlicher Gespräche anhand von anderen „Einkaufslisten" (Tafel, Folie). Mögliche Gruppen: *pen, pencil, biro* usw.; *paint, paintbrush, roller* usw. Die Schüler können auch ihre eigenen Einkaufszettel schreiben.

▶ Schülerbuch, Seite 49, Übung 2

3 (unterer Seitenteil) Behandlung entsprechend Schritt 2. Dabei können in der ersten Phase ein Gegenstand, in der zweiten Phase mehrere Gegenstände nacheinander, anschließend mehrere Gegenstände aneinandergereiht (*a box of pencils and a biro*) verlangt werden.

## Seite 47

**Strukturen**

**Would you like ...? – Yes, please./No, thank you.** Die situativ angebrachte Antwort auf die Frage *Would you like a/some ...?*, wenn etwas angeboten wird, ist *Yes, please./No, thank you* und nicht die formal-grammatisch korrekte *Yes, I would./No, I wouldn't.* Deutsche Schüler machen häufig den Fehler, daß sie statt *No, thank you* nur *Thank you* sagen, weil sie es aus ihrer Muttersprache gewohnt sind. Eine solche Antwort kann jedoch leicht zu Mißverständnissen führen, da im Englischen *Thank you* auch ein Zeichen des Annehmens ist. In Fragen, die Angebote sind *(Would you like some cakes?)*, wird *some* und nicht *any* verwendet.

**He'd/She'd** (= He would/She would) **like ...; Harry would like ...**

**a packet/glass/cup of – some:** *Some* und die Fügungen mit *of* werden hier im Zusammenhang mit Angeboten angewendet. *Some* (bekannt seit 4a) ist nur bei Substantiven in der Mehrzahl zu gebrauchen; die Einführung von *some* bei Unzählbarem erfolgt erst in Band 2.

**Wortschatz**

**cake** (gemeint sind hier die kleinen englischen Kuchen); **sandwich** (⚠ Aussprache ['sænwɪdʒ] beachten), **biscuit** (Wegen der Verwechslung des deutschen Wortes Keks mit *cake* entweder *cake* und *biscuit* mit Tafelbild verdeutlichen oder auf die Illustration des Buches hinweisen.), **packet** (= Paket, Packung, Tüte), **crisp**, **glass**, **milk**, **cup**, **tea**

**Weg**

**1** Einführung von *Would you like ...? – Yes, please./No, thank you* in der Klasse. Vorzugsweise sollte die Darbietung mit ein paar Äpfeln, kleinen Süßigkeiten (*sweets*), Keksen, Bildern o. ä. erfolgen.

**2** (Strip) Darbietung der Frageform *Would you like ...?* in einer Situation. Mögliche Fragen zu den Bildinhalten:
*Where's Harry? Who's in the room, too? What are they doing? What's Harry doing? What's Dave doing? What has Dave got? What has Harry got? Who has got some cakes?*

**3** (mittlere Bildgruppe) Je nach Leistungsstärke der Schüler bieten sich für diese Übung verschiedene Möglichkeiten an. Bei lernschwächeren Gruppen kann die Rolle von Mrs Peel vom Lehrer übernommen werden, wobei die Fragen zuerst nur an Harry, anschließend an Dave zu stellen sind:
L: *Look at the picture.*
  *Would you like some cakes, Harry?*
S: *No, thank you.*
L: *Would you like some biscuits?*
S: *Yes, please.*
In anderen Gruppen können alle Rollen von Schülern übernommen und die Fragen beiden Jungen gestellt werden:
S1: *Would you like some cakes, Harry?*
S2: *No, thank you (, Mum).*
S1: *Would you like some cakes, Dave?/And you, Dave?*
S3: *Yes, please (, Mrs Peel).*

▷ Text-Cassette/Tonband, Exercise 2

**4** (mittlerer Übungsabschnitt) Anhand der Vorgaben der mittleren Bildgruppe Einführung der Frage *What would ... like?* und der Aussagen mit *He'd like ...* Vervollständigen der zusammenfassenden Sätze des Schülerbuchs.

▷ Text-Cassette/Tonband, Exercise 3
▷ Workbook, Seite 21, Übung 3 (Einkaufsgespräche nach dem Muster von S. 46 unter Anwendung des neuen Wortschatzes aus 5c)
▷ Workbook, Seite 22, Übung 4 (Festigung von Fragen mit *Would you like ...?* in verschiedenen Situationen)
▷ Workbook, Seite 22, Übung 5 (Aussagen mit *He'd/She'd like ...*)

**5** (erste Übersicht) Hier werden die bisher eingeführten Aussagen mit *would like* zusammengefaßt. Die Langform wird in der Verwendung nach Eigennamen gezeigt, die in der Umgangssprache immer noch relativ häufig ist, im Unterschied zu den gebräuchlichen Kurzformen nach Pronomen.

▶ Schülerbuch, Seite 49, Übung 3

**6** (zweite Übersicht) Die Verwendung von *of* nach *glass/packet/cup/box/bottle/litre*, die in 5b-c eingeführt wird, ist hier zusammengefaßt.

☐ Die Übersicht kann Ausgangspunkt für Wortschatzarbeit (evtl. an der Tafel) sein, wobei weitere mögliche Inhalte den Behältnissen zugeordnet werden, z. B. *a glass of milk/lemonade; a box of pencils/paint-brushes/cassettes/books/...*

**7** Übung der *of*-Fügung mit Hilfe von Folien oder Tafelbild (ggf. *flash cards*) bei geschlossenen Büchern.

**Seite 48**

Finanzielle Engpässe in der Familie Peel bilden den Hintergrund für die beiden Gespräche in diesem Dialogtext: Jane Peel muß sich mit der Tatsache abfinden, daß nicht alle materiellen Wünsche erfüllt werden können.

**Wortschatz, Wendungen**

cupboard (⚠ Aussprache [ˈkʌbəd] beachten. Obwohl *cup* schon bekannt ist, wird davor gewarnt, die Schüler auf die Elemente des Kompositums hinzuweisen, da so Aussprachefehler nur schwer vermieden werden können.), **thing, everything**; **with** (= bei), **job** (hier: Beruf, Arbeitsstelle), **yourself** (Nur vokabelmäßig behandeln. Es handelt sich hier um das Identitätspronomen, nicht um das gleichlautende Reflexivpronomen, z. B. *Don't do yourself an injury.*), **expensive**, Well, . . ., **make**

**Weg**

Zur Arbeit mit Texten und Dialogen siehe auch Vorwort, S. 17 ff.

1 Einführung des neuen Wortschatzes. Es empfiehlt sich, wegen der im Dialog vorkommenden Abkürzung *DIY* das englische Alphabet zu wiederholen, das zuerst im Einführungskurs behandelt wurde.

2 Darbietung des Dialogtextes über Tonträger. Dabei bietet sich eine getrennte Behandlung der beiden Kurzdialoge an. Eine kurze Einführung durch den Lehrer erleichtert das Verständnis der Tonaufnahme:
*The Peels are in their new house. Jane Peel is with her father.*
*Jane Peel is with her brother, Harry. They're in Harry's room.*

▷ Text-Cassette/Tonband

3 Lesen des Textes im Buch. Überprüfen des Verständnisses durch Fragen:

*What would Jane like?*
*Can Mr Peel buy a cupboard?*
*Why?*
*Has Jane got a job?*
*Can she buy a good cupboard?*
*Who has got a good idea?*
*Where can Jane buy a cupboard?*
*Can Jane make a cupboard?*
*Can she paint a cupboard?*
*Has Harry got the paint?*
*Is a blue and yellow cupboard nice?*

4 Lesen mit verteilten Rollen. Übergang zum szenischen Spiel.

☐ Abwandlung des Textes durch Austausch einzelner Wörter:
*The Hills have got a new flat.*
*John Hill would like a cupboard for his books.*
*His mother can't buy a cupboard.*
*Ann Hill says there are good cupboards at Lee's shop.*
*She has got green and black paint.*

---

**Lernspiel**

*Make a crossword:* Die Schüler werden in zwei Mannschaften eingeteilt. Der Lehrer zeichnet ein „Gitter" an die Tafel und gibt darin ein längeres Wort vor. Abwechselnd fügen nun die Schüler ein neues Wort hinzu, wobei mindestens ein Buchstabe eines vorhandenen Wortes waagerecht oder senkrecht verwendet werden muß. Nebeneinanderliegende Buchstaben müssen ebenfalls ein Wort ergeben. Für jeden Buchstaben eines eingesetzten Wortes erhält die Mannschaft einen Punkt.

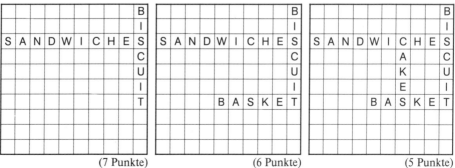

Lehrerhandbuch zu ENGLISH H · Neue Ausgabe, Band 1

**Seite 49**

Übungen **1a** Kontrastierung *has got – has got to.*

Lösungen:
1. *Sally has got to clean her bike.*
2. *Our teacher has got a new car.*
3. *Mr Brown has got to buy a new car.*
4. *He has got a black dog.*

**1b** Kontrastierung *hasn't got – hasn't got to.*

Lösungen:
1. *John can't come because he hasn't got a bike.*
2. *My brother hasn't got to make his bed.*
3. *The youth club hasn't got a good record-player.*
4. *My friend hasn't got to help at home.*

**2** Festigung von *I'd like . . .* und von Zusammensetzungen mit *of.*

Lösungen:
*I'd like two bottles of lemonade.*
*I'd like two packets of biscuits.*
*I'd like two boxes of cakes.*
*I'd like four packets of crisps.*
*I'd like one bottle of milk.*

**3a** Wiederholung von Aussagen mit *haven't got/ hasn't got.*

Lösungen:
2. *She hasn't got a cassette-recorder.*
3. *He hasn't got a calculator.*
4. *She hasn't got a car.*
5. *They haven't got a garage.*
6. *He hasn't got a bike.*

**3b** Festigung von *He'd/She'd/They'd like . . .*
Auch für diesen Übungsteil wird die Bildleiste herangezogen. Um die Lernschwierigkeiten zu isolieren, wurde auf die Zusammensetzung der Aussagen aus a und b in einem Übungsschritt verzichtet.

Lösungen:
2. *She'd like a cassette-recorder.*
3. *He'd like a calculator.*
4. *She'd like a car.*
5. *They'd like a garage.*
6. *He'd like a bike.*

**4** Verwendung von *Don't . . . !* in Befehlen.
Die Infinitivformen sind vorgegeben.

☐ Fragen nach dem Muster:
1. *What are the boy and the girl doing? – They're playing (in the house).*

Lösungen:
2. *Don't talk here!*
3. *Don't ride here!*
4. *Don't run here!*
5. *Don't paint here!*

**5** Wiederholung der Kurzantworten.
Die Beantwortung der Fragen 1-4 erfolgt auf der Grundlage der vorgegebenen Anfänge, während die Beantwortung der Fragen 5-8 eine Kenntnis der Handlungen der Unit voraussetzt.

Lösungen:
3. *No, it hasn't.*   6. *No, she isn't.*
4. *Yes, they have.*   7. *Yes, I am.*
5. *No, they aren't.*   8. *Yes, I can.*

▷ Workbook, Seite 23, Übung 6 (Zusammenfassende Übung mit den neuen Sprachmitteln der Unit; Transferübung)
▷ Workbook, Seite 23, Übungen 7a, 7b (Wortschatzübungen: Farben) Vor Bearbeitung von Übung 7b können die Schüler das Bild nach den Zahlenangaben bunt ausmalen.

**Sounds**

Hier werden vier weitere Vokale geübt. Die phonetischen Zeichen [ɒ] und [ʊ] aus der 14. Auflage des *English Pronouncing Dictionary* ersetzen die bisher gebräuchlichen Zeichen [ɔ] bzw. [u].
⚠ Aussprache von *your* [jɔː] beachten. Die von Schülern häufig gebrauchte Aussprache [jʊə] ist im Englischen selten.

▷ Text-Cassette/Tonband, *Sounds*

## Seite 50

### Say it in English

In diesem Abschnitt wird die Sprachfunktion „Jemandem etwas anbieten", die zuerst in 5c dargestellt wurde, erweitert. Dabei werden die beiden Strukturen *would like* und *can*, die in getrennten Units eingeführt wurden, unter kommunikativem Gesichtspunkt miteinander in Verbindung gebracht.

| Sprech-absichten | Jemandem etwas zu essen oder zu trinken anbieten. | *Would you like a cup of tea?* *Can I give you a cup of tea?* |
|---|---|---|
| | Jemandem erneut etwas zu essen oder zu trinken anbieten. | *Would you like another cup of tea?* *Can I give you another cup of tea?* |

**Wortschatz, Wendungen**  **Can I give you...?** (Nur als Wendung behandeln. Wegen der Komplexität der *object case*-Pronomen soll sie hier nicht auf weitere Personen übertragen werden.), **another** (kann durch Beispielsätze eingeführt werden: *Can I have a pencil, please? Can I have another pencil, please? I've got two pencils here. Here's one pencil. Here's another pencil.*)

Lösungen:

1. *Can I give you/Would you like a sandwich? - Yes, please.*
   *Can I give you/Would you like another sandwich? - Yes, please.*
2. *Can I give you/Would you like a glass of milk? - Yes, please.*
   *Can I give you/Would you like another glass of milk? - No, thank you.*

▷ Arbeitsfolie 16 (Festigung der in diesem Abschnitt dargebotenen Sprechabsichten)

### Activity

Wenn die Arbeit nicht im Werkunterricht oder bei ähnlicher Gelegenheit ausgeführt wird, bietet sie sich für zu Hause an. Das Vorhandensein solcher „Ordnungstafeln" wird mancher Mutter oder manchem Vater willkommen sein. Auch weitere Fächer sind dabei denkbar, etwa für *biros* und *rulers* oder für andere Gegenstände, deren englische Bezeichnungen hier eingeführt werden müßten, z. B. *pencil-sharpener, paper clips, coloured pencils, scissors, ink cartridges, glue*.

---

### Diktatvorschlag

*Mr and Mrs Best are at the library. Mrs Best would like some books. Mr Best would like a record. Pat and Simon are at home. They've got to wash the dishes. But they aren't washing the dishes now. They're watching TV. They've got some crisps and a bottle of lemonade, too.*

# Unit 6

In dieser Unit werden erste Redemittel dargeboten, die zur Verwirklichung von Sprechabsichten aus den Bereichen Freizeitbeschäftigung und Arbeitswelt erforderlich sind. Grammatisch stehen dabei Aussagen im *simple present* im Mittelpunkt. Während sie hier mit Bezug auf gewohnheitsmäßige oder wiederkehrende Handlungen eingeführt und geübt werden, erfolgt in Unit 7, nach einer Ergänzung mit *frequency adverbs*, eine Kontrastierung mit dem *present progressive*. Fragen mit *do/does* und die Verneinung mit *don't/doesn't* werden erst in den Units 9 und 10 eingeführt. Um die Unterscheidung zwischen *simple present* und *present progressive* im Anfangsstadium des Unterrichts nicht zu erschweren, wird auf die Verwendung des *simple present* zur Darstellung von Handlungsabläufen *(narrative use)* verzichtet. In der ersten Unit von Band 2 des Lehrwerks werden alle *simple present*-Formen wiederholt und gefestigt.

## Step 6a

Da dieser Step dem Thema „Hobbys" gewidmet ist, wird als Ausgangspunkt eine typische Erscheinung des englischen Schullebens genommen: die freiwilligen Clubs und Arbeitsgemeinschaften. In ihnen gehen die Schüler, allein oder beraten durch Lehrer, nach Schulschluß ihren Interessen nach. Die Clubs werden in Zusammenarbeit von Lehrern und Schülern organisiert.

**Sprechabsichten** S. 51 Auskunft über eine Freizeitbeschäftigung geben. *I collect stamps.*
Regelmäßig wiederholte Handlungen nennen. *We meet every Tuesday.*

**Seite 51**

**Struktur** **I/We/They make models (every Thursday):** In diesem Step werden nur Aussagen im *simple present* ohne *s*-Endung eingeführt; Aussagen mit *he/she* folgen in 6c. Um Fehlern bei der *s*-Endung vorzubeugen, ist behutsames Vorgehen und die Isolierung der Schwierigkeiten wichtig.

**Wortschatz, Wendungen** **club** (Wegen der Ähnlichkeit zum Deutschen kann eine Erklärung entfallen. ⚠ Aussprache [klʌb] beachten.), **model, table-tennis, stamp, collect, take photos, meet** (hier: sich treffen)

**Weg**

1 Die Einführung der Wörter *model, stamp* und *photo* sowie der Aussagen *I make models/collect stamps/take photos* erfolgt zweckmäßigerweise mit Realgegenständen, z. B.
*Here's a model. It's a model car. I can make model cars. I make model cars at home.*

2 (obere Seitenhälfte) Vermittlung des Wortschatzes und Darstellung der Situation:
*Park School has got clubs for pupils.*
*There's a model club. There's a ...*

3 (obere Seitenhälfte) Erarbeitung von Aussagen über die Clubs im *simple present*:
*Some pupils make models. They meet every Tuesday. Some pupils play ...*

☐ Bei lernschwächeren Schülern können zuerst nur die Aussagen über die Tätigkeiten verlangt werden:
*Pupils in the model club make models. And pupils in the table-tennis club? – They play ...*
Danach Aussagen über die Club-Termine:
*Pupils in the model club meet every Thursday.*
*Pupils in the table-tennis club meet ...*

▷ Text-Cassette/Tonband, Exercise 1

4 (untere Seitenhälfte) Aussagen in der 1. Person über Hobbys und Club-Mitgliedschaft.

Die Informationen über die Treffpunkte der Clubs sind der Anschlagtafel zu entnehmen:
*Here's Sam Cooper. Sam says, "I collect stamps. I go to the stamp club. We meet in room five."*
*Pat Best says, "I play table-tennis. I go to the table-tennis club. We meet in room three."*
*And Dave King? – Dave says, "I make models. I go to the model club. We meet in room eight."*
*Liz Dean says, "I play table-tennis. I go to the table-tennis club. We meet in room three. I take photos, too. I go to ..."*

☐ Bei lernschwächeren Schülern können als Zwischenstufe zuerst nur Aussagen über die Hobbys gemacht werden:
*Sam Cooper says, "I collect stamps."*
*And you, Pat? – I play table-tennis.*
*And you, Dave? – I make ...*
Die Schritte 1 bis 4 können durch den Einsatz der Arbeitsfolie vorbereitet werden.

▷ Arbeitsfolie 17

☐ Als Erweiterung schreiben leistungsstärkere Schüler Werbetexte für die Clubs, z. B.
*Come to the model club! It's terrific! We make lots of models. We meet in room 8 every Thursday.* Zusammen mit Illustrationen können daraus Plakate angefertigt werden.

**Seite 52**

Nach dem Einstieg über *school clubs* in die Thematik der Unit werden hier mit einigen Ergänzungen die Redemittel zusammengefaßt, die es den Schülern ermöglichen, einfache Auskünfte über ihre eigene Freizeitbeschäftigung zu geben. Da die Umschreibung mit *do* vorerst noch vermieden werden soll, wird als Frage *What's your hobby?* verwendet.

**Wortschatz** hobby (⚠ Das Wort dürfte den Schülern bekannt sein, jedoch muß auf die englische Schreibweise der Pluralform *hobbies* hingewiesen werden. Weitere bereits bekannte Substantive auf *y*, das im Plural zu *-ies* wird, sind: *family, balcony, library.*), **learn**, **judo**, **football**, **coin**

**Weg** 1 (obere Seitenhälfte) *Look at the pictures. The boys and girls have got hobbies.*
*What's your hobby, Dave? – I learn judo.*
*What's your hobby, Sally? – I play football. I collect coins, too.*
*What's your hobby, Sam? – I read books. I play football, too.*
*What's your hobby, Pete and Liz? – We ...*

☐ In leistungsstärkeren Gruppen können im Rollenspiel einfache Dialoge zwischen Kindern aus der Bildserie, z. B. Dave und Harry, entwickelt werden:
Harry: *What's your hobby, Dave?*
Dave: *I learn judo.*
Harry: *I've got a hobby, too.*
Dave: *Oh, yes? What is it?*
Harry: *I take photos.*

▷ Workbook, Seite 24, Übung 1 (Festigung von Aussagen im *simple present*)
▷ Workbook, Seite 24, Übung 2 (Längere Äußerungen mit *every Tuesday/Wednesday/...*)

2 (gelber Kasten) In der Transferphase geben die Schüler Auskunft über ihre eigenen Interessen. Dabei sind viele Aussagen durch ein Kombinieren der Satzanfänge und der Bilder möglich. Auf einer Folie oder an der Tafel können auch weitere bekannte Sprachmittel zusammengefaßt werden, z. B.
*I play with my dog/cat/...*
*I ride my bike.*
*I swim.*
Um alle Hobbys der Schüler in der Klasse benennen zu können, sind u. U. weitere Bezeichnungen einzuführen, z. B. *play handball, collect postcards/posters, knit, paint.*
Mit dem letzten Satzmuster im gelben Kasten, *I go to a... club*, können einige Schüler ergänzende Informationen geben.

☐ In leistungsstärkeren Gruppen können die Aussagen (auch schriftlich) erweitert werden, z. B.
*I go to a football club. We meet at the park. We play every Wednesday.*

☐ Weitere Sprachmittel, die zum Thema *My Hobby* bereits zur Verfügung stehen und für kurze schriftliche Stellungnahmen vorgegeben werden können:
*It's a good/terrific/nice hobby.*
*I do it in my room/in the park.*
*I've got lots of ...*
*I do it/go every Monday/...*
*The club is in ...*
*It's my favourite hobby.*
*... is my favourite book/cassette/...*
*My dog/cat/... is/isn't very clever.*

3 (Übersicht) Hier werden *simple present*-Aussagen mit *I/they/we* gezeigt. Die in der Kommunikation weniger häufigen Aussagen mit *you* wurden aus Gründen der Übersichtlichkeit nicht aufgenommen, können aber vom Lehrer bei einer Zusammenfassung im Unterricht hinzugefügt werden. Falls erforderlich, sollte darauf hingewiesen werden, daß die Aussagen mit *they* und *we* durch entsprechende Namenskombinationen oder Substantive ersetzt werden können, z. B. *Ann and Pat, the girls, my friend and I, my sisters and I.*
Es ist nicht ratsam, schon hier eine Kontrastierung mit dem *present progressive* vorzunehmen. Sie erfolgt in Unit 7, nachdem die Aussagen im *simple present* genügend gefestigt sind. Eine Erweiterung der einfachen Angaben zur Funktion des *simple present*, die sich in dieser ersten Zusammenfassung auf Hobbys beschränkt, wird in späteren Übersichten (S. 55, S. 63, S. 80, S. 90, S. 93) vorgenommen.

## Seite 53

Auf dieser Textseite werden nicht nur Aussagen über Hobbys im *simple present* gemacht – wie in 6a –, sondern es sind auch andere den Schülern bekannte Sprachmittel einbezogen. Thematisch stellt die Seite ein Bindeglied zwischen den Steps a und c dar, denn im folgenden Step sollen gewohnheitsmäßige Handlungen am Beispiel des Arbeitsalltags gezeigt werden. Jedem auf dieser Seite genannten Hobby wird ein mit ihm zusammenhängender Beruf zugeordnet.

*Plane spotting* ist in Großbritannien sowohl bei Jungen als auch bei Mädchen eine beliebte Freizeitbeschäftigung, die inzwischen noch weiter verbreitet sein dürfte als das Sammeln von Lokomotivnummern. Die Flugzeugnummern werden entweder in Heften notiert oder in besonderen Katalogen unterstrichen. Der Buchstabe N ist die Nationalitätsbezeichnung für die USA. Manche Enthusiasten auf den Zuschauerterrassen verfolgen sogar über Radioempfänger die Gespräche zwischen Pilot und Kontrollturm.

Jugendliche Leser haben Gelegenheit, sowohl aus der *school library* (geöffnet während der Mittagspause und nach Schulschluß) als auch aus den *junior libraries* der sehr gut besuchten britischen öffentlichen Büchereien Lesestoff zu entleihen.

Fußballfans sammeln *posters, programmes* und *autographs* und besuchen regelmäßig die Spiele ihrer Mannschaft. Sie tragen auch, wie in Deutschland, Schals in den Farben der Mannschaft und kaufen die runden *rosettes* (im Foto an der Wand), die angesteckt werden. Die Fans sind in sog. *supporters' clubs* organisiert.

**Wortschatz** airport, **plane**, **number** E4 (ggf. aus der Unterrichtssprache bekannt), **interesting** (⚠ Aussprache ['ɪntrɪstɪŋ] beachten), jumbo jet (umgangssprachliche Bezeichnung für das 428-sitzige Flugzeug Boeing 747), **work**, **an** (Der Vergleich *a – an* kann schwerpunktmäßig nach Behandlung dieser Seite erfolgen; vgl. Übersicht S. 54);
science-fiction

**Weg** Zur Arbeit mit den Texten siehe auch Vorwort, S. 17 ff.

1 Die Texte werden paarweise gelesen oder vom Tonband vorgespielt.
Die Möglichkeit, Verständnisfragen zu stellen, ist begrenzt, da Fragen im *simple present* noch nicht verwendet werden können. Auch Fragen zur Bildbeschreibung (z. B. *What are the boys doing?*) sollten wegen der Verwechslung mit der gerade erst eingeführten *simple present*-Form vermieden werden.
Mögliche Fragen:
*What's the boys' hobby?*
*What's N 654 PA?*
*What are the girl's favourite books?*
*Where can she go for books?*
*What's the boy's hobby?*
*Where can he play football?*
*Can he watch football, too?*

▷ Text-Cassette/Tonband
Zur Charakterisierung sind die Situationen, in denen die Kinder zu ihren Hobbys und die Erwachsenen zu ihrem Beruf Stellung nehmen, bei den Tonaufnahmen mit Geräuschen unterlegt. In Abschnitt 1 ist z. B. Flugzeuglärm zu hören, in Abschnitt 2 ist die Atmosphäre der Bibliothek durch die gedämpfte Stimme der Bibliothekarin gekennzeichnet. Abschnitt 3, mit den Geräuschen von Kindern beim Fußballspielen, endet mit dem Ruf des Lehrers: *Hey, you boys. What are you doing over there?*

2 Ggf. Anlaß zur Entwicklung eigener Kurztexte, z. B.
*I read lots of books. My favourite books are cowboy books. I go to the library every week. They've got books and magazines.*
*I play football in the park. I watch football on TV (on* in diesem Zusammenhang neu!*) . . . is my favourite club. They're terrific.*
In leistungsschwächeren Gruppen sollten Stichworte und Mustersätze vorgegeben werden.

▷ Workbook, Seite 24, Übung 3, und Seite 25, Übung 4 (Weitere Festigung von Aussagen im *simple present* zum Themenbereich „Hobbys"; Transferübung)

**Step 6c**

Während 6b „Freizeit" und „Arbeitswelt" thematisch verband, werden hier sprachliche Mittel für Aussagen über Berufe und den Ablauf eines Arbeitstages bereitgestellt. In 10c-d werden sie erweitert, um den Schülern ähnliche Aussagen über den Schulalltag zu ermöglichen. Schwerpunkt im grammatischen Bereich ist die Einführung der 3. Person Singular im *simple present*.

| Sprechabsichten | | | |
|---|---|---|---|
| | S. 54 | Nach dem Beruf fragen. | *What's Jane Peel's job?* |
| | | Sagen, was jemand beruflich tut. | *She sells books.* |
| | S. 55 | Die Uhrzeit sagen (viertel Stunde). | *It's quarter past/to eight.* |
| | | Die Uhrzeit sagen (halbe Stunde). | *It's half past eight.* |
| | | Einen Tagesablauf beschreiben. | *He starts work at eight o'clock.* |

**Seite 54**

**Strukturen** **Jane Peel's job:** Die Verwendung des *'s* als Zeichen der *possessive form* ist seit 2a bekannt, blieb aber auf Vornamen beschränkt *(John's father)*. Hier erfolgt die Einführung bei Familiennamen. Die Einführung der Pluralform (z. B. *the Greens' house*) ist an dieser Stelle nicht vorgesehen.

**She sells books:** Die 3. Person Singular des *simple present* wird hier nur in Verbindung mit *he/she* gezeigt, auf S. 55 dann mit Namen. Die *s*-Endung bereitet erfahrungsgemäß vielen Schülern über längere Zeit Schwierigkeiten. Es wäre jedoch falsch verstandene Fehlertoleranz, wollte man sich damit abfinden, zumal später die Verwendung von *do/does* bei Frage und Verneinung auf der Aussageform aufbaut.

**a – an:** Zum erstenmal kam *an* in 6b vor, jetzt wird auf die entsprechende Regelhaftigkeit hingewiesen. Die traditionelle „Vokalregel" sollte nicht vermittelt werden, da sie sich auf Buchstaben und nicht auf Laute bezieht (vgl. *an uncle*, aber *a uniform*). Parallel dazu können die Aussprachevarianten [ðə] – [ðiː]/[ðɪ] behandelt werden (siehe dazu den Kommentar zu S. 58).

**Wortschatz** **sell, office;**
**housework** (⚠ Ggf. auf den Unterschied *do the housework/homework* hinweisen.)

**Weg** 1 (Bildreihe) Es empfiehlt sich, die Berufe zuerst ohne Fragestellung zu beschreiben. Die Schüler sprechen die Aussagen nach: *Jane Peel sells books. Mr Best works in an office. Mrs Best makes bikes. Mrs Peel works in a cinema. Mr King paints houses. Mrs Dean cleans offices. Mr Dean repairs cars.*

▷ Arbeitsfolie 18

☐ In leistungsstärkeren Gruppen können Schüler *point of view*-Berichte geben, z. B. *I'm Harry Peel. My mum works in a cinema. My dad ... My sister ...* (ähnlich mit Pat Best, Dave King und Liz Dean).

☐ Zur Festigung der neu eingeführten 3. Person können von Schülern gestellte „Rätselfragen" dienen:
*He paints houses. What's his name? – Mr King.*
*She makes bikes. What's her name? – Mrs Best.*

2 (Bildreihe) Mit Hilfe der *substitution table*, in der die Verbformen mit *s*-Endung vorgegeben sind, beschreiben die Schüler die Berufe:
*What's Jane Peel's job? – She sells books.*
*What's Mr Best's job? – He works ...*
⚠ Bei dieser Übung gilt es, den Beruf zu beschreiben, nicht das Bild. Wegen der Abgrenzung zum *present progressive* werden in der Bildfolge die Personen in ihrer beruflichen Umgebung dargestellt, ohne daß sie die jeweilige Handlung ausführen. Es wird davon abgeraten, *simple present* und *present progressive* schon jetzt durch Aussagen wie *Jane Peel sells books, but she isn't selling a book now* zu kontrastieren.
Die Schritte 1 und 2 können durch den Einsatz der Arbeitsfolie vorbereitet werden.

▷ Text-Cassette/Tonband, Exercise 2

3 (gelber Kasten) Die Angaben sollten sich nach Möglichkeit auf allgemeine Formulierungen wie *in an office/a shop* beschränken (*factory* kann eingeführt werden). Auch *He works for BT Liftbau* wäre denkbar.

▷ Workbook, Seite 26, Übungen 5, 6 (Aussagen zum Beruf, zuerst mit *He works ...*, danach mit anderen Verben)

4 (Übersicht) An Beispielen wird die Verwendung von *an* gezeigt. Dazu kann erklärt werden, daß sich durch *an* Ausspracheschwierigkeiten beheben lassen bzw. die Flüssigkeit des Sprechens verbessert wird. Den Schülern sind bisher nur wenige Wörter bekannt, denen *an* vorangestellt werden muß: *expensive; airport, afternoon, evening*.

▷ Workbook, Seite 26, Übung 7 (Festigung der Verwendung von *a/an*)

**Seite 55**

Die Darbietung der Uhrzeit und das Übungsangebot beschränken sich auf halbe und viertel Stunden, um die Lernschwierigkeiten geringer zu halten. Die volle Stunde ist bereits seit 4b bekannt, die Einführung der restlichen Formen und die Zusammenfassung erfolgen in 8a.

**Wortschatz, Wendungen**

**quarter past** (*quarter past/to* statt *a quarter past/to* entspricht neuerem englischen Sprachgebrauch), **half past** (△ Auf die unterschiedliche Bedeutung von *half past two* und „halb zwei" hinweisen; zur Verdeutlichung siehe auch Abbildung auf S. 104 des Schülerbuchs.), **quarter to**; **till, at** (bei Zeitangaben), **leave** (*leave home* = von zu Hause weggehen. *Home* ist seit 5a aus der Wendung *at home* bekannt.), **arrive** (*arrive home* = nach Hause kommen), **work** (Substantiv; *at work* seit 2b bekannt), **start** (*start work* = mit der Arbeit beginnen), **finish** (△ *finish – finishes* beachten. Weitere bisher bekannte Verben, die die 3. Person Singular mit *-es* bilden: *catch, wash, watch.*)

**Weg**

1 Einübung der Uhrzeiten (viertel und halbe Stunden) mit Hilfe von Arbeitsfolie, Pappuhr (Haftbildelement, selbstgebastelt), Spielzeuguhr oder Arbeitsbogen (Uhrzeitangabe vorgeben, Zeiger einzeichnen; Zeigerstellung vorgeben, Uhrzeitangabe eintragen).

▷ Arbeitsfolie 12
Die Uhr wird mit zwei Zeigern geliefert.

2 (Uhrenleiste) Übersicht der neu eingeführten Zeitangaben in chronologischer Reihenfolge.

3 (mittlere Bildgruppe) Beschreibung der Tagesabläufe, dabei Einführung des neuen Wortschatzes (evtl. Verdeutlichung von *leave/arrive home* durch Tafelzeichnung):
*Mr Hill is a teacher. He works at a school.*
*Mr Hill leaves home at quarter past eight. He arrives home at quarter . . .*
*Mrs Peel works in a cinema. Mrs Peel leaves home at . . .*
*Mrs Best makes bikes. Mrs Best leaves home at . . .*

☐ Die Unterscheidung von *a.m/p.m.* und Kennzeichnungen wie *in the morning/afternoon* werden hier noch ausgeklammert, um die Lernschwierigkeiten zu reduzieren. In leistungsstärkeren Gruppen können sie jedoch hinzugefügt werden, z. B.
*Every week/day Mr Hill leaves home at quarter past eight in the morning. He arrives home at quarter past five in the afternoon.*

☐ Weitere Übungsmöglichkeit: Angaben in der Tagesabfolge bringen *(leaves home, starts work, finishes work, arrives home).*

4 (gelber Kasten) Die Schüler berichten über die Tagesabläufe ihrer Eltern. Dabei sollten Zeitangaben auf die volle, viertel oder halbe Stunde abgerundet werden. Die Wendung *at about . . .* kann eingeführt werden.

☐ In lernschwächeren Klassen können die Aussagen getrennt voneinander geübt werden. Zuerst machen die Schüler alle Aussagen mit *My father . . .*, danach mit *My mother . . .*

▶ Schülerbuch, Seite 58, Übungen 1, 2
▷ Workbook, Seite 27, Übungen 8, 9, und Seite 28, Übung 10 (Festigung von Aussagen über sich regelmäßig wiederholende Tätigkeiten unter Verwendung des *simple present* und der 3. Person Singular)

5 (Übersicht) Im ersten Teil werden Beispiele des *simple present* sowohl nach Namen als auch nach Pronomen und Substantiven gegeben. Die Sätze der linken Spalte zeigen die Verwendung der Zeitform zur Beschreibung von zeitlich nicht näher bezeichneten Handlungen (z. B. Hobbys), wobei Name, Pronomen *he* und Substantiv Subjekt des Satzes sind. Die mittlere Spalte zeigt beispielhaft die Verwendung des *simple present* für Angaben zum Beruf, und die rechte Spalte verdeutlicht die Verwendung für sich wiederholende Handlungen mit Zeitangaben, insbesondere nach einem unpersönlichen Subjekt *(the club/it).* Diese Unterscheidungen sollten den Schülern aber nur in Ausnahmefällen oder gar nicht bewußtgemacht werden. Im zweiten Teil der Übersicht wird auf die *s*-Endung besonders hingewiesen.
Hilfreich können auch Gegenüberstellungen an der Tafel sein, z. B.

a) *I*
   *You*
   *We*          | *work in a shop.*
   *They*
   *Bob and John*

   *He*
   *She*         | *work**s** in a shop.*

b) *They sell books.*   *He sell**s** books.*
                        *Bob sell**s** books.*
                        *She sell**s** books.*

c) *The boys*           *He make**s** models.*
   *make models.*       *John make**s** models.*

# Step 6 d

Lehrerhandbuch zu ENGLISH H · Neue Ausgabe, Band 1

**Seite 56/57**

Der vorliegende Text ist wesentlich länger als seine Vorgänger in früheren Units. Er bietet somit die Möglichkeit zum extensiven Lesen oder Hören, kann aber auch in kleineren Teilen behandelt werden. Der Step setzt sich aus zwei Textsorten zusammen: dem Brief und dem mündlich gegebenen Bericht. Abgesehen davon, daß einige Vokabeln einzuführen sind, bringt der Text keine neuen sprachlichen Schwierigkeiten. Die Schüler werden mit einem Thema konfrontiert, das viele von ihnen interessieren dürfte. Obwohl ein Beruf gewählt worden ist, der bei vielen – wie anfangs auch bei Ann Green (vgl. Brief) – als „Traumberuf" gilt, wird anhand des Tagesablaufs gezeigt, daß beim näheren Hinsehen der Glanz trügt: Nach dem frühen Aufstehen folgen für Dave Sales ein nicht sonderlich interessanter Vormittag und ein Nachmittag, der wieder dem Abhören von Schallplatten gewidmet werden muß. Zum Schluß stellt auch Ann fest, daß der Beruf doch nicht so interessant ist.

Es sollte unter allen Umständen vermieden werden, diesen Text „durchzunehmen". Die Schüler erproben an ihm, was sie bisher gelernt haben, und fühlen sich vielleicht zu Fragen angeregt. Verständlicherweise mögen sie dabei ins Deutsche ausbrechen; der Lehrer sollte jedoch bemüht sein, in der Fremdsprache zu reagieren. Wesentlich ist, daß die zentralen Informationen erfaßt werden und die Schüler ein motivierendes Hör-/Leseerlebnis bekommen.

**Wortschatz, Wendungen**

letter, **Dear**... (als Briefanrede), report, **about**, disc jockey ("DJ"), **radio**, **meet** (seit 6a bekannt; hier: treffen), pop star (wird keiner besonderen Einführung bedürfen), Yours,... (familiäre Schlußformel eines Briefes);
get up, **toast** (Wegen der Ähnlichkeit zum Deutschen kann eine Erklärung entfallen. ⚠ Aussprache [təʊst] beachten.), on his car radio/on his programme (Neu ist hieran nur die Zusammensetzung mit der Präposition *on*.), in the morning (= morgens, früh; *morning* ist seit 3a bekannt), **time** (dürfte aus der Wendung *What time is it?* bekannt sein), news, **nice** (seit 2b bekannt; hier: gut), joke

**Weg**

Zur Arbeit mit den Texten siehe auch Vorwort, S. 17 ff.

**1** (Einleitender Text, Brief) Darbietung des Textes mit dem Buch oder vom Tonträger. Mögliche Verständnisfragen:
*What's "Jim's Jobs"? – A TV programme.*
*Who can make programmes with Jim? – Boys and girls.*
*Has Jim got a letter from Liz Dean? – No, he hasn't.*
*Has he got a letter from Ann Green? – Yes, he has.*
*What's Ann's favourite job? – Disc jockey.*
*Why is it her favourite job?/Why is it a nice job?*
*– DJ's have got lots of records/can play their favourite records/meet pop stars.*
*Who's Ann's favourite DJ? – Dave Sales.*
⚠ Auch hier sollte noch vermieden werden, Fragen mit *do/does* zu stellen, da sie erst in Unit 9 eingeführt werden.

**2** (Hauptbericht) Wegen seiner Länge sollte der Text zuerst abschnittsweise behandelt werden, wobei sich die Länge der Abschnitte nach der Leistungsstärke der Klasse und dem angestrebten Lernziel (Globalverständnis, Detailverständnis) richtet. Für die Bearbeitung dürfte folgende Aufteilung nützlich sein:
a) Einleitung. Der Weg zur Arbeit (bis ... *City Radio, of course!*).
b) Der Vormittag (bis ... *half past ten*). Eine weitere Zäsur böte sich nach *The tea isn't very nice at City Radio!* an.
c) Nach der Arbeit.

**3** (Hauptbericht) Nach der Darbietung kann die Verständnisüberprüfung in verschiedener Form erfolgen:
a) durch Fragen zum Inhalt wie bei Schritt 1;
b) durch Lückentexte mit Sätzen aus dem Text, die ggf. leicht abgewandelt werden;
c) durch eine Zuordnungsaufgabe, bei der Zeitangaben in chronologischer Abfolge und Aussagen zeitlich vermischt vorgegeben werden, z. B.

| | |
|---|---|
| *Quarter past five* | *Dave starts work.* |
| *Quarter to six* | *Dave gets up.* |
| *Quarter to seven* | *He leaves home.* |
| *Seven o'clock* | *He starts work again.* |
| *Eight o'clock* | *It's time for the news.* |
| *Quarter past eight* | *The programme starts.* |
| *Half past ten* | *Dave arrives home.* |
| *Half past eleven* | *He finishes work.* |

▷ Text-Cassette/Tonband
Die Tonaufnahme ist als Hörspiel gestaltet. Neben Musik und Geräuschen, die die Situationen der Fernsehsendung untermalen, werden kurze Textüberleitungen gegeben, z. B.
a) zu Beginn von Daves Sendung, nach dem Zeitzeichen, die Ansage: *Hallo. Here's Dave Sales. The first record today is "Go Boy";*
b) um acht Uhr die Ansage: *And now it's 8 o'clock. Here's the news...;*
c) nach der Teepause: *Hallo. Here's Dave Sales again* und *Here's a good joke...;*
d) am Schluß von Daves Sendung: *So it's "Goodbye" from Dave Sales.*

▶ Schülerbuch, Seite 58, Übungen 3, 4

## Lernspiel

*Noughts and crosses:* Das Spiel kann als Lernspiel zur Festigung der Rechtschreibung eingesetzt werden. Dazu wird nach untenstehendem Muster ein Gitter an die Tafel gezeichnet. Jedes Feld des Gitters steht unter einem Thema.

| Hobbies | Jobs | Pets |
|---|---|---|
| At school | Days | Food |
| Colours | Family | What you do |

Neuer Wortschatz: *food*

Es werden zwei Mannschaften gebildet, von denen die Spieler nacheinander an die Reihe kommen, Kreuze *(crosses)* für die eine Mannschaft oder Kreise *(noughts)* für die andere in das Gitter zu zeichnen. Ziel des Spiels ist es, drei *noughts* oder *crosses* in einer Reihe – senkrecht, waagerecht oder schräg – zu sammeln. Die nachstehende Zeichnung gibt ein Schema für eine der Möglichkeiten, wie das Gitter während des Spielablaufs ausgefüllt werden kann.

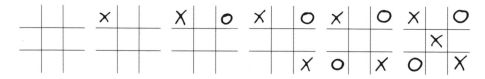

Wer ein Kreuz oder einen Kreis für seine Mannschaft setzen will, muß das Thema des entsprechenden Feldes (siehe oben) nennen. Der Lehrer – oder die andere Mannschaft – gibt ein Wort vor, das der Spieler richtig buchstabieren muß, um ein Zeichen eintragen zu können. Wer das begehrte Kästchen in der Mitte belegen will, muß zwei Wörter buchstabieren.

Folgende Wörter können zu den Themenbereichen erfragt werden:

| | |
|---|---|
| *Hobbies:* | stamps, models, photos, coins, books, table-tennis, tennis, football, judo |
| *Jobs:* | teacher, hairdresser, policeman, typist, disc jockey |
| *Pets:* | dog, cat, mouse, goldfish, budgie, hamster, rabbit |
| *At school:* | teacher, pupil, class, rubber, felt-tip, biro, pencil, ruler, pen, pencil-case |
| *Days:* | Monday, Tuesday, Wednesday, Thursday, Friday, Saturday, Sunday |
| *Food:* | biscuit, cake, sandwich, crisps |
| *Colours:* | red, blue, green, yellow, brown, grey, black, white |
| *Family:* | sister, brother, mother, father |
| *What you do:* | swim, buy, repair, ride, watch, play, run, wash, clean, paint, read, collect |

### Seite 58

**Übungen**

**1** Festigung von Aussagen im *simple present* (3. Person Singular und Plural). Dabei wird das Sprachmaterial aus 6a in Verbindung mit den neu eingeführten Uhrzeiten gebraucht.

Lösungen:
2. *Dave and Liz make models.*
   *They go to the model club.*
   *It starts at half past four.*
   *It finishes at quarter past six.*
3. *Pat plays table-tennis.*
   *She goes to the table-tennis club.*
   *It starts at five o'clock.*
   *It finishes at six o'clock.*
4. *Ann and Harry take photos.*
   *They go to the photo club.*
   *It starts at four o'clock.*
   *It finishes at quarter past five.*

**2** Wiederholung von Aussagen über die Arbeitsstätte mit gemischten Personalpronomen und der Verbform *work/works*.

Lösungen:
2. *She works in a shop.*
3. *They work in an office.*
4. *She works in a cinema.*
5. *He works in a school.*
6. *They work in a library.*

**3** Wortschatzübung, bei der die elementare Bildung von neuen zusammengesetzten Substantiven erfolgt. Solche Verbindungen mit *shop* sind im Englischen recht häufig.
⚠ Das hier verwendete Personalpronomen *you* entspricht dem deutschen „man".

☐ Weitere Zusammensetzungen, die erarbeitet werden können, sind z. B. *photo/model/TV shop*.

Lösungen:
2. *You buy records at a record shop.*
3. *You buy bikes at a bike shop.*
4. *You buy paint at a paint shop.*
5. *You buy pets at a pet shop.*
6. *You buy cakes at a cake shop.*

**4** Übung zur Fragebildung (gemischte Formen).

Lösungen:
1. *Is it for a big room?*
2. *Would you like 15 or 20 litres?*
3. *Are you painting the door?*
4. *Would you like a litre of white paint?*
5. *Would you like a roller?*
6. *Would you like a paint-brush?*

▷ Workbook, Seite 28, Übung 10 (Festigung von Aussagen im *simple present*)
▷ Workbook, Seite 28, Übung 11 (Wiederholung von Präpositionen)
▷ Workbook, Seite 28, Übung 12 (Wortschatzübung: Hobbys)

### Sounds

Der Abschnitt behandelt die beiden Diphthonge [əʊ], [aʊ], den Laut [ə] sowie die Unterscheidung [ðə] – [ðiː] (vgl. *a – an*, S. 54). ⚠ Bei den *phrases* mit [ðiː]/[ðɪ] sollte auf das *linking* mit dem vokalischen Anlaut des folgenden Wortes geachtet werden. Das Schülerbuch gibt die für die isolierte Nennung korrekte Form [ðiː]; in gebundener Sprache erscheint aber in der Regel [ðɪ].

▷ Text-Cassette/Tonband, *Sounds*

### Diktatvorschlag

*Mrs Best works in a factory. She makes bikes. She gets up at five o'clock. She finishes work at two o'clock and she goes to the shops. At four o'clock it's time for a nice cup of tea.*

## Seite 59

**Say it in English**

In diesem Abschnitt findet ein weiterer Aufbau der verfügbar zu machenden Unterrichtsphraseologie statt. (Bereits in 2e und 4e wurden erste Wendungen eingeführt.) Zur Verwendung von englischer Unterrichtsphraseologie durch den Lehrer vgl. Vorwort, S. 13.

**Sprechabsichten**

| | |
|---|---|
| Bitten, daß jemand etwas wiederholen soll. | *Can you say that again, please?* |
| Bitten, daß jemand etwas buchstabieren soll. | *Can you spell that, please?* |
| Bitten, daß jemand etwas erklären soll. | *Can you explain that, please?* |

**Wortschatz** **say, spell** E4, **explain**

**Weg**

1 Einführung der drei Wendungen mit Hilfe des Schülerbuchs.

☐ In leistungsstärkeren Gruppen können weitere Sprachmittel gegeben werden:
*Can you say/play/read that again, please?*
*Can you spell/write that, please?*
*I can't understand that. Can you explain that/ the exercise/the homework, please?*

2 Erarbeitung der Beispiele im Schülerbuch:
1. *Can you explain that, please?*
2. *Can you spell that, please?*
3. *Can you say that again, please?*

3 Die Wendung *Can you spell..., please?* läßt sich in einem Lernspiel üben. Zwei Mannschaften stellen einander das Buchstabieren englischer Wörter als Aufgabe, z. B.
S1: *Can you spell "garage"?*
S2: *G-a-r-a-d-*
S1: *No, that isn't right. "Garage" is g-a-r-a-g-e.*

Für jede richtige Antwort erhält die Mannschaft 2 Punkte. Für jede falsche Antwort erhalten die Fragesteller 1 Punkt, wenn sie das Wort selbst richtig buchstabieren.

4 Unterrichtsphraseologie zum Gebrauch des Schülers kann auch im Vokabelheft gesammelt und gelegentlich ergänzt werden. Weitere bereits zur Verfügung stehende Mittel:

*I haven't got my ...*
*Have you got a ..., please?*
*Can I have a ..., please?*

*What's the homework, please?*
*What have we got to do for homework?*
*I haven't got my homework.*

*Have we got to do exercise ...?*
*Have I got to read it?*
*I can't do the exercise.*
*I can't understand the homework.*
*Can you help me with the exercise, please?*
*Sorry.*

**Activity**

Dieses in England beliebte Kinderspiel heißt *Fortune Teller* oder *Snap Dragon* (nach der gleichnamigen Blume „Löwenmaul").

**Wortschatz** **from** (in der Wendung *from 1 to 10*), **grey** E2

**Weg**

1 Es empfiehlt sich, die Sprüche in der Klasse zu erarbeiten bzw. zu sammeln, um auch schwächeren Schülern eine Chance zu geben. Weitere Vorschläge:
*Your jokes are terrible.*
*You've got to help me with my homework.*
*Your homework is terrific!*
*Clean your room.*
*You're a terrific/terrible pupil!*

2 Die *Snap Dragons* können auch zu Hause gebastelt werden. Wichtig ist, daß das verwendete Blatt Papier quadratisch ist.

3 Durchführung von Spieldialogen, z. B.
*What's your name? – Liz.*
(Fragesteller buchstabiert Namen, bewegt bei jedem Buchstaben einmal die Fächer.)
*Say a number from 1 to 10. – 5.*
(Fragesteller zählt bis fünf und bewegt die Fächer dabei insgesamt fünfmal.)
*Would you like red, blue, grey or green? – Green.*
(Fragesteller fragt nach den nunmehr sichtbaren Farben, klappt die gewünschte auf und liest vor: *You're a nice girl!*)
Zur Wiederholung der Farben siehe Übersicht auf S. 104 des Schülerbuchs.

# Unit 7

Unit 7 dient im wesentlichen der Festigung und Anwendung bisher gelernter sprachlicher Mittel. Es wird daher kaum Neues eingeführt. In 7a wird das *simple present* mit den Häufigkeitsadverbien *sometimes, often, never* geübt, die weiteren Steps sind der Kontrastierung von *simple present* und *present progressive* gewidmet. Da dem Lernenden erfahrungsgemäß die Unterscheidung dieser beiden Aspekte des Englischen große Schwierigkeiten bereitet – und dies nicht nur im Anfangsunterricht –, wurde das *simple present* drei Units nach dem *present progressive* eingeführt (Unit 6). Die Behandlung der Frage- und Verneinungsformen des *simple present* erfolgt erst später (Units 9 und 10).
Unter verschiedenen Aspekten sind „Ferienzeit und Reisen" Thema dieser Unit.

## Step 7a

Die Unit beginnt mit Möglichkeiten der Feriengestaltung zu Hause. Damit werden auch die Schüler angesprochen, die nicht in Urlaub fahren können.

**Sprechabsichten** S. 60 Sagen, wie oft man etwas tut. *I sometimes/often go to the park.*
Sagen, daß man etwas nie tut. *I never make models.*

**Seite 60**

**Struktur** **I sometimes/often/never read books:** Die Häufigkeitsadverbien werden wegen der unterschiedlichen Wortstellung getrennt von den Zeitbestimmungen eingeführt. Während adverbiale Bestimmungen der Zeit am Ende oder am Anfang eines Satzes stehen (den Schülern bekannt durch Aussagen wie *I go to school every morning*), stehen die Häufigkeitsadverbien in der Regel vor dem Verb. Sie können im Unterricht als Signalwörter für das *simple present* dienen.

**Wortschatz, Wendungen** **people, holiday** (⚠ *holiday* entspricht dem deutschen „Urlaub", „Ferien", „Feiertag". *Go on holiday* = in Urlaub fahren; *in the holidays* = in den Ferien), **stay** (hier: bleiben), **visit, place, often, never;** **sea, lie, on** E3, **beach, pier** (eigentlich „Landungssteg". Die hier gemeinten *piers* sind in vielen britischen Seebädern beliebte Einrichtungen mit Vergnügungsstätten wie Cafeteria, Theater usw.)

**Weg** 1 An der Tafel Sammeln von Vorschlägen zur Freizeitbeschäftigung, wenn die Ferien zu Hause verbracht werden.
*You haven't got to go to school. It's your holiday and you're at home. What can you do? – You can play in the park. You can go to the ...*
Dabei Einführung von *visit places.*

2 (obere Bildgruppe) Darbietung der Graphik:
*Some people stay at home in their holidays. What can they do? – They can visit places. They can play in the park. They can make models. They can go to the baths.*
Entsprechend den Beispielen zu Sam werden weitere Aussagen mit *often, sometimes, never* zu Ann und Harry gemacht:
*And Ann? Ann often visits places. She sometimes plays in the park. She sometimes ...*

▷ Text-Cassette/Tonband, Exercise 1

3 (gelber Kasten) Die Schüler berichten über ihre eigenen Gewohnheiten, wenn sie in den Ferien zu Hause bleiben. Mit Hilfe der vorgegebenen Beschäftigungen bilden sie Stellungnahmen mit *I often/sometimes/never ...*

☐ Weitere Möglichkeiten: *go to* (Ortsname), *visit the airport, make models, play football/table-tennis/records/with my cat, take photos.*

Die Schritte 1 bis 3 können durch den Einsatz der Arbeitsfolie vorbereitet werden.

▷ Arbeitsfolie 19

4 (untere Bildgruppe) Einführung des neuen Wortschatzes in Zusammenhang mit dem Plakat für Southend:
*Lots of people go on holiday. Some people go to Southend. Look at the poster. What can people do in Southend? – They can swim in the sea. They can lie on the beach. They can sit in the park. They can go on the pier.*

5 Übertragung der Aussagen auf die Coopers:
*And the Coopers? – The Coopers often go to Southend. They sometimes swim in the sea. They sometimes lie on the beach. They ...*

6 Transfer: Die Schüler sagen, was ihre Familie gerne im Urlaub unternimmt. Die Tätigkeiten des Plakats dienen als Vorlage:
*And your family? – We sometimes/often/...*
⚠ Fragen mit *do* sollten noch nicht verwendet werden.

▶ Schülerbuch, Seite 66, Übungen 1, 3
▷ Workbook, Seite 29, Übungen 1, 2 (Festigung von Aussagen mit *often, sometimes, never*)

# Step 7b

Lehrerhandbuch zu ENGLISH H · Neue Ausgabe, Band 1

In diesem Step findet eine erste Kontrastierung von *present progressive* und *simple present* statt, wobei die *progressive form* in ihrer Funktion zur Beschreibung einer noch andauernden Handlung verwendet wird. Es wird aus Gründen der Sprachauthentizität vermieden, Äußerungen der Art *What are you doing? – I'm watching TV. I often watch TV on Fridays* zum Mittelpunkt des Unterrichts zu machen. Vielmehr erfolgt die notwendige Kontrastierung durch eine Wiederholung und Festigung der bereits bekannten Sprachfunktionen. Auf die Verwendung des *simple present* für allgemeine Äußerungen (*Lots of people go on holiday. Some people go to Southend*, S. 60) folgt nun als Kontrast die Festigung der *progressive form* (*Mrs Cooper is on holiday with her family. It's Monday. The sun is shining*). Die kurze Übung *People on holiday in Southend* dient dazu, den Schülern die Gesetzmäßigkeit bewußtzumachen.

### Seite 61

**Wortschatz**  hotel

**Weg**

1  Wiederholung des Wortschatzes vor Behandlung der oberen Bildgruppe, z. B.
*We're at school. We aren't on holiday. You're sitting at school. The sun isn't shining. It's raining.*

2  (obere Bildgruppe) Wiederholung und Festigung des *present progressive*:
*Mrs Cooper is on holiday with her family. Look at the picture. She's on the pier. Sam, Mark and John Cooper aren't on the pier. They're in the sea. They're playing in the sea. The sun is shining. Mrs Cooper has got a postcard (postcard* sollte hier eingeführt werden). *We can read her postcard for her friend, Carol: "Dear Carol, It's Monday . . ."*
Erarbeitung der weiteren Texte für *Tuesday, Thursday, Saturday* und *Sunday.* Jeder Text besteht aus vier Sätzen nach demselben Muster:
*It's . . .* (Wochentag)
*The sun is shining./It's raining.*
*I'm sitting . . .* (Ort)
*The boys are . . .* (Tätigkeit)
Bei lernschwächeren Gruppen kann dieses Muster in Stichworten vorgegeben werden (Tafel, Folie).
*It's Tuesday. It's raining. I'm sitting in the hotel. The boys are watching TV.*
*It's Thursday. The sun is shining. I'm sitting in the park. The boys are playing football.*
*It's Saturday. It's raining. I'm sitting in the hotel. The boys are reading.*
*It's Sunday. The sun is shining. I'm sitting on the beach. The boys are playing in the sea.*

3  Falls erwünscht, kann hier eine Phase der Bewußtmachung eingeschoben werden. Dazu können die Übersichten auf S. 63 dienen. (Der Abschnitt „was jemand vorhat" sollte jedoch noch ausgeklammert bleiben.) Außerdem können die „Signalwörter" an der Tafel zusammengefaßt werden, z. B.

| (Tom reads books) | (He's reading a book) |
|---|---|
| sometimes | now |
| often | |
| never | |
| every day | |
| every week | |
| on Tuesday | |

▷ Workbook, Seite 30, Übung 3 (Kontrastierung von *simple present* und *present progressive*)
▷ Workbook, Seite 30, Übung 4 (Aussagen mit *I haven't got to . . .*)

4  (untere Bildleiste) Direkte Kontrastierung der beiden Zeiten. In lernschwächeren Klassen können zuerst nur die Aussagen im *present progressive* erarbeitet werden, bevor in einem weiteren Durchgang die Ergänzungen im *simple present* hinzugefügt werden:
*Elke and Gerd are lying on the beach. They lie on the beach every day.*
*Tanja is taking photos. She takes photos every day.*
*Gaby and Susan are playing table-tennis. They play table-tennis every day.*
*Mr and Mrs Bentley are sitting in the park. They sit in the park every day.*
⚠ Rechtschreibung beachten: *swim – swimming, lie – lying, take – taking, sit – sitting.*

☐ Abwandlungsmöglichkeiten:
a)  Vorgabe anderer Tätigkeiten in der *progressive form: playing in the sea, playing football, watching TV, sitting on the pier, visiting places.*
b)  Auswechseln der adverbialen Bestimmung: *often, sometimes, every week.*

▶ Schülerbuch, Seite 66, Übung 2
▷ Arbeitsfolie 20 (Festigung des *present progressive* und Kontrastierung mit dem *simple present*)

Bei der Kontrastierung von *simple present* und *present progressive* wurde in 7b die *progressive form* nur in ihrer Funktion, eine augenblickliche Handlung zu beschreiben, dargestellt. In diesem Step wird die zweite – seit 3b bekannte – Funktion dieser Zeit wieder aufgegriffen und mit dem *simple present* kontrastiert. Während auf S. 62 das *simple present* weiter gefestigt und das *present progressive* zum Ausdruck von Plänen wiederholt wird, werden auf S. 63 beide Formen in komplexeren Zusammenhängen in Verbindung gebracht.

### Seite 62

**Wortschatz, Wendungen**

in (vor Monaten), **January, February, March, April, May, June, July, August, September, October, November, December**, not many (*Lots of* und *some* sind bereits bekannt. Die drei Begriffe können an der Tafel nebeneinander graphisch verdeutlicht werden.);
Austria, **Britain**, Spain, Denmark, Yugoslavia, Italy;
**stay** (seit 7a bekannt; hier: wohnen), youth hostel, camp site, caravan site (*caravan* gleichzeitig einführen);
**Germany, this year** (Eine Zusammenfassung von Ausdrücken mit *this* zur Zeitbestimmung findet sich auf S. 105 des Schülerbuchs.)

**Weg**

1 Einführung der Monatsnamen, z. B. mit Hilfe eines nachgezeichneten Kalenders (Folie, Tafel).

2 (obere Seitenhälfte) Allgemeine Aussagen über Urlaubstermine: *Lots of people go on holiday in* . . . Die Schüleräußerungen hängen selbstverständlich von der Wohngegend, Ferienterminen usw. ab und können deshalb unterschiedlich ausfallen.
Aussagen über beliebte Urlaubsziele: *Some people go to Austria. Some people go to* . . .
Aussagen über Unterkunftsmöglichkeiten im Urlaub: *Some people stay at hotels. Some people stay at* . . .
Dabei werden die Symbole erarbeitet. Daß *GB* für *Great Britain* steht, kann erwähnt werden, jedoch mit dem Hinweis, daß in der Umgangssprache *Britain* üblich ist.

▷ Workbook, Seite 31, Übung 5a (Festigung von Aussagen im *simple present*)

3 (untere Seitenhälfte) Erarbeiten von Aussagen über Urlaubspläne, wobei die Symbole der oberen Seitenhälfte aufgegriffen werden: *Here are some boys and girls. They aren't on holiday now, but they're going on holiday this year. Look at number 1: I'm going to Spain. I'm going in June. I'm staying at a hotel.*
In lernschwächeren Gruppen können die Aussagen über Land, Monat und Unterkunft zunächst getrennt gemacht werden.

Bei den zusammenhängenden Äußerungen zu den einzelnen in der Graphik dargestellten Kindern und ihren Ferienvorhaben können Vorgaben an der Tafel hilfreich sein, z. B.
*I'm/We're going to . . .*
*I'm/We're going in . . .*
*I'm/We're staying at . . .*

☐ Abwandlungsmöglichkeit: Aussagen mit *He/She/They . . .*

4 (gelber Kasten) Nach dem Muster der vorangegangenen Übung berichten die Schüler über ihre eigenen Urlaubspläne. Aus Gründen der Wortschatzbegrenzung wurde nur eine kleine Auswahl beliebter Urlaubsländer eingeführt; sie muß für diese Transferphase ggf. durch zusätzliche Ländernamen erweitert werden, z. B. *Switzerland, the Netherlands*. Zum Teil können weitere Ländernamen durch die Nennung von Orten vermieden werden. In bezug auf ausländische Schüler ist ferner an *Turkey, Greece* und *Portugal* zu denken.
Weitere Unterkunftsmöglichkeiten: *on a farm, at my grandmother's/. . . (house).*

▷ Workbook, Seite 31, Übung 5b (Kontrastierung von Aussagen im *simple present* und im *present progressive* mit futurischer Bedeutung)
▷ Text-Cassette/Tonband, Exercise 2
▶ Schülerbuch, Seite 66, Übung 4

---

**Lernspiel**

Wortketten bilden: Der Lehrer nennt ein Wort, dessen letzter Buchstabe den Anfangsbuchstaben eines neuen Wortes bildet. Der Endbuchstabe dieses Wortes wird wiederum zum Anfangsbuchstaben des folgenden Wortes usw. Die Wörter können abwechselnd waagerecht und senkrecht an die Tafel geschrieben werden. Dann entstehen Stufen oder eine „Schlange". Beispiel: *dog – garden – never – run – . . .*

**Seite 63**

Wortschatz  Scotland

Weg  1 (Kurztexte) Lesen der beiden Kurztexte, die vornehmlich als Muster für *And your family?* dienen, was jedoch ihre Nutzung zur Förderung von Lesefertigkeit und -verständnis nicht ausschließt. *Here are two families. We can read about their holidays: We often go to Austria. We sometimes ...*
Wenn man deutlicher auf die Gliederung der Texte eingehen will, bietet sich ein Einstieg über die Fragen *Where do you go on holiday? What are you doing this year?* Die Frage *Where* (= Wohin) *do you go on holiday?* wird in diesem Stadium nur im Sprachschatz des Lehrers verwendet. Gibt er seine Rolle an einen Schüler ab, unterbleibt jede sprachliche Analyse; *Where do you ...?* ist dann eine Redewendung unter vielen.

2 (Kurztexte) Bei Fragen zu den Texten sollte die Umschreibung mit *do* weiterhin vermieden werden. Andere Fragen können jedoch zur Verdeutlichung der beiden Zeiten beitragen:
*They often go to Austria. Are they going to Austria this year? – Yes, they are.*
*They sometimes stay at a camp site. Are they staying at a camp site this year? – No, they aren't.*

3 (gelber Kasten) In der Regel dürfte es angebracht sein, die entsprechenden Angaben von S. 62 zu wiederholen, damit die Äußerungen nicht durch Suchen nach dem Ausdruck behindert werden. Die vorgegebenen sprachlichen Mittel dienen nur als Muster und müssen abgewandelt werden, z. B.
*We sometimes go to Italy. We sometimes go to Spain, too. We never stay at a hotel. This year we ...*
Bei lernschwächeren Gruppen können die beiden Aussageblöcke getrennt voneinander unter intensiverer Mitwirkung des Lehrers entstehen, der die zur Verfügung stehenden sprachlichen Mittel ausführlicher an der Tafel oder auf einer Folie darstellt, z. B.

| We | often<br>sometimes<br>never | go to Spain/Italy/Sylt/...<br>stay at a camp site/<br>caravan site/...<br>go in July/August/... |
|---|---|---|
| This year | | we're going to ...<br>we're staying at ...<br>we're going in ...<br>we aren't going to ...<br>we aren't staying at ... |

4 (Übersicht) Die Beispiele für das *simple present* zeigen seine Anwendung sowohl mit als auch ohne Signalwörter. Bisher bekannte adverbiale Bestimmungen der Zeit und Häufigkeitsadverbien, die in diesem Zusammenhang verwendet werden können, sind: *every day/week/year/morning/afternoon/weekend, sometimes, often, never.*
Bereiche, die bisher in Verbindung mit dieser Zeitform ohne Zusatz eines Adverbs beschrieben wurden, sind: Hobbys (*I collect stamps*), Arbeit (*He cleans offices*) und Tagesabläufe (*I start work at 8 o'clock*).
Das *present progressive* kann durch Verbindung mit *now* (*I often read books. I'm reading a book now*) und *still* (*He's still watching TV*) verdeutlicht werden. Die *progressive form* in futurischer Bedeutung steht oft mit adverbialen Bestimmungen wie *next week, on Sunday, at the weekend.*
⚠ Falls Tafelzeichnungen in die Bewußtmachungsphase einbezogen werden, sollte das *simple present* durch Symbole (z. B. ein Fußball = *He plays football*), das *present progressive* aber durch die handelnde Person (bei einer noch andauernden Handlung) oder durch eine „Denkblase" (für Absichten) dargestellt werden.

▷ Workbook, Seite 32, Übung 6 (Aussagen im *simple present* mit *never*; Kontrastierung mit dem *present progressive*)

---

**Zungenbrecher**

*Three holiday tongue-twisters:*
1. *She sells shells. She sells sea-shells. She sells sea-shells on the seashore.*
2. *The sun sometimes shines in China.*
3. *There aren't high hills for Holland's holiday hotels.*

Neuer Wortschatz: *sea-shells, seashore; China; high, hill, Holland*

Lehrerhandbuch zu ENGLISH H · Neue Ausgabe, Band 1

**Seite 64**

Das Lied ist inhaltlich und sprachlich auf Unit 7 abgestimmt und dient in erster Linie der Auflockerung des Unterrichts. Es hilft dabei besonders den Kindern, die den Zugang zu der neuen Sprache besser über das Musische finden. Aus diesem Grunde sollte auch die Freude am Singen das Leitmotiv bei der Behandlung dieser Seite sein. Melodie und Rhythmus sind eine gute Möglichkeit, den Schülern über Aussprachesсhwierigkeiten hinwegzuhelfen. Wichtig ist, daß sie nicht nur hören, sondern selbst singen. Je stärker der Lehrer dabei von der Einheit von Melodie, Rhythmus und Text ausgeht, um so besser wird er seine Klasse motivieren können.

Die Melodie ist aus dem Volkslied *There is a tavern in the town* bekannt. ⚠ Die des Reimes wegen verwendete Aussprachevariante von *again* [əˈgeɪn] statt [əˈgen] weicht zwar von der in der *List of Words* gegebenen Aussprache ab, ist aber nicht unüblich.

**Wortschatz, Wendungen**

**children**, have fun, in different ways, think of;
coast, rain (Substantiv; das Verb ist seit 4b bekannt), drive, far

**Weg**

1 Durch Vorsingen oder Vorspielen des Liedes vom Tonträger werden die Schüler mit Wortlaut und Melodie vertraut gemacht, bis sie nach und nach mitsingen können. Die Hilfen durch den Lehrer werden dann allmählich zurückgezogen.
Die einzelnen Strophen des Liedes sind natürlicher Anlaß für abschnittweises Vorgehen. Dabei lassen sich durch Wechselgesang Variationen einbauen, z. B.
Strophe 1 *(Children are...)*: Ganze Klasse.
Strophe 2 *(I'm at a camp site...)*: Mädchen.
Strophe 3 *(We're having lots of fun ...)*: Ganze Klasse.
Strophe 4 *(I'm on holiday...)*: Jungen.
Strophe 5 *(We're in Blackpool again ...)*: Ganze Klasse.
Strophe 6 *(We're driving...)*: Ganze Klasse.

▷ Text-Cassette/Tonband, Aufnahme des Liedes

2 Ob eine spielerische Wortschatzübung angeschlossen wird, liegt im Ermessen des Lehrers. Vorschlag: Durch Vorgabe von Definitionen oder Lückensätzen sind Wörter aus dem Lied in ein „Gitter" einzutragen, aus dem sich zum Schluß ein Schlüsselwort zum Lied ergibt, z. B.

Mögliche Vorgaben:
1. *Boys and girls.*
2. *A girl is making... of toast.*
3. *They're on holiday. They aren't at ...*
4. *What are they doing in Spain?*
5. *Elke and Gerd lie on the beach every ...*
6. *We're doing it now ... we do it every day.*
7. *We never work on holiday – we ...*
*Keyword* = _ _ _ _ _ _ _

## Seite 65

Unterstützt von Fotos, bringt dieser Sachbericht landeskundliche Kurzinformationen über die schottische Stadt Edinburgh. Sowohl der Zeitungsartikel als auch die Anzeige von Schottland als Urlaubsland können als Muster für ähnliche Werbetexte der Schüler genutzt werden.
*Edinburgh* (⚠ englische Aussprache ['edɪnbərə] beachten), die Hauptstadt Schottlands, ist von Hügeln umgeben und wohl eine der schönsten europäischen Hauptstädte. In ihrer Mitte liegt auf einem Felsen – die Stadt beherrschend – *Edinburgh Castle*, dessen älteste Teile aus dem 11. Jh. stammen. Der Kern der Altstadt wird von der 1,5 km langen sog. *Royal Mile* gebildet, die vom Burgfelsen zum *Holyrood Palace* führt, in dem zeitweise *Mary Queen of Scots* wohnte. *Holyrood Palace* wurde im 16. Jh. gebaut und nach einem Brand im 17. Jh. wiedererrichtet. Seit der Vereinigung mit England 1707 dient es als offizielle schottische Residenz des britischen Königshauses. Hinter dem *Holyrood Park* erhebt sich ein mächtiger Felsen vulkanischen Ursprungs: *Arthur's Seat*. *Princes Street* ist die Hauptgeschäftsstraße der Stadt. Kultureller Höhepunkt für Touristen und die Bewohner Edinburghs ist von Ende August bis Mitte September das *International Festival of Music and Drama*.
In der Anzeige sind *bag pipes*, *highland dancing* und *highland cattle* abgebildet.

**Wortschatz** tourist, city centre (Zum Unterschied von *city* und *town* vgl. *Oxford Advanced Learner's Dictionary of Current English*: "city = large and important town; town given special rights in self-government [in GB by royal charter]"), **young**, castle, hill, **other**, museum, palace, **street**, **always** (Die Häufigkeitsadverbien *often, sometimes, never* werden durch *always* ergänzt; vgl. auch die Zusammenfassung „Wie oft?" auf S. 105 des Schülerbuchs.), souvenir

**Weg** Zur Arbeit mit den Texten siehe auch Vorwort, S. 17 ff.

1 (Zeitungsartikel) Bearbeitung des Textes im Stilleseverfahren oder Darbietung – nach Einführung des neuen Wortschatzes – über Tonträger.

▷ Text-Cassette/Tonband
Die Tonaufnahme der Werbung *Lots of people visit Scotland . . . are you coming, too?* wird von Dudelsackmusik eingeleitet bzw. leise im Hintergrund begleitet.

2 Verständnisfragen zum Text, z. B.
*Are there lots of tourists in Edinburgh?*
*Where are the hotels?*
*Are there camp sites?*
*Can you stay in a caravan?*
*Where can young people stay, too?*
*Where can you take good photos?*
*What are the interesting places in Edinburgh?*
*Is Edinburgh a new city?*
(*city* sollte hier eingeführt werden)

3 Die Beschreibung mag die Schüler dazu anregen, unter Verwendung ähnlicher sprachlicher Mittel Kurztexte über ein ihnen bekanntes Urlaubsziel zu verfassen. Geeignete Wörter und Wendungen können auf einer Folie oder an der Tafel gegeben werden:

*Holidays in . . .*
*Lots of tourists visit . . .*
*There's a . . ./There are some . . . in . . .*
*You can go to . . .*
*. . . is an interesting place for tourists.*
*You can stay at . . .*
*You can visit . . .*
*You can take good photos at . . .*
*. . . has got an old/a new . . .*
*The . . . is very old/big/interesting.*
*You can buy good souvenirs at . . .*
*Places: castle, palace, museum, shop, house, zoo, park, baths, streets*

4 (Anzeige) Lesen der in der Anzeige enthaltenen Informationen und Erstellen eines Kurztextes über Schottland, z. B.
*Scotland is a good place for a holiday. You can buy nice souvenirs there. You can go to interesting places, too. Lots of tourists take nice photos in Scotland. There are very nice old castles there, too.*
In lernschwächeren Gruppen kann ein solcher Text als Lückentext bereitgestellt werden.

☐ Erarbeitung von ähnlichen Anzeigen oder Werbeplakaten für deutsche Urlaubsgebiete unter Verwendung von Fotos aus Reiseprospekten. Weitere Aussagen: *They swim in the sea/look at . . ./stay at nice hotels/lie on the beach/sit in the parks/. . .*

Lehrerhandbuch zu ENGLISH H · Neue Ausgabe, Band 1

**Seite 66**

Übungen

1 Festigung der Wortstellung (Häufigkeitsadverbien *often, sometimes, never* mit *simple present*).
Treten Schwierigkeiten auf, empfiehlt sich eine Übungsphase mit Wortkarten (evtl. als Haftelemente). Bei Behandlung nach 7d können auch Sätze mit *always* berücksichtigt werden. Beispiele für Ordnungsaufgaben:
*Ann/often/plays/football/in/the park.*
*We/always/go/to/Spain/in/August.*
*They/never/wash/the dishes/at home.*
*David/always/reads/a book/in/the evenings.*

Lösungen:
1. *Mrs Brown often washes her car on Saturdays.*
2. *Sally sometimes buys records at Rick's Record Shop.*
3. *Mr and Mrs Lee never go to the shops in Hill Street.*
4. *Tim and Len never watch TV on Sundays.*
5. *Billy and Carol often go to the cinema.*

2 Kontrastierung *simple present* (bei sich wiederholenden Tätigkeiten) und *present progressive* (bei noch andauernden Tätigkeiten).

☐ In leistungsstärkeren Gruppen können die Aussagen im *present progressive* erweitert werden, z. B.
*It's half past eight and Jill is lying in bed. She isn't leaving home.*
*It's nine o'clock and Jill is reading a magazine. She isn't starting school...*

Lösungen:
*Monday till Friday...*
*Jill leaves home at half past eight.*
*She starts school at nine o'clock.*
*She finishes school at four o'clock.*
*She arrives home at half past four.*
*It's Saturday...*
*It's half past eight and Jill is lying in bed.*
*It's nine o'clock and Jill is reading a magazine.*
*It's four o'clock and Jill is playing table-tennis.*
*It's half past four and Jill is watching TV.*

3 Erarbeitung von Aussagen zum Themenbereich „Ferienzeit/Freizeit" und Wiederholung von *can*.
Das hier verwendete Pronomen *you* entspricht dem deutschen „man".

☐ In leistungsstärkeren Gruppen Erweiterung durch Aussagen mit *you haven't got to*, z. B. *You haven't got to leave home at seven o'clock/go to school/do homework.*

Lösungsvorschläge:
*You can ride your bike.*
*You can clean your room/your bike.*
*You can play with your dog/your friends.*
*You can go to the park.*
*You can lie in the garden/your room/the park.*
*You can paint your room/your bike.*

4 Wortschatzübung zu den Wortgruppen *places, things* und *jobs*.

Lösungsvorschläge:
*5 places: Germany/Scotland/Austria/Britain/Yugoslavia/Denmark/Italy/...*
*5 things: lie on the beach/swim in the sea/visit interesting places/read magazines/play football/...*
*5 jobs: dry the dishes/clear the table/go to the shops/make the beds/clean the caravan/...*

▷ Workbook, Seite 32, Übung 7 (Zuordnung von Fragen zu Situationen; Wiederholung)
▷ Workbook, Seite 33, Übung 8 (Wiederholung von Präpositionen)
Zu den Postkarten kann erklärt werden, daß unter Freunden und in der Familie die Grußformel *Love...* (= Liebe Grüße) üblich ist. Die Kreuze hinter der Unterschrift bedeuten *"Kisses"*.
▷ Workbook, Seite 33, Übung 9 (Festigung der Monatsnamen)

**Sounds**

Hier sind Wörter mit den Lauten [ʃ] – [tʃ] und [dʒ] zusammengefaßt. Wegen des orthographischen Kontrasts zum Deutschen findet im Anschluß an die Übung mit [dʒ] (oft *j* geschrieben) ein Vergleich mit [j] (*y* geschrieben) statt. Diese Übungen dienen nicht nur der Verbesserung der Artikulation und dem Kennenlernen der phonetischen Umschrift, sondern sie bieten auch einen Wechsel der Schüleraktivität. Nach dem Nachsprechen der Wörter können folgen:
a) kontrastierende Übungen (Vorgabe der unsortierten Wörter an der Tafel oder auf Folie);
b) Sammelübungen (die Schüler suchen weitere Beispiele mit diesen Lauten).

▷ Text-Cassette/Tonband, *Sounds*

## Seite 67

### Say it in English

Nachdem in dieser Unit weitere Wörter aus dem Themenbereich *places* eingeführt worden sind, folgt hier die Umsetzung in eine Reisesituation: Auskunft für Ortsfremde. Die Sprachmittel wurden noch relativ bescheiden gehalten, da eine ausführliche Behandlung des Themas „Wegbeschreibung" in 10a geschieht.

| | | |
|---|---|---|
| **Sprech-absichten** | Jemanden ansprechen. | *Excuse me.* |
| | Fragen, auf welche Weise man am besten zu einem Ort kommt. | *How can I get to the baths, please.* |
| | Sagen, daß man einen Ort zu Fuß erreichen kann. | *You can walk. It isn't far.* |
| **Wortschatz, Wendungen** | **Excuse me** (Diese Wendung gilt als einleitende Anrede. Vgl. das seit 1a bekannte *Sorry* = Es tut mir leid./Entschuldigung.), **How can I get to the . . .?** (als Wendung behandeln), **by bus** (Weitere Zusammensetzungen von *by* mit bekannten Verkehrsmitteln finden sich in der Zusammenfassung auf S. 106 des Schülerbuchs.), **bus stop**, **walk** (im Klassenzimmer durch *I'm walking to the door* verdeutlichen) | |

| | | |
|---|---|---|
| **Weg** | 1 Einführung des Wortschatzes. | ☐ Erarbeitung weiterer Kurzdialoge. Dabei kann nach folgenden Orten gefragt werden: *. . . Street/the big shops/the baths/the youth club/the newspaper shop/. . . School/the airport/the museum/the castle.* |
| | 2 Behandlung der Musterdialoge. | |
| | 3 Durchnahme der Übung. Lösungen:<br>1. *Excuse me. How can I get to the zoo, please?*<br>   *- You can go by bus. There's the bus stop.*<br>2. *Excuse me. How can I get to the cinema, please? - You can walk. It isn't far.*<br>3. *Excuse me. How can I get to the record shop? - You can walk. It isn't far.*<br>4. *Excuse me. How can I get to the library? - You can go by bus. There's the bus stop.* | ▷ Arbeitsfolie 21 (Festigung der in diesem Abschnitt dargebotenen Sprechabsichten) |

### Activity

Das hier beschriebene *Ten second game* ist eine Abwandlung des in England bekannten Spiels *Kim's game*. Aus zeitlichen Gründen sollten die Schüler den Bildbogen zu Hause anfertigen. Vorher kann auf das unitweise Verzeichnis *English Words and Phrases* (S. 98 ff.) als Erinnerungsstütze bei der Wort- bzw. Bildsuche hingewiesen werden. Für Schüler, die keinen Zugang zu Zeitschriften, alten Versandhauskatalogen u. ä. haben, sollte der Lehrer eigenes Material mitbringen. Die Bildbogen lassen sich teils zur mündlichen, teils zur schriftlichen Arbeit verwenden. Sicher werden sie so zahlreich eingehen, daß dem Lehrer über längere Zeit Material für Wortschatz-, Aussprache- und Rechtschreibübungen zur Verfügung steht. Sollten bestimmte Substantive bevorzugt und andere vernachlässigt werden, kann der Lehrer durch eigene Bildbogen, die er zu der Sammlung beisteuert, Abhilfe schaffen.
⚠ Die Substantive sollten immer mit Artikel verwendet werden.

**Wortschatz** second, game

---

### Diktatvorschlag

*London is an interesting place for a holiday. There are lots of good hotels. You can stay at youth hostels, too. Tourists often go to the museums and old places in London. There are lots of cars in the London streets, but you can sit in the sun in a park or go to the zoo.*

# Unit 8

Lehrerhandbuch zu ENGLISH H · Neue Ausgabe, Band 1    119

Diese Unit, die zwischen den grammatisch „gewichtigeren" Units 7 und 9 liegt, bringt hauptsächlich lexikalische Erweiterungen (u. a. Einführung der Wendungen mit *would like to*).

## Step 8a

**Sprech-**  
**absichten**

| | |
|---|---|
| S. 68 Jahreszahlen angeben. | *What year is it? – 1985.* |
| Die Uhrzeit sagen (Minutenangaben). | *It's twenty-five past three/three twenty-five.* |
| Uhrzeiten vereinbaren. | *Let's meet at 4 o'clock.* |
| S. 69 Jemanden zum Mitkommen auffordern. | *Can you come to the zoo with me/us?* |
| Über Verabredungen sprechen. | *I'm going to the zoo with Harry. –* |
| | *When are you meeting him? – At 4.00.* |
| S. 70 Um Hilfe bitten. | *Can you help me/us?* |

**Seite 68**

Die Zahlwörter ab 13 werden eingeführt und durch Verwendung in Zeitangaben gefestigt.  
⚠ Die Wörter *a hundred* und *a thousand* werden aus Gründen der Vollständigkeit eingeführt.

**Wortschatz,** **what** (= welche, r, s; bisher nur in *What time is it?* bekannt), **thirteen – ninety, a hundred, a thousand;**  
**Wendungen** **when, let's**

**Weg**

1 Stufenweise Einführung der Zahlen ab 13:
   a) Erweiterung der Grundzahlen bis 20.  
   ⚠ Die Zahlen auf *-teen* haben *level stress*, z. B. ˈfourˈteen. Beim Zählen dagegen wird die erste Silbe betont: ˈfourteen, ˈfifteen.
   b) Einführung der Zehnerzahlen 30-90, danach Übung mit Jahreszahlen wie 1970, 1980 usw. (Tafelvorgabe).
   c) Übergang zu 31, 32 usw., danach Übung mit Jahreszahlen 1971, 1972 usw.

2 (Zahlenübersicht) Darbietung der Schreibweise der Zahlen. Dabei können Gruppen wie *six, sixteen, sixty* gebildet werden. Wegen der Rechtschreibprobleme ist Gewicht auf Zahlen wie *forty, fifteen, fifty* zu legen.

3 (Abschnitt *What year is it?*) Übung der Jahreszahlen.

4 Erweiterung der Uhrzeitangaben, zunächst nur mit Minutenangaben, die durch 5 teilbar sind. Einführung mit Demonstrationsuhr oder Arbeitsfolie. *Past/to* evtl. verdeutlichen:

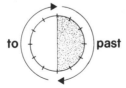

▷ Arbeitsfolie 12

5 (Abschnitt *What time is it?*) In den Zifferblattreihen werden zunächst die halben und viertel Stunden wiederholt. Anschließende Übung:
   1. *What time is it? – It's twenty-five to four.*

6 Einführen der Parallelformulierung, z. B. *quarter past eight = eight fifteen*, und Übertragen der neuen Formulierung auf andere als durch 5 teilbare Minutenangaben, z. B. *four thirty-seven*. Die Einführung erfolgt am besten über Digitalangaben an der Tafel.  
⚠ Auf Formulierungen wie *twenty-three minutes to four* wird verzichtet, da durch die weite Verbreitung von Digitaluhren die hier präsentierte Form gebräuchlicher ist. Vgl. *Oxford Advanced Learner's Dictionary of Current English*, S. 1019, wonach sie häufiger gebraucht wird, "when times are quoted, specified precisely or 'read' from a digital clock".

▷ Text-Cassette/Tonband, Exercise 1

7 (Abschnitt *What time is it?*) Bei den Armbanduhren und den Digitalzifferblättern empfiehlt es sich, nur Formulierungen wie *It's two twenty-five* zu verwenden:  
*What time is it? – It's two twenty-five.*

▷ Workbook, Seite 34, Übung 1 (Festigung und Schreibung der Uhrzeiten)

8 Einführung von *Let's . . .*, z. B.  
*What can we do? – I've got an idea! The zoo/park/. . . is nice. Let's go to the zoo/. . .*

9 (untere Bildleiste) *The children are going to interesting places with their friends. But when can they meet their friends? Ann's friend says, "When can we meet?" Ann says, "Let's meet at twenty to seven."*

▶ Schülerbuch, Seite 76, Übung 4  
▷ Workbook, Seite 34, Übung 2 (Vorschläge mit *Let's . . .*)

## Seite 69

Auf dieser Seite erfolgt die Umsetzung der auf S. 68 eingeführten sprachlichen Mittel in Kurzdialoge, in denen Verabredungen mit Zeitangabe getroffen werden. Gleichzeitig wird der *object case* der Personalpronomen eingeführt.

**Strukturen** **me, us, him, her, them:** Erfahrungsgemäß bereiten den Schülern die *object forms* der Personalpronomen große Schwierigkeiten. Auch bei vorsichtig gestufter Einführung kann nicht davon ausgegangen werden, daß lernschwächere Schüler sofort die Formen korrekt anwenden, sie bedürfen vielmehr der Wiederholung und Festigung in geeigneten sprachlichen Situationen. Die Einführung der Struktur auf dieser Seite erfolgt in drei Phasen:
a) Verwendung von *me, us* in der Wendung *Can you come with me/us?*
b) Aussagen nach dem Muster *Ann is going with him/her/them.*
c) Verwendung von *him, her, them* nach dem Verb *meet.*

**Weg** **1** (große Bildgruppe) In lernschwächeren Gruppen sollten zuerst die Bildinhalte erarbeitet werden:
1. *Where's Harry going this afternoon? – He's going to the youth club.*
2. *Where are Mark and John going this afternoon? – They're going to the record shop.*
Weitere Beispiele: Pat *(the zoo)*, Jill *(the library)*, Jim *(the shops)*, Sally and Martin *(the baths)*, Bob *(the cinema)*, Mary and Ellen *(the park)*.

**2** (große Bildgruppe) Erarbeitung der Dialoge.
⚠ Obwohl die Digitaluhren Zeitangaben wie *four fifteen* statt *quarter past four* nahelegen, sind selbstverständlich beide Antwortformen akzeptabel.

☐ Erarbeitung ähnlicher Dialoge im Rollenspiel.

▷ Workbook, Seite 35, Übung 3 (Festigung von *Can you help me/us?*)
▷ Text-Cassette/Tonband, Exercise 2

**3** (zusammenfassende Sätze) Einführung der Pronomen *him, her, them* mit Bezug auf die große Bildgruppe. Dabei kann in lernschwächeren Gruppen ein Satz mit der *subject form* des Pronomens eingebaut werden, z. B.
1. *Harry is going to the youth club. (= He's going to the youth club.) Ann is going with him.*

Als erste Phase können auch Fragen gestellt werden, bei deren Beantwortung die Anwendung der *object form* durch den Schüler nicht verlangt wird, z. B.
1. *Harry is going to the youth club. Who's going with him? – Ann.*

**4** (unteres Dialogmuster) Erarbeitung der Kurzdialoge mit den vorgegebenen Gesprächspartnern. Die Angaben für die Dialoge sind der großen Bildgruppe zu entnehmen.

☐ Je nach Leistungsstand der Klasse können ggf. die Inhalte wiederholt werden:
1. *Ann is going to the youth club with Harry. She's meeting him at 4 o'clock.*
2. *Jane is going to the record shop with Mark and John. She's meeting them at 4.15.*
3. *Sam is going to the zoo with Pat. He's meeting her at . . .*
Diese Vorbereitungsphase ist auch als schriftliche Übung geeignet.

▷ Arbeitsfolie 22 (Festigung der Personalpronomen *him, her, them*)
▷ Workbook, Seite 35, Übung 4 (Verwendung von *him, her, them* nach *help*)
▶ Schülerbuch, Seite 106 (Übersicht der Personalpronomen)

---

### Lernspiel

*Bingo:* Dieses Spiel eignet sich zur Festigung der Zahlen. Jeder Schüler teilt ein Blatt Papier im Format DIN A4 in sechs Kästen ein und schreibt in jeden Kasten eine Zahl zwischen 1 und 100. Ferner werden sechs Abdeckplättchen in der Größe der Kästen benötigt. Auf Kärtchen werden alle Zahlen zwischen 1 und 100 geschrieben und dann gemischt. Der Lehrer oder ein Schüler zieht aus den gesammelten Kärtchen einzelne Nummern, ruft sie auf und legt die Kärtchen nacheinander zur Seite. Alle Mitspieler, die die aufgerufene Zahl auf ihrem Blatt haben, decken sie ab. Wer als erster alle Zahlen auf seinem Blatt abgedeckt hat, ruft *Bingo!* und hat gewonnen. Seine Zahlen werden dann mit den gezogenen Zahlen verglichen.

**Seite 70**

Wortschatz  party, birthday

Weg 1 (Bildgruppe) Hier sollen die sprachlichen Mittel bereitgestellt werden, die es den Schülern ermöglichen, um Hilfe zu bitten. Die Bitten werden nach dem Muster *Can you help me/us, please?* gebildet und mit dem bereits bekannten *Yes, all right* oder *OK* beantwortet. Bearbeitung der Übung *The Youth Club Party: Sam and his friends are helping at the youth club. There's a big birthday party at six o'clock. Look at the pictures.*
*Jim is cleaning the tables. He asks Ann, "Can you help me, please?" Ann says, "Yes, all right." Dave and Harry are carrying the tables. They ask Sam, "Can you help us, please?" Sam says, "OK."*
*Now you're Pat. You're washing the glasses. You ask John, "Can you . . . ?"*
*Now you're Pete and you're Liz . . .*

2 (Text zu Bildgruppe) Zuordnungsübung, in der die Handlungen der Bildgruppe mit den vorgegebenen sprachlichen Mitteln beschrieben werden. Dabei sind Aussagen nach dem Muster *Ann is helping him/her/them* zu bilden, um die Anwendung der *object case*-Pronomen zu festigen:
*Look at the pictures. Jim is cleaning the tables. And Ann? – Ann is helping him.* usw.

☐ Zu den Bildern können Fragen gestellt werden, z. B. *What's Penny doing? Who's helping her?*

▷ Workbook, Seite 35, Übungen 5, 6 (Festigung der *object case*-Pronomen nach der Präposition *with*)

3 (Übersicht) Die Zusammenfassung der *object case*-Pronomen erfolgt sowohl durch eine Beispielreihe als auch durch kurze muttersprachliche Erklärungen. Ob beide Teile für eine Lerngruppe in diesem Stadium hilfreich sind, hängt zum Teil von der Abstraktionsfähigkeit der Schüler ab. Die Entscheidung hierüber muß von Fall zu Fall vom Lehrer getroffen werden.
Die Beispielsätze zeigen die Verwendung der Pronomen nach Präpositionen und in Objektstellung. (Da *it* und *you* mit dem *subject case* identisch sind und deshalb keine Probleme bereiten, werden sie hier nicht aufgeführt.) Die Beispiele sind in Satzpaaren angeordnet: Im ersten Satz erscheint das Pronomen in der *subject form*, im zweiten in der *object form*. Wenn die Behandlung dieses Abschnitts auf Beispielsätze beschränkt bleibt, empfiehlt es sich, weitere Beispiele anzuführen. Die bisher bekannten Präpositionen und häufige Verben können der unteren Hälfte dieser Übersicht entnommen werden. Obwohl im allgemeinen auf grammatische Termini verzichtet wird, ist in diesem Falle eine einfache grammatische Erklärung gegeben, um in geeigneten Lerngruppen die Anwendung der Formen zu verdeutlichen. Ob weitere Termini benutzt werden sollten (z. B. „Präpositionen" statt „Wörter"), liegt im Ermessensspielraum des Lehrers.
Weitere Anwendungsbeispiele für die *object forms* der Personalpronomen finden sich im Workbook auf Umschlagseite 2. Sie sind dort einer Übersicht der Possessivpronomen gegenübergestellt.

▶ Schülerbuch, Seite 76, Übungen 1, 2

**Lernspiel**

*How many words can you make?* Der Lehrer schreibt ein nicht zu kurzes Wort oder einen Satz an die Tafel. Die Schüler erhalten die Aufgabe, innerhalb einer bestimmten Zeit möglichst viele neue Wörter daraus zu bilden. Nach Ablauf der Zeit zählen die Schüler die gefundenen Wörter und bekommen für jedes richtig geschriebene Wort einen Punkt. Wer die höchste Punktzahl erreicht hat, liest seine Wörterliste langsam vor. Wenn mehrere Schüler dasselbe Wort gefunden haben, müssen alle es von ihrer Liste streichen. Anschließend verlesen die übrigen Schüler die ihnen verbliebenen Wörter und streichen sie ebenfalls, wenn sie doppelt sind. Für jedes Wort, das zuletzt stehengeblieben ist, erhält der Finder zwei Zusatzpunkte.
Längere Sätze können zu Hause „entschlüsselt" werden. Beispiele für Wörter und Sätze: *Saturday afternoon, pet shop window, Pat's brother collects English stamps.*

Step 8b  Lehrerhandbuch zu ENGLISH H · Neue Ausgabe, Band 1

In diesem Step wird das Datum eingeführt und das Thema „Geburtstag" aufgegriffen. Kindergeburtstage werden in Großbritannien auf unterschiedliche Art gefeiert. Die traditionelle Party mit *birthday tea (sandwiches, jelly, birthday cake with candles)* und Spielen wird meist nur noch von jüngeren Kindern bevorzugt. Ältere Kinder laden lieber ihre Freunde zum informellen *tea* ein oder unternehmen einen Kinobesuch oder ähnliches mit ihnen. Die beiden Texte auf S. 72 gehen auf diesen Sachverhalt ein.

**Sprechabsichten**

S. 71 Das Datum sagen. *May 3rd, 1986.*
Nach dem Geburtstag fragen. *When's your birthday?*

**Seite 71**

**Wortschatz, Wendungen**

first – thirty-first;
**What date is it today?; When's your birthday?;**
tea (bisher nur als Getränk bekannt. Hier ist die Mahlzeit gemeint, die am späten Nachmittag eingenommen wird und die entweder aus *sandwiches, cakes, crisps, biscuits, tea* und *lemonade* bestehen kann (vgl. S. 74) oder aus leichten und schnell zuzubereitenden warmen Gerichten wie *fish fingers and chips* oder *beans on toast*.)

**Weg**

1 Wiederholung der seit 7c bekannten Monatsnamen:
*What are the months in the year? – January, February, ...*
(Vorgriff auf die Einführung von *month* in 8e)

2 Wiederholung der Zahlen 1-31 (Tafelanschrieb), anschließend Festigung im Zusammenhang mit Monatsnamen:
*There are thirty-one days in January. And in February? – There are ...*

3 Einführung der Ordinalzahlen *first – thirty-first*. Die Ordinalzahlen lassen sich in drei Gruppen einteilen, z. B.
a) *sixth, seventh*, die aus Kardinalzahl und *-th* gebildet werden;
b) *first, second, third*, die besondere Formen sind und nicht von der Kardinalzahl abgeleitet werden;
c) *fifth, eighth, ninth*, die orthographische Besonderheiten gegenüber der Kardinalzahl aufweisen.
Verschiedene Einführungsmöglichkeiten bieten sich an, z. B.
a) in Zahlengruppen (*1st – 4th, 5th – 10th, 11th – 20th, 21st – 31st*) in bezug auf Schülergruppen, Bildreihen, Auspacken einer Tasche *(the first book, the second book, the third ...)*;
b) in Verbindung mit den Monaten:
*January is the first month in the year./ What's the first month in the year?*
Ähnliche Aussagen sind zu den Wochentagen möglich.

4 Einführung des Datums: *Today is ...*
Weitere Übungen mit einem Kalender. Der Lehrer zeigt auf einen Tag:
*What date is it? – May 13th.* usw.

5 (Kalender) Einführung der Schreibweise und Festigung der Aussprache von Ordinalzahlen und Datum. Satztechnisch hervorgehoben sind die Zahlen, die besondere Schwierigkeiten aufweisen oder die beispielhaft für andere stehen (z. B. *fourth*). Auf die Schreibweise der Ziffern mit Abkürzungen sollte hingewiesen werden. Bearbeitung der Übungsreihe:
*May 1st is a Thursday. May 2nd is a Friday.* usw.

☐ Fragen zum Kalender: *What day is May 15th? – Thursday.*

☐ Übertragung auf einen anderen Monat mit Hilfe eines Arbeitsbogens, auf dem Wochentage und Ziffern angegeben sind (auch als mögliche Hausarbeit).

6 (gelber Kasten) Nach Nennung des Datums und des Tages erfolgt eine zweite Transferphase, in der in Partnerarbeit nach Geburtstagen gefragt wird. Dabei kann auch nach den Geburtstagen von *father, mother, sister, brother, friend* gefragt werden.
⚠ Auf die Frage wird nur mit Tag und Monat geantwortet. Bei Tag, Monat und Jahr müßte es *date of birth* heißen.

▷ Workbook, Seite 36, Übung 7 (Schreibweise *first – sixth*)
▷ Workbook, Seite 36, Übungen 8, 9 (Schreibung des Datums)

7 (Strip) Der Strip leitet zum Thema der nächsten Seite (Gestaltung einer Geburtstagsfeier) über und bereitet 8c – *Sam's birthday* – inhaltlich vor.

▶ Schülerbuch, Seite 76, Übungen 3, 5

**Seite 72**

Die beiden Stellungnahmen dieser Textseite dienen der Förderung des Leseverständnisses, geben Anlaß zu Leseübungen (sowohl Stillesen als auch Lautlesen), zeigen den Schülern, wieviel man schon nach so kurzem Unterricht ausdrücken und verstehen kann und demonstrieren zwei unterschiedliche, durchaus typische Reaktionen auf das „Geburtstagsproblem".
Für die beiden Texte sind verschiedene Möglichkeiten der Behandlung denkbar. Da die neuen Wörter vorwiegend im ersten Text enthalten sind, bietet insbesondere der zweite Gelegenheit zur Übung des Leseverständnisses.

**Wortschatz, Wendungen**

**have a party** (= eine Party geben; *party* ist seit 8a bekannt), **prize** (*for prizes* = um Preise), **noisy**, **get** (= bekommen), **present** (Über Tafelzeichnung erklären: *You get presents on your birthday.*); **only** (= nur), **without**

**Weg**

Zur Arbeit mit den Texten siehe auch Vorwort, S. 17 ff.

**1** (Text *Jill Black*) Einführung des neuen Wortschatzes. Darbietung des Textes entweder vom Tonträger oder durch Vorlesen.

▷ Text-Cassette/Tonband
Die Tonaufnahmen der Texte dienen als Muster für persönliche Stellungnahmen der Schüler, die ebenso mündlich wie schriftlich abgegeben werden können. Die Sprache, die Jill Black und Dave Lee verwenden, gleicht der gesprochenen Sprache.
Die Aufnahme des Textes von Jill Black beginnt mit der Anfangszeile des Liedes *Happy Birthday: Happy birthday to you, happy birthday to you* (von Kindern ohne Begleitmusik wie auf einer Geburtstagsfeier gesungen). Sie endet mit der letzten Zeile: *Happy birthday, dear Jill, happy birthday to you.*

**2** Verständnisüberprüfung durch Fragen:
*When's Jill's birthday?*
*Is there a party on her birthday?*
*Where's the party when it's a nice day?*
*Who makes the sandwiches?*
*Where's the cake shop?*
*When's the party?*
*Are the games noisy?*
*What things can you do at Jill's party?*
⚠ Auch hier sollte noch vermieden werden, Fragen mit *do/does* zu stellen, da sie erst in Unit 9 eingeführt werden.

**3** (Text *Dave Lee*) Nach Einführung von *only* und *without* Behandlung des Textes im Stillleseverfahren. Überprüfung des Verständnisses durch Fragen (Arbeitsblatt, Folie oder Tafel). Je nach Zielsetzung und Leistungsstärke der Klasse können verschiedene Aufgaben gestellt werden, z. B.

a) allgemeine Verständnisprüfung durch *true/false statements:*
*Dave always has a big party. (false)*
*Dave and his friends never play games on his birthday. (true)*
*This year they're going to the cinema. (true)*

b) Lückentext mit vorgegebener Wortauswahl:
*(to the cinema – at home – small – never – to the youth club)*
*Parties are only nice for . . . children.*
*Dave . . . has a birthday cake.*
*He goes . . . or stays . . . with his friends.*
*This year he's going . . .*

☐ Die Schüler können – in leistungsstärkeren Gruppen und wenn genügend Zeit dafür vorhanden ist – dazu angeregt werden, ähnliche Kurztexte in bezug auf ihren eigenen Geburtstag zu verfassen. Nützliche Wörter und Wendungen werden vorgegeben oder gemeinsam im Unterricht gesammelt:
*have a party/cake, have tea*
*play games/cassettes, do interesting things, stay at home, go to the cinema, talk*
*My birthday is on . . .*
⚠ Da die Umschreibung mit *don't* noch nicht bekannt ist, werden verneinte Sätze im *simple present* mit *never* gebildet.

**4** (Text *Dave Lee*) Ob sich die Darbietung des Textes vom Tonträger anschließen oder ob sie dem Lesen vorangehen sollte, wird der Lehrer je nach den Gegebenheiten der Klasse und seinen Unterrichtsabsichten entscheiden.

▷ Text-Cassette/Tonband

Das in 8b behandelte Thema *birthday parties* wird in 8c fortgeführt. Das neue Redemittel *would like to* ermöglicht es den Schülern, ihre eigenen Wünsche und Erwartungen zu artikulieren.
⚠ In Klassen mit ausländischen Kindern sollte Rücksicht auf Empfindlichkeiten und Fremdheitserlebnisse genommen werden, da bei vielen von ihnen im heimischen Umkreis der Geburtstag nicht die Rolle spielt wie in Deutschland oder Großbritannien.

**Sprechabsichten**

S. 73  Fragen, ob jemand etwas tun möchte.  *Would you like to go to the cinema?*
Sagen, was man gerne tun möchte.  *I'd like to go to the cinema.*

**Seite 73**

**Struktur**

**would like to:** Da *would like* (mit Substantiven) bereits in 5c eingeführt wurde, dürften Bedeutung und Anwendung der kontrahierten Formen nicht allzu große Schwierigkeiten bereiten. Die Zusammensetzung mit der Infinitivform eines Verbs wird man jedoch intensiv üben müssen. Eine ähnliche Struktur *(have got to)* ist den Schülern allerdings schon bekannt.
⚠ Wenn durch eine Frage mit *would like to* eine Meinung erfragt wird, so sind die Kurzantworten gebräuchlich, z. B. *Would you like to be a teacher? – Yes, I would./No, I wouldn't.* Dient die Struktur dazu, ein Angebot zu machen, so wird mit *Yes, please./No, thank you* geantwortet, z. B. *Would you like to look at my book? – No, thank you.* (Vgl. *would like*, Schülerbuch, S. 47)

**Wortschatz, Wendungen**

**at my house;**
dance (kann über das Bild erschlossen werden)

**Weg**

1  (obere Bildgruppe) Einführung von Fragen mit *would like to:*
*It's Sam's birthday on Saturday. His friends can come to his house. They can have tea at his house. Or they can go to the cinema. Sam asks his friends, "Liz, would you like to have tea at my house?" Liz says, "No, I wouldn't."*
Sam: *Would you like to go to the cinema, Liz?*
Liz: *Yes, I would.*
Sam: *And you, Harry? Would you . . .?*
In lernschwächeren Gruppen können die Fragen getrennt gestellt werden, d. h. daß Sam zuerst nur die Frage *Would you like to have tea at my house?* an die Freunde richtet.

2  (Text zu oberer Bildgruppe) In lernschwächeren Gruppen können zuerst nur die positiven Aussagen über alle Personen gebildet werden:
*Liz would like to go to the cinema.*
*Harry would like to have tea at Sam's house.*
Diese Phase kann durch tabellenartigen Tafelanschrieb unterstützt werden.
Anschließend Erarbeitung der komplexeren Aussagen:
*Liz wouldn't like to have tea at Sam's house. She'd like to . . .*

3  (untere Bildgruppe) Einführung von Aussagen mit *We'd like to . . .:*
*It's Sam's birthday on Saturday. Sam's friends are coming to his house. Mrs Cooper asks Sam, "What would you like to do?" Sam says, "We'd like to have tea. We'd like to . . ."*

▷ Text-Cassette/Tonband, Exercise 3

4  (gelber Kasten) Erarbeitung einer eigenen Stellungnahme zur Gestaltung des Geburtstages. Es empfiehlt sich, vorher nützliche sprachliche Mittel an der Tafel zu sammeln: *What things can you do on your birthday? – You can have tea with friends/play records/stay at home/watch TV/play games/dance/play cassettes/play in the garden/play table-tennis/have games with prizes/make models/have a party/read/get presents/play with the presents/go to the cinema.*

▷ Workbook, Seite 37, Übung 10 (Äußern von Wünschen zum eigenen Geburtstag durch die Kurzantworten *Yes, I would./No, I wouldn't.*)

▷ Arbeitsfolie 23 (Festigung der Frage *Would you like to . . .?* und der Kurzantworten *Yes, I would./No, I wouldn't* in Zusammenhang mit Freizeitbeschäftigungen)

## Seite 74

**Wortschatz, Wendungen**

**for tea** (= zum Tee; *tea* als Mahlzeit ist seit 8b bekannt);
**again** (seit 3e bekannt; hier: noch einmal)

**Weg**

1 (obere Bildgruppe) Weitere Aussagen mit *I'd like to . . .*, hier mit dem Verb *have*:
*It's Sam's birthday on Saturday. His mother asks him, "What would you like to have for tea?"*
*Sam says, "I'd like to have sandwiches. I'd like to have . . ."*

☐ Schriftliche Zusammenfassung von Sams Wünschen:
*It's Sam's birthday on Saturday. His friends are coming for tea. He'd like to have sandwiches. He'd like to have tea. He'd . . .*

2 (gelber Kasten) Transferphase: Die Schüler fragen sich gegenseitig, was sie bei einer Geburtstagsfeier am liebsten essen und trinken würden. Folgende Wörter sind bereits bekannt: *tea, milk, lemonade; cakes, birthday cake, biscuits, crisps, sandwiches.*

3 (*The Birthday Present Game*) Nach dem Muster des Lernspiels „Kofferpacken" wird hier mit Geburtstagsgeschenken gespielt. Die einmal begonnene Reihenfolge muß von dem jeweils folgenden Schüler eingehalten werden, wenn er nicht ausscheiden will.

Folgende Wörter stehen zur Verfügung: *book, some stamps, calculator, bag, some cassettes, some records, cassette-recorder, record-player, cat, budgie, dog, goldfish, rabbit, bike, model, poster.* In lernschwächeren Klassen wird der Wortschatz ggf. vor Beginn des Spiels ohne Angabe einer Reihenfolge an der Tafel zusammengestellt.

▷ Workbook, Seite 37, Übung 11 (Festigung von *I'd like to get . . .*)
▷ Workbook, Seite 37, Übung 12 (Aussagen nach dem Muster *I'd like to stay at . . .*)

4 (Übersicht) Im ersten Teil werden Aussagen mit *would like to* gezeigt, im zweiten verneinte Sätze. Die kontrahierten Formen *she'd* und *he'd*, die seit der Einführung von *would like* (5c) bekannt sind, stehen zur Verdeutlichung den Vollformen gegenüber. Falls erforderlich, können die Frageformen mit *would like to* ebenfalls zusammengefaßt werden: *What would you like to do? Would you like to . . .?*
Eine Darstellung aller Formen von *would like to* findet sich im Workbook auf Umschlagseite 3.

---

### Liedvorschlag

**Happy Birthday**

Neue Wendung: *Happy birthday* (8d)    Neuer Wortschatz: *dear*

Eine Tonaufnahme dieses Liedes ist auf der Compact-Cassette *English Songs*, 24 englische Kinderlieder für den Anfangsunterricht, enthalten (Cornelsen-Velhagen & Klasing, Berlin).

## Seite 75

In diesem Dialog geht es um unterschiedliche Vorschläge und Wünsche. Dabei werden die wichtigsten Sprachmittel aus Unit 8 in einem Textzusammenhang gebraucht. Als die Harmonie der Geburtstagsfeier vorübergehend durch eine Meinungsverschiedenheit zwischen Gastgeber und Gästen gestört ist, wird gezeigt, wie mit den zur Verfügung stehenden sprachlichen Mitteln der eigene Standpunkt nachdrücklich verteidigt und die Haltung eines anderen kritisiert werden kann. In diesem Zusammenhang wird der Wortschatz geringfügig erweitert.

Es bietet sich an, den Dialog zur Schulung des Hörverständnisses zu verwenden. Die Adaption als szenisches Spiel, die bei vorausgegangenen Sprechanlässen durchaus gegeben war, könnte hier künstlich wirken und sollte daher aus pragmadidaktischen Gründen unterbleiben.

*Radio One* ist der Name eines überregionalen Rundfunksenders der BBC, der ausschließlich *pop music* ausstrahlt. *Radio Two* bringt Unterhaltungsmusik, *Radio Three* klassische Musik und *Radio Four* das gesprochene Wort.

**Wortschatz, Wendungen**  Charming! (hier ironisch gemeint: Wie reizend!), guest, **Happy Birthday!**

**Weg**  Zur Arbeit mit Texten und Dialogen siehe auch Vorwort, S. 17 ff.

1 Darbietung des Dialogs, vorzugsweise vom Tonträger. Einführung in die Situation:
*It's Sam's birthday. His friends are at his house.*
In lernschwächeren Gruppen können weitere Hilfen gegeben werden:
*Sam has got a birthday present. It's a radio cassette-recorder. He has got some cassettes, too. He'd like to play his new cassettes. His friends wouldn't like to play the cassettes.*
Der Dialog kann abschnittweise dargeboten werden:
a) Einleitung (bis ... *they're presents*).
b) Unterschiedliche Meinungen (bis *Charming* ...).
c) Überraschung (bis Schluß).

▷ Text-Cassette/Tonband
Die Tonaufnahme ist mit Geräuschen einer Geburtstagsfeier unterlegt: Geschirrklappern, Stimmen.
Ab *Now, where is it ...?* sucht Dave den Sender: Radiogeräusche, Bruchstücke von Sendungen (Sprache, Musik).
Ab *Here it is, Dave* Einblendung des *disc jockey*, der die nächste Platte ansagt.
Zum Schluß sind die ersten Takte des Liedes *"Don't go!"* zu hören.

2 Zur Überprüfung des Verständnisses bieten sich verschiedene Möglichkeiten an:
a) Verständnisfragen:
*Is it Ann's birthday?*
*Is it Sam's birthday?*
*Has Sam got a present?*
*Has he got a new record-player?*
*What's his birthday present?*
*Would Liz like to play the cassettes?*
*Would Sam's friends like the radio programme?*
*Is Sam nice to his guests?*
*What record are they playing on the radio?*

b) Lückentext:
*Sam has got a new ... It's a birthday present. He has got some ..., too. There's a good radio ... at 5.30. They play your favourite ... Sam would like to ... his new cassettes. There's a record on the radio. It's for ... The disc jockey says, "Happy ..., Sam. The record is from your friends at ..."*

c) *True/false statements:*
*Sam's friends are at his house. (true)*
*Sam's present is a radio cassette-recorder. (true)*
*Sam's friends would like to play cassettes. (false)*
*There's a good radio programme. (true)*
*The programme is on Radio Two. (false)*
*The disc jockey is playing a record for Mrs Cooper. (false)*

3 Lesen mit verteilten Rollen.

**Seite 76**

**Übungen**

**1** Übung der Personalpronomen.

Lösungen:
1. *Pete's friend, Sally, sometimes visits him in the evening.*
2. *She sometimes does her homework with him.*
3. *They get lots of homework, but Pete's brother often helps them.*
4. *He's a teacher.*
5. *Pete's mum is very nice. She often makes sandwiches for them.*
6. *Sally's dad comes at 9 o'clock. She goes home with him in the car.*

**2** Einsetzübung mit *object forms* der Personalpronomen.

Lösungen:
*Sally: I'm making a model plane. I'm making it with my friend, Ann. She's helping me. I visit her every day and we work in her room. My dad has got lots of model planes. He collects them. He sometimes repairs the planes and I watch him. But Ann and I aren't making our plane with dad. He can't help us – because it's a birthday present for him.*

**3** Übung von Aussagen mit *would like to*; Schreibung des Datums.

☐ Zusatzübung: *Mrs Jones would like to go on holiday from August 3rd till August 28th.* usw.

Lösungen:
*Miss Hill would like to go on holiday on July 6th.*
*Mr Brown would like to go on holiday on June 29th.*
*Mr Lee . . . September 7th.*
*Miss Parks . . . June 1st.*
*Mr May . . . August 17th.*
*Mr Ball . . . August 31st.*
*Mr Pim . . . July 13th.*

**4** Übung der Uhrzeitangaben; Wiederholung des *simple present*.
⚠ Bei Fahrplänen sind auch in Großbritannien 24-Stunden-Angaben häufig. 13.10 wird *thirteen ten*, *one ten* oder (seltener) *ten past one* gesprochen.

☐ Ähnliche Aussagen können auch mit echten Fahrplänen gemacht werden.

Lösungen:
*It leaves Manchester at 9.15.*
*It arrives in Leeds at 10.25.*
*It leaves Leeds at 10.30.*
*It arrives in York at 11.45.*
*It leaves York at 11.55.*
*It arrives in Hull at 13.10 (1.10).*

**5** Festigung der Präpositionen *at, on, in* bei Zeitangaben.
Es empfiehlt sich, vor der Durchnahme der Übung darauf hinzuweisen, daß es sich in dem gepunkteten Kasten um analoge Beispiele handelt, nicht um Einsetzvorgaben. Falls kontrastiv gearbeitet werden soll, findet sich ein Vergleich mit deutschen Präpositionen auf S. 105 des Schülerbuchs.

Lösungen:
1. *He starts work at 5 o'clock in the morning.*
2. *My birthday is in May. It's on May 15th.*
3. *When's your brother . . . ? – In September.*
4. *Please come to my party on Saturday at 6 o'clock.*
5. *My brother arrives home at half past five.*
6. *The stamp club meets on Wednesday at 5 o'clock.*

▷ Workbook, Seite 38, Übung 13 (Wortschatzübung)
▷ Workbook, Seite 38, Übung 14 (Zuordnung von Fragen zu Situationen)
▷ Workbook, Seite 38, Übung 15 (Wortschatzrätsel)
▷ Workbook, Seite 38, Übung 16 (Festigung der Ordinalzahlen und Monatsnamen)

**Sounds**

Hier werden die Laute [p] – [b], [t] – [d] und [k] – [g] miteinander kontrastiert. ⚠ Besonders zu achten ist auf die Bildung der stimmhaften Laute [b], [d] und [g] am Schluß eines Wortes, da die entsprechenden Buchstaben im Deutschen im Auslaut in der Regel stimmlos gesprochen werden, also als [p], [t], [k] und die Schüler dazu neigen, diese Aussprachegewohnheit auf das Englische zu übertragen.

**Seite 77**

**Say it in English**

Vorschläge mit *Let's* ... wurden bereits in 8a eingeführt. In diesem Abschnitt sind nun einige den Schülern bereits bekannte Redemittel, die ihnen unterschiedliche Reaktionen ermöglichen, zusammengefaßt.

| | | |
|---|---|---|
| **Sprech-** | Jemandem einen Vorschlag machen. | *Let's go to the zoo.* |
| **absichten** | Den Vorschlag annehmen. | *That's a good idea.* |
| | | *OK, fine.* |
| | | *Yes, all right.* |
| | Den Vorschlag ablehnen. | *Sorry, I can't.* |
| | | *Sorry, but I've got to ...* |
| | | *I'd like to go, but ...* |

Die positiven Reaktionen sind im Schülerbuch mehrfach aufgegriffen worden. Die negativen Stellungnahmen sind, mit Ausnahme von *Sorry, I can't*, etwas anspruchsvoller, da sie den Umgang mit anderen Strukturen bei der Begründung der Ablehnung verlangen. In lernschwächeren Klassen kann man deshalb bei der Durchführung der Übung auf die komplexeren Alternativen verzichten. Weitere Vorschläge: *Let's go to the shops/record shop/table-tennis club/museum/city centre/airport.*
Für die Übung und Festigung von Ablehnungsgründen können nützliche Wendungen auf einer Folie oder an der Tafel gegeben werden, z. B.
*Sorry, I've got to do my homework/paint my bike/help my mum/go to the shops/repair my bike.*
*I'd like to go, but I'm doing my homework/helping dad/going to the cinema/going to a party/watching a good TV programme.*

Lösungsvorschläge:

1. *Let's go to the youth club. – That's a good idea. OK.*
2. *Let's go to the library. – Sorry, I can't.*
3. *Let's go to the cinema. – Sorry, but I've got to clean my room.*
4. *Let's go to the baths. – Yes, all right.*

**Activity**

Bevor die Pappscheiben angefertigt werden, sollten die Schüler einen Entwurf auf einem Bogen Papier machen. Falls erforderlich, kann der Lehrer Hilfestellung geben, z. B. beim Ermitteln der Größe der Sichtfenster. Gegenüber dem im Schülerbuch gezeigten Ablauf der Herstellung kann es ratsam sein, die Monats- und Datumsangaben erst zum Schluß auf die Scheiben zu schreiben, nachdem der Kalender zusammengestellt worden ist. In größerem Format kann auch ein Kalender für den Klassenraum angefertigt werden.

**Wortschatz**  calendar, **month**

---

**Diktatvorschlag**

*My mum's birthday is on June 8th. She always gets a present from me. I'd like to buy a record, but records are very expensive. I can't buy a present this year. I'm making a present for her. It's a book with photos in it.*

# Unit 9

Lehrerhandbuch zu ENGLISH H · Neue Ausgabe, Band 1

In dieser Unit stehen die Themen „Geld" und „Freizeit" im Mittelpunkt. Neben den britischen Geldbezeichnungen werden auch die in Großbritannien benutzten Bezeichnungen für deutsche Geldbeträge eingeführt, um den Schülern mehr Möglichkeiten für den Transfer anzubieten. Im grammatischen Bereich ist die Fragebildung mit *do/does* neu.

## Step 9a

Nachdem die Schüler die Geldbezeichnungen kennengelernt und geübt haben, sprechen sie über das Thema „Taschengeld". Dabei werden Fragen mit *Do you . . . ?* eingeführt.

**Sprech-absichten**

| | | |
|---|---|---|
| S. 78 | Britische Geldbeträge nennen. | *forty-five p (pence), two (pounds) eighty* |
| | Deutsche Geldbeträge nennen. | *fifty pfennigs, three (marks) forty* |
| S. 79 | Über Taschengeld sprechen. | *Do you get pocket-money?* |

### Seite 78

Zur Schreib- und Sprechweise der britischen Geldbeträge: Seit der Umstellung der englischen Währung auf das Dezimalsystem (1971) hat sich keine einheitliche sprachliche Regelung zur Bezeichnung von Geldbeträgen entwickelt; es werden, je nach Situation und persönlicher Neigung des Sprechers, mehrere Bezeichnungen nebeneinander gebraucht. Formen wie *forty-five* und *forty-five p* scheinen an Beliebtheit gegenüber der vollen Form *forty-five pence* zu gewinnen. Obwohl die amtliche Bezeichnung *New Pence* lautet (vgl. die abgebildeten Münzen), wird sie so gut wie überhaupt nicht benutzt. Gelegentlich trifft man in Großbritannien statt £2.80 auch die Form *280p* an.

Zur Schreib- und Sprechweise der deutschen Geldbeträge: Die Aufstellung des deutschen Geldes zeigt die in Großbritannien übliche Schreibweise, d. h. Punkt statt Komma bei den Ziffern und Kleinschreibung von *mark* und *pfennig*, deren Pluralformen mit *-s* gebildet werden. Statt *marks* ist manchmal auch der Begriff *deutschmarks* zu hören.

**Wortschatz** **pence (p), pound (£), British, money**

**Weg**

1 Wiederholung der Grundzahlen (Zählen, Tafelvorgaben).

2 Zur Einführung der britischen Währung sollte nach Möglichkeit echtes Geld verwendet werden, das man sich von einer Großbritannienreise mitbringen (lassen) kann; gelegentlich verkaufen auch Wechselstuben und Münzhandlungen englische Münzen:
  a) *Here's a pound. It's British money. There are a hundred pence (p) in a pound. Here's ten pence and here's . . .*
  b) *I've got one pound sixty-five: One pound and fifty pence, that's one pound fifty, – and ten pence, that's one pound sixty, – and five pence, that's one pound sixty-five.*
  c) Lehrer gibt Geld an einen Schüler weiter: *Can I have 20p, please?*
  Zur Demonstration siehe auch die Folienbeilage der Zeitschrift ENGLISCH, Heft 1/1982.

3 (Geldabbildungen) *Here's a pound. There are a hundred pence (p) in a pound. Here's a pound, fifty pence, ten pence, . . . That's one pound sixty-eight.*

4 (Übersicht *British money*) Einführung der Schreibweise der vorher mündlich erarbeiteten Formulierungen. Anschließend Durchnahme der Leseübung *Say: . . .*

  ▷ Text-Cassette/Tonband, Exercise 1

5 Einführung der englischen Bezeichnungen deutscher Geldbeträge. Vorgehen wie bei Schritt 2.

6 (Übersicht *German money*) Einführung der Schreibweise und Leseübung *Say: . . .*

  ▷ Workbook, Seite 39, Übung 1 (Schreiben von „Einkaufszetteln"; Festigung der Schreibweise von Geldbeträgen und Mengenangaben mit *of*)

**Seite 79**

**Struktur**

**Do you save? – Yes, I do./No, I don't** (△ Steigende Intonation der Frage beachten): Die Einführung der Fragen mit *do* erfolgt vorerst nur anhand von Entscheidungsfragen mit *you* und den Verben *get* und *save*. Solange man sich darauf beschränkt, ist mit keinen größeren Schwierigkeiten im Gebrauch von *do* zu rechnen, wohl aber, wenn die Verwendung der Struktur sich ausweitet. Dann empfiehlt es sich, im Sinne der Signalgrammatik mit Zusammenstellungen folgender Art auf die „Zweigliedrigkeit" (Hilfsverb *are, can, have, would, do* usw. vor dem Subjekt, Verb hinter dem Subjekt) der englischen Frageform hinzuarbeiten:

Are *you* coming?
Can *you* help *me*?
Have *you* got *a ruler*?
Would *you* like *a glass of milk*?
Do *you* get *pocket-money*?

Zur Signalgrammatik siehe G. Zimmermann: *Integrierungsphase und Transfer im neusprachlichen Unterricht.* In: R. Freudenstein und H. Gutschow (Hrsg.): *Fremdsprachen – Lehren und Erlernen.* München ²1974.

**Wortschatz, Wendungen**

**pocket-money, save;**
50p a week

**Weg**

**1** (obere Bildgruppe) Einführung der Frage *Do you get pocket-money?* und der Kurzantwort *Yes, I do:*
Penny is with the boys and girls. They're talking about money. Some children get pocket-money every week from their mums and dads.
Penny asks Harry, "Do you get pocket-money?"
Harry says, "Yes, I do. I get £2.50."
And Ann? Ask her.
Beim ersten Durchgang werden nur die abgebildeten Geldbeträge berücksichtigt.

**2** (obere Bildgruppe) Zunächst Semantisierung von *save* (Symbol Sparschwein):
L: *You'd like to have a cassette-recorder. Can you buy it with your pocket-money now?*
S: *No, I can't.*
L: *No, you've got to save.*
Einführung der Frage *Do you save?* und der Kurzantwort *No, I don't:*
Penny asks Harry, "Do you save?"
Harry says, "Yes, I do. I save 50p a week."
Penny asks Ann, "Do you save, Ann?"
Ann says, "No, I don't."
And Dave? Ask Dave.

**3** (gelber Kasten) Die eingeführten Sprachmittel werden auf die Schülersituation übertragen. Fragestellung zunächst durch den Lehrer, danach auch durch die Schüler. Der Lehrer muß darauf vorbereitet sein, daß evtl. einige Kinder kein regelmäßiges Taschengeld bekommen. Es muß möglichst vermieden werden, sie in der Klasse in eine peinliche Situation zu bringen.
△ Der Lehrer kann zuerst Aussagen vorgeben, um die Struktur *I get ... marks a month* abzusichern.

▷ Workbook, Seite 40, Übung 2 (Festigung der Kurzantworten *Yes, I do./No, I don't.*)

**4** (Strip) In dieser Szene wird kurz darauf eingegangen, daß Taschengeld – je nach Familie – für unterschiedliche Zwecke gebraucht wird. Sie stellt damit den Übergang zu den Inhalten von 9b her. Mögliche Fragen:
What has Ann got?
Has Pat got "Melody" magazine, too?
Can Ann/Pat read "Melody" every week?
Pat can't read the magazine every week. Why?
Who buys the magazine for Ann?
What has Pat got to do?

Das Thema „Taschengeld" wird ausgeweitet und mit einer Diskussion über verschiedene Freizeitinteressen verknüpft. Da in diesem Step die Frage mit *do* grammatisch im Mittelpunkt steht, nimmt die mündliche Partnerarbeit einen breiten Raum ein. Während in 9a die Verwendung von *do*-Fragen auf zwei Verben beschränkt blieb, werden nun auch andere Verben gebraucht.

| | | |
|---|---|---|
| **Sprech-** | S. 80 Nach Gewohnheiten fragen. | *Do you buy sweets (every week)?* |
| **absichten** | S. 81 Sagen, was man gern hat. | *I like comics.* |
| | Fragen, ob jemand etwas oft tut. | *Do you often read?* |
| | Fragen, was jemand gern hat. | *What books do you like?* |

**Seite 80**

**Wortschatz** sweets, ticket (= Eintrittskarte, Fahrschein. Semantisierung mit Hilfe von mitgebrachten Fahr- und Eintrittskarten: *You're on a bus. You've got to buy a bus ticket. Here's a bus ticket for 10p (2 marks). Here are two cinema tickets. You'd like to go to the cinema. You've got to buy a cinema ticket.*)

**Weg** 1 Zusammenfassen von Wortschatz zum Thema *What can you buy with pocket-money?: Lots of children get pocket-money. What things can they buy with pocket-money?*
Mögliche Gegenstände: *books, magazines, cassettes, records, felt-tips, posters, crisps, cakes, lemonade, models.*
An geeigneter Stelle Einführung von *sweets, bus tickets* und *cinema tickets.*

2 (grauer Kasten) Übungseinstieg durch *Look at the grey box. Lots of children get pocket-money. You can save it. Or you can buy things with it. What can you buy? Some children buy sweets with their pocket-money. Some children buy . . .*
Die Schüler machen weitere Aussagen anhand der vorgegebenen Bilder.

3 (Sam und Ann) *Look at Sam and Ann. Ann buys lots of things with her pocket-money. Let's see what she buys. She buys sweets, . . . Can you say what she buys?*
Die Schüler machen weitere Aussagen darüber, was Ann von ihrem Taschengeld kauft.

4 (Dialog Sam und Ann) Steuerung durch Sprechblase:
*Sam is asking Ann about her pocket-money. He asks lots of things. He asks, "Do you buy sweets? Do you buy magazines? Do you buy cassettes?"*
Erarbeitung des gesamten Dialogs nach vorgegebenem Muster. Für Fragen mit verneinten Antworten sind weitere Stimuli in dem grauen Kasten enthalten:
*Sam asks Ann about her pocket-money, "Do you buy sweets?"*
*Ann says, "Yes, I do."*

☐ In lernschwächeren Gruppen kann der Lehrer zunächst die Fragen von Sam übernehmen, während die Schüler in der Rolle von Ann antworten. Erst danach werden beide Rollen von Schülern übernommen:
Sam: *Do you buy books?*
Ann: *No, I don't.*

▷ Text-Cassette/Tonband, Exercise 2
▷ Arbeitsfolie 24 (Festigung der Frage mit *do* und der Kurzantworten)

5 (gelber Kasten) Übertragung der Fragen auf die Kaufgewohnheiten der Schüler:
*Ask a partner about his or her pocket-money.*
Um einen etwas komplexeren Dialogablauf zu ermöglichen, sind die zwei Fragemuster angegeben:
*Do you buy sweets? – Yes, I do.*
*Do you buy sweets every week? – No, I don't.*

▷ Workbook, Seite 40, Übung 3 (Festigung der Frage *Do you buy . . . ?* und der Kurzantworten zum Thema „Kaufgewohnheiten")

6 (Übersicht) Hier wird die eingeführte Frageform *Do . . . ?* mit *you* und *they* zusammengefaßt. Die Angaben sollen nicht als Basis für rein formale Umformungsübungen dienen, sie veranschaulichen aber das Prinzip, das der Frage im *simple present* bei Vollverben zugrunde liegt:
*They often go to the cinema.*
*Do they often go to the cinema?*
Die Analogie mit dem Modalverb *can* bietet eine weitere Möglichkeit zur Bewußtmachung:
*You ride a bike.*
*Can you ride a bike?*
*Do you ride a bike?*
Aus Platzgründen und um die Übersichtlichkeit der Zusammenfassung zu erhalten, sind die Kurzantworten hier nicht mit aufgeführt worden. Dies kann an der Tafel erfolgen.

### Seite 81

**Struktur** **What do you read?** Der Einführung und Festigung von Entscheidungsfragen mit *do* folgen hier *wh*-Fragen mit *do* (Bestimmungsfragen). ⚠ Normalerweise werden *wh*-Fragen nicht mit einem ganzen Satz, sondern nur mit der erbetenen Auskunft als *phrase* beantwortet, z. B. *When do you read? – At the weekends. What do you read? – Magazines.*

**Wortschatz** **comic** (= Comic-Heft), **like** (kann verbal erklärt werden: *Ann is my friend. She's nice. I like Ann.* Die Verwendung von *like* als Zustandsverb stellt einen neuen Aspekt des *simple present* dar. Das sollte den Schülern jedoch nicht bewußtgemacht werden.)

**Weg**

1 Der Einstieg in den Themenkreis „Lesen" erfolgt zweckmäßigerweise mit Hilfe von mitgebrachten Büchern, Zeitschriften und Comic-Heften.
*What's that in English? – A book.*
*Yes, it's a book. It's a good book. I often read books. And here's a magazine. A magazine has got lots of photos.*
Einführung von *comic: Here's a comic. It's a German comic.*

2 (Fotogruppe) Darbietung der Abbildungen:
*Look at page 81. Pat, Sam, Ann and Harry sometimes read. Pat reads magazines and books. Sam reads comics and magazines. Ann reads comics and magazines. Harry reads books.*
Die Schüler bilden die Aussagen von Pat, Sam, Ann und Harry:
*What do you read?*
*Pat? – I read magazines and books.*
*Sam? – I read comics and magazines.*

3 (Fotogruppe) Beantwortung von Fragen:
*Sam, do you read books? – No, I don't.*
*Do you read comics? – Yes, I do.*

☐ In leistungsstärkeren Gruppen können die Schüler auch die Fragen stellen.

4 (Fotogruppe) Einführung von *like*:
*Look at the photos. Pat's favourite books are Enid Blyton books. She likes Enid Blyton books.*
*Pat's favourite magazine is "Stamp Magazine". She likes "Stamp Magazine".*
Die Schüler setzen die Aussagen über Sams, Anns und Harrys beliebtesten Lesestoff fort:
*And Sam? – Sam likes "Beano" and "Look-in".*
*And Ann? – Ann likes . . .*
⚠ Aussprache von Enid Blyton [ˈiːnɪd ˈblaɪtn] beachten.

5 (Fotogruppe) Erarbeitung der Aussagen von Pat, Sam, Ann und Harry:
*What do they like?*
*Pat says, "I like Enid Blyton books and 'Stamp Magazine'."*
*And you, Sam? – I like "Beano" and . . .*

▷ Workbook, Seite 41, Übung 4 (Fragen zum Thema „Freizeit" mit *Do you . . .?*)
▷ Workbook, Seite 41, Übung 5 (Transferübung; Festigung der Frage *Do they . . .?* und der Kurzantworten *Yes, they do./No, they don't.*)
▷ Workbook, Seite 41, Übung 6 (Transferübung; dabei Festigung der Frage *Do you like . . .?* und der Kurzantworten *Yes, I do./No, I don't.*)

6 (gelber Kasten) Vor Beginn der Partnerarbeit sollten die *wh*-Fragen an der Tafel gesammelt und ggf. – vom Lehrer gestellt – eingeübt werden:
*You read.*
*Do you read?*
*When do you read?*
*What do you read?*
*Where do you read?*
Die zu *books* gestellten Fragen sind auf *magazines* und *comics* zu übertragen.
Ähnliche Präsentation der weiteren Fragen.

☐ In leistungsstärkeren Gruppen können anschließend Kurzberichte nach einem vorgegebenen Muster erarbeitet werden, z. B.
*Victoria often reads.*
*She reads at the weekends.*
*She reads books.*
*She likes Karl May books.*
*She never reads magazines.*
*She never buys books.*
*She goes to the library.*
⚠ Da die Verneinung mit *doesn't* erst in 10b eingeführt wird, werden evtl. auftretende negative Aussagen mit *never* gebildet.

**Seite 82**

Wortschatz: **interview**, free time, **sport** (⚠ Mehrzahl *sports* = Sportarten beachten)

Weg 1 (Abschnitt *pocket-money*) *Here are some interviews about free time. What are the children asking about? – Pocket-money, TV, hobbies, sports. Let's look at the pocket-money questions.* Die Schüler übernehmen die Rolle des Interviewpartners: *You're Susan Bates. Let's talk about pocket-money, Susan. What do you get? – £3.50. Do you save it? – No, ...* Danach kann der Lehrer den Schülern ähnliche Fragen zum Thema „Taschengeld" stellen. Die blauen Felder geben nur Beispielfragen (vgl. die beiden unterschiedlichen *sports*-Abschnitte); sie sind nicht als vollständige Interviews zu verstehen. So könnte die Befragung auch mit *Do you get pocket-money?* beginnen (vgl. auch Schritt 2).

2 (restliche Abschnitte) Nach demselben Muster werden die anderen Themen der Seite eingeführt. Vervollständigung der Lückenfragen durch Schüler.

☐ Weitere Fragen, die zu den Themen gestellt werden können:
a) *Pocket-money*
   *Do you get pocket-money?*
   *Do you get pocket-money every month?*
   *What do you save?*
   *Do you buy bus tickets/cinema tickets/sweets/...?*
b) *TV*
   *Do you watch TV every day?*
   *Do you like TV?*
   *Do you like sport on TV?*
   *Do you watch TV after nine o'clock?*
c) *Hobbies*
   *When do you do your hobby?*
   (Zu weiteren Hobbys vgl. die Übersicht auf S. 107 des Schülerbuchs.)
d) *Sports*
   *Do you play/learn ...?*
   *Do you often play ...?*
   *Do you play ... at school/in the park/at a club?*

⚠ Zur Isolierung von Lernschwierigkeiten sollte man sich hier auf Fragen mit *do* beschränken, obwohl die sprachlichen Mittel auch für andere Fragen ausreichen.

3 (gelber Kasten) In der Regel wird man in der Klasse erst einmal gemeinsam ein Interview erarbeiten, dann – je nach Klassenstand – entweder gemeinsam oder in Gruppen Varianten zusammenstellen. Denkbar ist auch die Vergabe der einzelnen Themen an je einen Schüler in der Gruppe.

☐ In guten Klassen könnte man von Stegreifinterviews ausgehen, die dann ggf. ausgebaut werden, z. B.
S1: *Good morning. I'd like to ask you about pocket-money.*
S2: *OK.*
S1: *What do you get?*
S2: *DM 10.*
S1: *What things do you buy?*
S2: *Sweets and posters.*

▷ Workbook, Seite 42, Übung 7 (Festigung der Fragebildung mit *Do you ...?, When do you ...?* und *Where do you ...?*)

---

**Lernspiel**

*Bananas:* Das Spiel kann zur Wiederholung und Festigung der Fragebildung verwendet werden. Ein Schüler bekommt von den anderen Mitspielern Fragen gestellt, die er alle mit *"Bananas"* beantworten muß, ohne zu lachen. Wer lacht oder lächelt, scheidet aus, und der nächste Schüler kommt an die Reihe. Fragemuster können an der Tafel gegeben werden. Beispiel:
*What's your name? – Bananas.*
*What have you got in your pencil-case? – Bananas.*
*What do you buy with your pocket-money? – Bananas.*
*What do you read? – Bananas.*

Das Thema „Musikhören" dient als Ausgangspunkt für ein kurzes Einkaufsgespräch, danach als Basis für eine Unterhaltung über Vorlieben. Nachdem in 9b der Gebrauch des *simple present* durch das Zustandsverb *like* erweitert wurde, kommen nun Verben zur Bezeichnung von Eigenschaften hinzu. Dabei steht die Einführung von Fragen mit *does* im Mittelpunkt.

| | | |
|---|---|---|
| **Sprech-absichten** | S. 83 Eigenschaften bezeichnen. | *It shows the time.* |
| | Bitten, daß einem etwas gezeigt wird. | *Can you show me model S 50, please?* |
| | Nach Eigenschaften fragen. | *Does it play stereo music?* |
| | S. 84 Fragen, ob jemandem etwas gefällt. | *Does she like jazz?* |

**Seite 83**

**Struktur**  **Does it show the time?** Diese Struktur bereitet Schwierigkeiten (a) wegen der Umschreibung mit *do*, (b) wegen der Unterscheidung von *do* und *does*. Hinzu kommt, daß die Schüler dazu neigen, das -*s* beim Verb zu wiederholen: *\*Does it plays stereo music?* Helfen mag der Hinweis auf *"one s"*: *It play[s] stereo music. – Doe[s] it play stereo music?* (vgl. auch die Übersicht auf S. 84 des Schülerbuchs). ⚠ Auf die korrekte Aussprache von *does* [dʌz] achten.

**Wortschatz, Wendungen**  battery, work with batteries, stereo (⚠ Aussprache ['sterɪəʊ] beachten), **music**, show, **cost**, it comes with ... (= es wird geliefert mit ...), microphone (⚠ Aussprache ['maɪkrəfəʊn] beachten), headset, case (= Tasche; vgl. Abbildung auf S. 107 des Schülerbuchs)

**Weg** 

1 Einführung des Wortschatzes anhand eines Gerätes:
*Here's a cassette-recorder. It works with batteries. Look, there are four batteries. It ...*

Die Schritte 1 bis 4 können durch den Einsatz der Arbeitsfolie vorbereitet werden.

▷ Arbeitsfolie 25

2 (Fotogruppe/Prospektseite) Erarbeitung von Aussagen zu den abgebildeten Geräten anhand der Symbole:
*Here are three radio cassette-recorders. Look at model S 50. It works with batteries. It plays ... And model M 5? – It works with batteries. It costs ...*
*And model S 10?*

☐ Weitere „Einkaufsgespräche" mit Gegenständen, die Preisschilder haben, z. B.
S1: *Can I have a paint-brush, please?*
S2: *Here you are./Here's a nice paint-brush.*
S1: *What does it cost?*
S2: *£1.*
Bekannte Gegenstände: *cassette, record, cassette-recorder, TV, radio, calculator, bike; bag, basket, pencil, pen, rubber, felt-tips, (red/blue) biro, ruler, pencil-case; litre of paint; cake, sandwich, packet of biscuits/crisps, bottle of milk/lemonade, cup of tea, glass of milk;* (Spielzeug) *car, plane, cat, dog, rabbit.*
Die Preise werden grob umgerechnet (1982: £1 etwa DM 4,00).
⚠ Ob Pluralformen verwendet werden, muß aufgrund der Leistungsstärke der Klasse entschieden werden.

3 (Fotogruppe/Prospektseite) Einführung der Frage *Does it ...?* und der Kurzantworten *Yes, it does./No, it doesn't:*
*Look at model S 50. Does it work with batteries?*
*– Yes, it does.*
*Does it play stereo music? – Yes, it does.*
*Does it show the time? – Yes, it does.*
*Does it cost £54? – No, it doesn't.*
*Does it cost £98? – Yes, it does.*
Ähnliche Fragen zu den Modellen M 5 und S 10. Anschließend stellen auch die Schüler – ggf. durch Muster an der Tafel gesteuert – Fragen.

▷ Text-Cassette/Tonband, Exercise 3

4 (Dialogmuster) Die sprachlichen Vorgaben ermöglichen „Einkaufsgespräche". Sie stellen ein Angebot dar und brauchen nicht alle in jedem Dialog verwendet zu werden:
*You're in a shop. You'd like to see model S 50. You say, "Can you show me model S 50, please?" Then you ask, "Does it ...?"*
Ist ein Kurzdialog erarbeitet, kann er an der Tafel festgehalten werden und in lernschwächeren Gruppen als Grundlage zum Vorspielen des ersten Gesprächs dienen.

5 (gelber Kasten) Die Schüler stellen einander Fragen. Die positiven Antworten können schriftlich fixiert und als Kurzberichte vorgetragen werden, z. B. *John has got a cassette-recorder. It works with batteries. It plays ...*
Ähnlich mit *record-player* und *radio*.
⚠ Aussagen mit *doesn't* sind noch nicht bekannt.

▷ Workbook, Seite 42, Übung 8 (Fragen mit *What does the ... cost?*)
▷ Workbook, Seite 42, Übung 9 (Festigung von *Yes, it does./No, it doesn't.*)

|  | **Seite 84** |
|---|---|
| Struktur | Does he/she buy records? |
| Wortschatz | folk music, pop music, classical music, jazz (Falls Verständnisprobleme auftreten sollten, kann auf bekannte Titel oder Komponisten der jeweiligen Musikgattung hingewiesen werden.) |

Weg

1 (Foto) Einführung des neuen Wortschatzes:
*Here's a record shop. It sells folk records and cassettes. It sells pop records and cassettes. It sells folk records and cassettes. It sells jazz records and cassettes.*

2 (Foto) Beantwortung von Fragen zum Bild, z. B.
*Does the shop sell books?
Does the shop sell pop records?
Does the shop sell pop magazines?*

3 (Bildleiste) Zunächst können die Bildinhalte erfaßt werden:
*What music do the Greens like? – Ann Green likes folk music and pop music.
Mrs Green likes . . . Mr Green likes . . .
What do they buy? – Ann Green buys cassettes.
Mrs Green buys . . . Mr Green buys . . .*

4 (Bildleiste) Anhand der *substitution table* Einführung der Frage *Does he/she . . . ?* und der Kurzantworten:
*Let's ask about Ann. Does Ann like folk music?
– Yes, she does.
Does Ann like pop music? – Yes, she does.
Does Ann like jazz? – No, she doesn't.
Does Mrs Green like . . . ?*
Die Fragen werden zunächst vom Lehrer gestellt, können jedoch später von Schülern übernommen werden (evtl. in Partnerarbeit).

5 Mit Bezug auf die Bildleiste Beantwortung der Fragen *What does . . . ?*
⚠ Hier bietet sich Gelegenheit, auf die „Verlagerung" des *-s* aus dem Aussagesatz hinzuweisen:
*What doe[s] Ann like?
       She like[s] folk music.*

6 (gelber Kasten) Die Schüler stellen sich gegenseitig Fragen nach ihren Musikinteressen. Dabei kann auch erfragt werden, wofür sich *father, mother, sister, brother* interessieren.
⚠ Die Möglichkeit zur Verneinung bietet die Umschreibung mit *never*, da *doesn't* erst in 10b eingeführt wird: *I never buy cassettes or records.*

7 (Übersicht) Hier wird (a) auf die Unterscheidung von *do* und *does* bei der Frageform, (b) auf den Wegfall der *s*-Endung beim Verb in Fragen mit *does* hingewiesen. Zusätzliche Hilfe kann der Lehrer durch eine Aufstellung an der Tafel geben, in der alle Pronomen und Substantivkombinationen zusammengefaßt werden, z. B.

<u>Do . . . ?</u>

*I
we/Tom and I/my father and I
you
they/Ann and Pat/the boys*

<u>Does . . . ?</u>

*John/he/Mr Brown/the policeman
Ann/she/Mrs Brown/the teacher*

Zum Wegfall der *s*-Endung kann eine erneute Verdeutlichung der *"one s"*-Regel dienlich sein.

▶ Schülerbuch, Seite 86, Übungen 1, 2

Lehrerhandbuch zu ENGLISH H · Neue Ausgabe, Band 1

**Seite 85**

Der Dialog faßt wichtige bislang eingeführte Redemittel in einem wirklichkeitsnahen Kontext zusammen. Die Unterrichtsarbeit kann umfassen: Hörverstehen, Leseverständnis und Lesen mit verteilten Rollen. Mit Hilfe der Anzeigen können ähnliche Dialoge leicht nachgespielt werden.

**Wortschatz**  phone, about (= wegen), look at, live;
camera, almost

**Weg**  Zur Arbeit mit Texten und Dialogen siehe auch Vorwort, S. 17 ff.

1 Die Dialoge eignen sich als Ausgangspunkt für eine Übung im Hörverstehen. Es empfiehlt sich, das Gespräch zwischen Ann und Mr Green getrennt von dem Telefonat Anns mit Mrs Carter zu behandeln. Falls wegen der Länge des Telefondialogs eine weitere Zäsur erforderlich wird, kann die Tonaufnahme oder das Vorlesen nach dem Satz *We'd like £22 for it* unterbrochen werden.

▷ Text-Cassette/Tonband
Auf der Tonaufnahme ist der Freiton eines englischen Telefons zu hören. Dann meldet sich Mrs Carter mit der Nummer, wie dies in Großbritannien üblich ist. Jede Ziffer einer Telefonnummer wird einzeln gesprochen. 0 spricht man [əʊ] aus. Weitere Informationen finden sich im *Oxford Advanced Learner's Dictionary of Current English*, S. 1020, *Telephoning*.

2 Verständnisüberprüfung durch Fragen:
*Has Ann got a record-player?*
*(What would Ann like?)*
*What does it cost?*
*Where do people sell record-players?*
*Are the record-players expensive?*
*Does Mrs Carter's record-player play stereo records?*
*What does it cost?*
*What would Ann like to do?*
*When can Ann visit Mrs Carter?*
*Where does Mrs Carter live?*

**True/false statements** können ebenfalls zur Verständnisüberprüfung eingesetzt werden, z. B.
*Ann hasn't got a record-player. (true)*
*She likes a £40 record-player. (true)*
*She has got £40. (false)*

3 Leseverständnisübung anhand der Zeitungsinserate. Vorschläge für Fragen, die mittels Arbeitsblatt, Tafelanschrieb oder Folie gestellt werden können:
*Who has got a German camera?*
*What colour are the rabbits?*
*What has Mrs Pitt got?*
*Are Mrs Pim's records old or new?*
*Where does Mr Peters live?*
*Who has got a house in Carter Street?*
*You'd like a football. What number have you got to phone?*

4 Der Zeitungsausschnitt liefert den Rohstoff für abgewandelte Dialoge, die entweder von der Klasse oder in Gruppen von den Schülern erarbeitet werden. Lehrer und Klasse treffen zusammen eine Auswahl, zu welchen Anzeigen Dialoge entwickelt werden können. Die Preisvorstellungen richten sich nach einem groben Umrechnungskurs (1982: £1 etwa gleich DM 4,00).

☐ In lernschwächeren Klassen können die sprachlichen Mittel teilweise vorgegeben werden (Folie, Tafel), z. B.
A: . . . here.
B: Hallo, I'm phoning about your . . .
A: Yes. It's/They're . . .
B: What does it/do they cost?
A: We'd like . . . for it/them.
B: Can I come and look at it/them?
A: When would you like to come?
B: . . .
A: Yes, all right.
B: Where do you live?
A: . . . Goodbye.
B: Bye.

▶ Schülerbuch, Seite 86, Übung 3

### Seite 86

**Übungen**

**1** Unterscheidung von *do* und *does* in Bestimmungs- und Entscheidungsfragen.

Lösungen:
1. *Where do you work?*
2. *Where does your father work?*
3. *Does your mum work in a shop, too?*
4. *Do your mum and dad work on Saturdays?*
5. *What do you do at the weekend?*
6. *Does your dad play, too?*
7. *Do you help at home?*

**2** Kurzantworten nach Entscheidungsfragen mit *do* und *does*.
Dabei muß das passende Personalpronomen gefunden werden.

Lösungen:
2. *Yes, they do.*  6. *Yes, he does.*
3. *Yes, she does.*  7. *No, they don't.*
4. *Yes, he does.*  8. *No, she doesn't.*
5. *Yes, they do.*

**3** Wortschatzübung zu den Sachgruppen Schreibwaren, Lektüren, Lebensmittel, Elektrobedarf. Dabei Bildung von Aussagen im *simple present*.
⚠ Zu beachten ist, daß die Branchentrennung in Großbritannien nicht so strikt festgelegt ist. *Newsagents* verkaufen z. B. auch Schreibwaren, oft sogar Süßwaren.

Lösungsmöglichkeiten:
1. *The shop sells newspapers, pens, books, magazines, comics, pencil-cases, rubbers, felt-tips, rulers, biros.*
2. *The shop sells lemonade, cakes, biscuits, crisps, milk, tea, sweets.*
3. *The shop sells calculators, TVs, record-players, records, cassette-recorders, cassettes, radio cassette-recorders, batteries, headsets, microphones.*

▷ Workbook, Seite 43, Übung 10 (Festigung der Kurzantworten *Yes, it does./No, it doesn't.*)
▷ Workbook, Seite 43, Übung 11 (Festigung von Fragen mit *do* und *does* und von Kurzantworten mit *do/don't, does/doesn't.*)
▷ Workbook, Seite 43, Übung 12 (Wortschatzübung)

### Sounds

Der Abschnitt behandelt die Aussprache von [r] und die Unterscheidung [f] – [v] – [w]. Wenn man auch die korrekte Bildung des englischen [r] anstreben wird, erscheint es für die Kommunikation vordringlicher, auf die Unterscheidung von [v] und [w] zu achten und der Verwechslung von [f] und [v] vorzubeugen.

▷ Text-Cassette/Tonband, *Sounds*

### Lernspiel

*Quiz about Unit 9:* Das Quiz kann als Gruppenwettkampf durchgeführt werden. Jede Gruppe bekommt zwei Punkte für eine richtige Antwort bei geschlossenem Buch, einen Punkt, wenn nachgeschlagen werden muß. Vorschläge für Fragen:
1. *What colour is an English pound? (Green)* 2. *What expensive magazine does Ann get every week? ("Melody")* 3. *What are Zips and Tabs? (Sweets)* 4. *What have you got to buy on a bus? (A bus ticket)* 5. *Who or what is "Jackie"? (A magazine)* 6. *Is "Beano" a comic, a book or a magazine? (A comic)* 7. *What would Ann like to buy? (A record-player)* 8. *Who can look at the record-player with Ann? (Her father)* 9. *What does the record-player cost? (£22)* 10. *Where can people sell old things? (In the newspaper)* 11. *Is model S 50 a record-player, a TV or a radio cassette-recorder? (A radio cassette-recorder)* 12. *He likes classical music. What's his name? (Mr Green)*

**Seite 87**

**Say it in English**

Anknüpfend an das Muster für „Einkaufsgespräche" in 9c, werden hier aus dem bekannten Sprachschatz weitere Möglichkeiten gesammelt, um auf die Frage eines Verkäufers *Can I help you?* angemessen zu reagieren. Drei Varianten, um etwas zu bitten, stehen zur Verfügung. Sie können als synonym behandelt werden, auch wenn geringfügige Bedeutungsunterschiede bestehen: die Bitte um etwas, was man als vorrätig vermutet; die Bitte um etwas, was evtl. in dem Geschäft nicht geführt wird; die Bitte um etwas, was evtl. nicht vorrätig ist. Außerdem wird die sprachliche Möglichkeit für den Fall angeboten, sich nur etwas ansehen zu wollen.

| | | |
|---|---|---|
| **Sprech-** | Fragen, ob man behilflich sein kann. | *Can I help you?* |
| **absichten** | Sagen, was man haben möchte. | *I'd like a C90 cassette, please.* |
| | | *Do you sell C90 cassettes, please?* |
| | | *Have you got a C90 cassette, please?* |
| | Sagen, daß man sich nur umsehen möchte. | *I'm just looking.* |
| **Wendung** | **I'm just looking.** | |

Lösungsvorschläge:

1. *Can I help you? – I'd like a 4B pencil, please.*
2. *Can I help you? – No, thank you. I'm just looking.*
3. *Can I help you? – Do you sell Hitone record-players, please?*
4. *Can I help you? – No, thank you. I'm just looking.*
5. *Can I help you? – Yes, please. Have you got "Melody", please?*

**Activity**

Die Schüler sollen dazu angeregt werden, ein Programm nach dem Muster *Interviews* (9b) zu entwickeln. Die *Activity* ergibt sich also direkt aus dem Unterricht. Nach einem Probelauf in der Klasse bietet sich die Gestaltung eines solchen Programms für Elternabende an, die mehr als bisher Aufschluß über die Unterrichtsarbeit geben sollten. Beachtung finden sollte das Vorhaben auch bei denjenigen, die stärker an den schriftlichen Arbeitsformen interessiert sind (siehe Vorwort, S. 7).
Der Abschnitt im Schülerbuch zeigt mögliche Themen, bietet eine Auswahl an nützlichen Strukturen und gibt ein Beispiel dafür, wie das Programm anfangen könnte. Als Themen wurden Inhalte ausgewählt, die im Schülerbuch behandelt wurden. Andere Themen sind selbstverständlich denkbar, doch müßte dafür erst der notwendige Wortschatz eingeführt werden. Besonders in lernschwächeren Gruppen ist es auf jeden Fall sinnvoll, vor Durchführung der *Activity* die für das jeweilige Thema nützlichen Redemittel zu sammeln. Neben der Wiederholung von Wortschatz könnte auch die Strukturenauswahl der Seite ergänzt werden, z. B. *Magazines*:

*What magazines do you like?*   *Do you collect the old magazines?*
*Where do you buy them?*   *Is it expensive?*
*When do you buy them?*   *Can you buy it every week?*
*Do you buy them with your pocket-money?*   *Do you like magazines about . . . ?*
*What does . . . cost?*   *Is it your favourite magazine?*

Die genannten Themen und Strukturen sind nur als Angebote zu betrachten, und sie sollten keineswegs vollständig von allen Schülern benutzt werden. Auch das Beispiel eines Programmanfangs kann in der Form abgewandelt werden. Statt einem Gesprächspartner Fragen zu einigen Themen zu stellen, können die Schüler eine Art Meinungsumfrage durchführen, wobei mehrere Schüler nur zu einem Thema befragt werden. Als Interviewpartner kommt natürlich auch der Lehrer in Frage.

---

**Diktatvorschlag**

*Ann goes to the library every week. Her favourite books are about five children and their dog. They always do lots of interesting things. This week Ann is reading a book about their holiday in Scotland. The five friends are on TV, too. The TV programmes aren't very good.*

# Unit 10

Thema dieser Unit ist die städtische und schulische Umwelt aus der – manchmal kritischen – Sicht der Kinder. Um diese Umwelt zu beschreiben und auch eine Meinung äußern zu können, werden hier die sprachlichen Mittel bereitgestellt.
Im grammatischen Bereich behandelt die Unit die Verneinung von Aussagen im *simple present* mit *don't* und *doesn't*. Damit wird die Einführung dieser Zeitform, die stufenweise über vier Units verteilt wurde, im ersten Band abgeschlossen. In späteren Bänden des Lehrwerks kommen weitere Aspekte des *simple present* hinzu und findet im Sinne einer Erweiterung in konzentrischen Kreisen eine Wiederholung des im ersten Band Eingeführten statt. So wird z. B. in der ersten Unit von Band 2 die Umschreibung mit *do* wiederholt.

## Step 10a

Neben der Behandlung der Sprechabsicht „Nach dem Weg fragen" wird in diesem Step der Wortschatz aus dem Themenbereich „In der Stadt" erweitert. Das Thema „Auskunft für Ortsfremde" wurde bereits in 7e, *Say it in English*, ansatzweise behandelt (vgl. S. 67).

**Sprech-** S. 88/89 Einen Fremden ansprechen. *Excuse me.*
**absichten** Fragen, wo sich ein Gebäude befindet. *Where's the hospital, please?*
Sagen, wo ein Gebäude ist. *It's in Mill Road./It's on the right.*
Nach dem Weg fragen. *Can you tell me the way to the hospital, please?*
Den Weg beschreiben. *Go along Grove Street. Turn left into Mill Road.*

**Seite 88/89**

**Wortschatz,** **hospital, road** (kann über *street* erklärt werden: *Road is a word for a street*. Beide Bezeichnungen sind
**Wendungen** in Städten häufig. Landstraßen werden normalerweise nur *road* genannt. Bei den Straßennamen ergeben sich Betonungsunterschiede: Zusammensetzungen mit *road* haben *level stress*, also 'London 'Road, aber 'Green Street.), **station, post office, police-station, bank;**
**Can you tell me the way to the ...?, along, turn left/right into, on the left/right**

**Weg** 1 (obere Bildleiste/Stadtplan) Einführung der Gebäudenamen und der Wendung *It's in Green Street/Station Road*. Statt des noch unbekannten *map* wird bei Hinweisen auf den Stadtplan der Begriff *big picture* benutzt. *Look at the black and white pictures. Here are some places. There's a hospital. Where is it? Look at the big picture. – It's in Mill Road. There's a hotel, too. Where is it? – It's in ...* Ähnlich mit *station, post office, library, police-station, (ABC/Victoria) cinema, (London/Mill) bank*.

2 (obere Bildleiste/Stadtplan) *Old Mr Pim would like to go to the hospital. But where is it? He's asking the boy. He says, "Excuse me. Where's the hospital, please?" The boy says, "It's in Mill Road."* Die Schüler beantworten Fragen nach ähnlichem Muster. Dabei kann zwischen *the ABC/Victoria Cinema* und *the Mill/London Bank* unterschieden und auch nach *youth club, baths* und *Grove Street School* gefragt werden. Anschließend übernehmen die Schüler beide Rollen.
⚠ *Where are the baths? – They're in Mill Road.*
Die Schritte 1 und 2 können durch den Einsatz der Arbeitsfolie vorbereitet werden.

▷ Arbeitsfolie 26

3 In einer Transferphase fragen die Schüler nach Gebäuden in ihrer eigenen Stadt, z. B. *Excuse me. Where's the Sparkasse? – It's in Goldbacher Straße.*
Ggf. *Sorry. I don't know* als Wendung einführen.

☐ In leistungsstärkeren Klassen kann der Dialog nach dem Muster von S. 67 ausgebaut werden.

▷ Workbook, Seite 44, Übung 1 (Festigung der obengenannten Sprechabsichten)

4 Einführung von *go along, turn left/right into* und *on the left/right* mit Hilfe einer einfachen Tafelskizze.
*Here's Green Street. Here's the hospital. We're here.*
*Where's the hospital? – It's in Green Street. Go along Green Street* (mit Pfeil andeuten). *The hospital is on the right.*
Auch in der Unterrichtssituation läßt sich *on the left/right* mit Hilfe von „Straßen in der Klasse" einführen.

5 Einführung der Wendung *Can you tell me the way to the ..., please?* Wegen der Länge der Frage ist es ratsam, sie zunächst getrennt einzuzüben:

*You'd like to go to the hospital. But where's the hospital? You ask the way: "Can you tell me the way to the hospital, please?"*
Mündliche Vorgabe anderer Ziele: *You'd like to go to the ... What can you ask?*

6 (Foto/Stadtplan) *The boy is in Grove Street. He'd like to go to the hospital. He asks, "Can you tell me the way to the hospital, please?" Mr Ball says, "Yes. Go along Grove Street. Turn left into ..."*
Dabei wird auf die untere Bildleiste zur Verdeutlichung der Anweisungen hingewiesen. Anschließend übernehmen die Schüler die beiden Rollen, wobei der Lehrer zuerst noch bei Frage und Anwort Hilfe leisten kann.
Es empfiehlt sich, zunächst nach Gebäuden in der Nähe von *Grove Street* zu fragen, um so die Anweisungen einfach zu halten. Eine mögliche Reihenfolge wäre: *You'd like to go to the post office/hotel/station/ABC Cinema/ London Bank/police-station/...*
Die Schritte 4 bis 6 können durch den Einsatz der Arbeitsfolie vorbereitet werden.

▷ Arbeitsfolie 27

▷ Text-Cassette/Tonband, Exercise 1
▷ Workbook, Seite 45, Übung 2a (Festigung von *on the left/on the right*)
▷ Workbook, Seite 45, Übung 2b (Komplexere Wegbeschreibungen)

7 Möglicher Transfer: Ein (vereinfachter) Plan der Stadt wird mit den Schülern angefertigt. Straßen und wichtige Gebäude werden benannt, um nach Angabe des Standortes Wegbeschreibungen vorzunehmen. Weitere Anregungen finden sich auf S. 96, *Activity*, und im Kommentar dazu.

☐ Wenn in leistungsstärkeren Klassen eine zusätzliche Übung zur Thematik des Steps gewünscht wird, könnte – bei einer Vermittlung des z. T. noch unbekannten Wortschatzes – die Folienbeilage zur Zeitschrift ENGLISCH, Heft 1/1981, herangezogen werden.

---

### Rätsel

*Six riddles:*
1. *Six girls are walking to school. They've only got one umbrella, but they aren't wet. Why? – Because it isn't raining.*
2. *What's in London and in Germany? – N.*
3. *When are 2 and 2 not 4? – In number 22.*
4. *There's a family with 10 brothers. Every brother has got a sister. How many children are in the family? – Eleven.*
5. *There are 60 seconds in a minute. How many seconds are in a year? – Twelve (January 2nd, February 2nd, ...).*
6. *What's in the centre of Glasgow? – S.*

Neuer Wortschatz: 1. *umbrella, wet* (Zusatzwortschatz 4b);
4. und 5. *How many ...?*; 6. *centre* (Zusatzwortschatz 7d)

# Step 10 b

In diesem Step werden kurz begründete Meinungen über die öffentlichen Einrichtungen einer Stadt geäußert. Dabei wird die Verneinung mit *don't* und *doesn't* bei *like* eingeführt.

**Sprech-** S. 90 Sagen, was man nicht mag. *I don't like our garden.*
**absichten**

**Seite 90**

**Strukturen** **I don't like the garden. Ann doesn't like the garden:** Die Präsentation der Verneinung mit *don't* und *doesn't* wird vereinfacht durch die Beschränkung auf nur ein Verb. Die Übertragung auf andere Verben erfolgt in 10c.

**Wortschatz** modern, **town**, dirty (Einführung durch Beispiel möglich: *Clean your bike, please. It's very dirty.*)

**Weg** 1 Einführung von *I don't like it*. Die Ableitung von der bekannten Kurzantwort *No, I don't* bietet eine Einstiegsmöglichkeit. Z. B. können mit drei einfachen Zeichnungen an der Tafel *tea, lemonade* und *milk* unter der Überschrift *Do you like it?* dargestellt werden. Der Lehrer beantwortet die Frage bei den ersten beiden Getränken mit *Yes, I do,* beim letzten mit *No, I don't* und ergänzt dies durch *I don't like milk*. Danach werden die Aussagen unter die Bilder geschrieben: *I like tea. I like lemonade. I don't like milk.* In ähnlicher Weise nehmen die Schüler Stellung zu: *sport (football, table-tennis, judo); music (pop records, folk records, jazz records, classical records); magazines (magazines about stamps, sport, football, books).*

2 (obere Bildreihe) *The Greens have got a house and a garden. Their house is modern. Their garden is small. Ann says, "I like ..."*

3 (mittlere Bildgruppe) Einführung des neuen Wortschatzes mit Aussagen wie zur oberen Bildreihe:
*And the town? The baths are modern. The station is dirty. The youth club ...*

4 (mittlere Bildgruppe/Ann Green) *What does Ann say about the town? She says, "I like the baths. They're very modern. I don't like the station. It's very dirty. I like the youth club. It's very big. I don't like ..."*

5 (gelber Kasten) In der Transferphase äußern sich die Schüler zu ihrer Stadt:
*I like the ... I don't like the ...*

☐ Je nach Leistungsstärke der Klasse muß entschieden werden, ob die Schüler zusätzlich eine kurze Begründung nach dem Muster *It's very ...* geben sollen.

6 (mittlere Bildgruppe/Ann Green) Einführung von *doesn't like* nach dem vorgegebenen Muster. Dabei werden zuerst die Einrichtungen genannt, die Ann gefallen, danach die, die sie nicht mag:
*Ann likes her house. She likes the baths. She likes ...*
*Ann doesn't like the garden. She doesn't ...*
Dieser Schritt kann auch an der Tafel in Form von zwei Aufstellungen erfolgen.

☐ Erweiterungsmöglichkeit für leistungsstärkere Gruppen:
*Ann likes her house because it's modern. Ann doesn't like the garden because it's small.*

▷ Text-Cassette/Tonband, Exercise 2
▶ Schülerbuch, Seite 95, Übung 2
▷ Workbook, Seite 46, Übungen 3a, 3b (Stellungnahmen mit *I like ...* und *I don't like ...*)
▷ Workbook, Seite 46, Übung 4 (Aussagen mit *doesn't like*)
▷ Arbeitsfolie 28 (Festigung von *don't like* und *doesn't like*)

7 (Übersicht) Auch hier wird die Verneinung nur mit dem Verb *like* dargestellt. Insbesondere zeigt die Übersicht die Anwendung von *don't* bei *I, you, we, they* und *doesn't* bei *he, she*. Falls erforderlich, können diese Beispiele im Unterricht durch Substantive und Eigennamen ergänzt werden (vgl. Kommentar zu S. 84, Schritt 7).
Ggf. Hinweis auf den *"one s"*-Sachverhalt:
*She like[s] the house.*
*She doe[s]n't like the garden.*
Eine Darstellung aller Formen des *simple present* findet sich im Workbook auf Umschlagseite 3.

☐ Weitere Übungsmöglichkeiten sind nach dem Muster von Schritt 1 denkbar. Dabei werden Aussagen zu Gegenständen an der Tafel mit *I like* und *I don't like* erfaßt. Anschließend berichten Schüler darüber:
*John likes tea. He doesn't like milk.*
Der Lehrer kann Aussagen in komplexerem Situationszusammenhang veranlassen:
*John is coming to tea. Let's have sandwiches and milk. – Oh, no! John doesn't like milk. Let's have tea.*
Ähnlich mit *play* und *make*.

**Seite 91**

Der Lesetext dieser Seite – die kritische Stellungnahme einer Schülerin zu ihrem Wohnort – kann nicht nur zur Übung des Hör- und Leseverstehens, sondern auch als Modell für schriftliche Schülerarbeiten dienen. Der Text zeigt, daß die Schüler bereits genügend sprachliche Mittel zur Verfügung haben – auch wenn sie diese noch nicht vollständig bewältigt haben –, um zusammenhängende Äußerungen vorzubringen.

**Wortschatz** better than (hier nur als Wortschatz zu behandeln: *I like . . . better than . . .* Eine ausführliche Behandlung der Steigerungsformen erfolgt erst in Band 2), film

**Weg** Zur Arbeit mit den Texten siehe auch Vorwort, S. 17 ff.

1 Der Text eignet sich als Basis für eine Hörverstehensübung und sollte abschnittweise präsentiert werden. Die Verstehensaufgabe könnte beispielsweise darin bestehen, eine Aufstellung nach folgendem Muster anzufertigen:

| *Ann likes . . .* | *Ann doesn't like . . .* |
|---|---|
| park | baths |
| shops | youth club |

▷ Text-Cassette/Tonband

2 Vorschläge zur Verständnisüberprüfung beim Leseverstehen:
 a) Fragen:
  *What can you get at the library?*
  *Are there two or three cinemas in the town?*
  *What cinema is big and modern?*
  *Does Ann like the baths?*
  *Can you swim at the baths every day?*
  *Is there a table-tennis table at the youth club?*
  *Does Ann like the boys at the youth club?*
 b) Lückentext:
  *In Ann's town there's a big park, and a . . . library. You can get books, posters, cassettes and . . . at the library. There are . . . cinemas in the town. The . . . cinema isn't big and modern. Ann doesn't like the youth club and the . . . The . . . are very expensive at the baths. The youth club is very . . . The boys at the youth club are always . . .*

3 Im Anschluß an das Lesen einzelner Abschnitte können inhaltliche Fragen gestellt werden, z. B.
 *Does Ann like her town?*
 *Is there a zoo in the town?*
 *Is there a park?*
 *Have they got a . . . ?*
 *Can you . . . in the town?*
 *Do lots of people play table-tennis?*
 *Where can you swim?*
 *Where can people play table-tennis?*

4 (gelber Kasten) Für die Transferphase werden hier Redemittel angeboten, von denen die Schüler bei der Beschreibung ihres eigenen Wohnortes ausgehen können. Weitere Anregungen, zu welchen Einrichtungen sie sich äußern können, finden sich auf S. 90 (Ann Green) und in dem Brief von Ann Smith.
Möglichkeiten der Bearbeitung:
 a) Sammeln mündlicher Aussagen zu einzelnen Einrichtungen, die möglichst mehr als einen Satz umfassen sollten.
 b) Erarbeitung einer schriftlichen Fassung an der Tafel.
 c) Schriftliche Arbeit (keine „Klassenarbeit" im Sinne der schulischen Vorschriften!), in der wie in der Stellungnahme von Ann Smith eine Meinung zu den öffentlichen Einrichtungen des eigenen Wohnortes geäußert wird.
 d) Mündliche Äußerungen in einem dem Klassenstand angemessenen Umfang, für die die schriftliche Arbeit Vorlage sein kann.

☐ In lernschwächeren Gruppen ist vorbereitend der aufgrund der örtlichen Verhältnisse erforderliche Wortschatz zu reaktivieren *(airport, beach, camp site, caravan site, castle, city centre, football club, museum, sea, zoo)* bzw. behutsam zu erweitern.

## Step 10c

In diesem Step werden Schule und Schulalltag, d. h. die unmittelbare Umwelt des Schülers beschrieben. Er bietet auch einen ersten Ansatz zur vergleichenden Landeskunde.
Nach der Einführung der Verneinung mit *don't* und *doesn't* und dem Verb *like* in 10b wird hier die Verneinung mit weiteren Verben im *simple present* geübt. Da es in den vorliegenden Fällen eindeutig um gewohnheitsmäßige Handlungen geht, wird das *simple present* – auch ohne nähere Zeitbestimmung – durchweg verwendet.
Weitere Informationen zu den Fotos: Viele Schüler in Großbritannien tragen heute noch eine Schuluniform, wenngleich ihre Verbreitung in den letzten Jahren abgenommen hat. Das Mittagessen wird entweder in der Schulküche vorbereitet oder von einer zentralen Küche geliefert. Es wird im *school dining-room* eingenommen. Die Nachmittagsstunden werden keineswegs nur mit Sport verbracht; der normale Unterricht geht weiter. Sport findet während der Schulzeit statt. Auf dem Foto wird *Rugby football* gespielt. Hausaufgaben werden nach einem *homework timetable* erteilt, meist jeweils zwei Fächer für einen Tag. Die hier angegebenen Zeiten sind für 11jährige Schüler üblich. Weitere Informationen zum Thema „Schule" bietet Band 2 des Lehrwerks (Unit 7).

| | | | |
|---|---|---|---|
| **Sprech-absichten** | S. 92/93 | Den Schultag beschreiben. Vergleiche zu dem eigenen Schultag anstellen. | *School starts at nine o'clock.*<br>*I don't have three lessons in the afternoon.*<br>*I have four lessons.* |

**Seite 92/93**

**Wortschatz,** lesson (⚠ Wendung *have a lesson* beachten), **eat**, take (= dauern. *The lessons at our school take*
**Wendungen** *45 minutes.*), **hour** (*There are sixty minutes in an hour.* Zur Unterscheidung von *hour* und *lesson* vgl. S. 108 des Schülerbuchs.);
one and a half, **tennis**

**Weg**

1  Einführung des neuen Wortschatzes anhand der eigenen Schulsituation.

2  (Fotoreihe) Vorstellung des Bezugsrahmens für die späteren Vergleiche (blaue Felder):
*Look at the photos. They're about a day at an English school. Pupils go from Monday till Friday. Lots of pupils walk to school. School starts at nine o'clock. Pupils have four lessons in the morning. Some pupils . . .*

▷ Text-Cassette/Tonband, Exercise 3

3  (Fotoreihe) Zu den Fotos können folgende Fragen gestellt werden:
*Do the pupils go to school on Saturday?*
*What days do they go to school?*
*Do lots of pupils go to school by car?*
*When does school start?*
*Do they have five lessons in the morning?*
*Do all the pupils eat at school?*
*Do they have lessons in the afternoon?*
*When does school finish?*
*Does homework take two hours?*

4  (blaue Felder/Aussagen Ann Green) Die Fotoreihe gibt den Bezugsrahmen für die blauen Felder.
*Ann Green goes to an English school, but she doesn't go to the school in the photos. She goes to Park School. What does Ann say? Look at the blue pictures on the left. Ann says, "I go to an English school. I go to Park School. I go from Monday till Friday, too. I don't walk to school. I go . . ."*

Der Bezug zur Fotoreihe läßt sich besonders deutlich herstellen, wenn die Aussagen abschnittsweise vorgetragen werden, d. h.
L/S1:     *Pupils go from Monday till Friday.*
S2 (Ann): *I go from Monday till Friday, too.*
L/S1:     *Lots of pupils walk to school.*
S2 (Ann): *I don't walk to school. I go by bike or bus.*

5  (blaue Felder/Aussagen Elke Bruns) Auch hier sind die Fotos der Bezugsrahmen für die Vergleiche.
*Elke Bruns is a pupil, too, but she doesn't go to an English school. Look at the blue pictures on the right. What does Elke say about her school and the English school?* (weitere Erarbeitung wie Schritt 4):
*I don't go from Monday till Friday. I go from Monday till Saturday.*
*I don't walk to school. I go by bike.*
*School doesn't start at nine o'clock. School starts at eight o'clock.*
*I don't have four lessons in the morning. I have five lessons.*
*I don't eat at school. I eat at home.*
*I don't have three lessons in the afternoon./I don't have lessons in the afternoon.*
*School doesn't finish at four o'clock. School finishes at half past twelve.*
*Homework takes an hour, too.*

☐ In leistungsstärkeren Klassen Umformen in die 3. Person:
*Elke doesn't go from Monday till Friday. She goes from Monday till Saturday.*

**6** (gelber Kasten) Aufgrund der vorausgegangenen Einführung und Übung machen die Schüler Aussagen über den eigenen Schultag. Der Vergleich kann nachträglich auch schriftlich festgehalten werden.

☐ Gesteuert durch Lehrerfragen, können weiterführende Stellungnahmen zu einem englischen Schultag erarbeitet werden, z. B.
*Would you like to . . .?*
*Are lessons in the afternoon a good idea?*

▷ Workbook, Seite 47, Übungen 5a, 5b (Beschreibung von Tagesabläufen mit positiven und negativen Aussagen im *simple present*)

**7** (Übersicht) Die positiven und negativen Aussagen im *simple present* werden hier gegenübergestellt. Der Vergleich zu S. 90 zeigt, daß im Hinblick auf die Verbformen keine neuen Lernprobleme aufgetreten sind. Die stufenweise Einführung der verschiedenen Sprechabsichten kommt dem Lernprozeß und dem Übungsgeschehen zugute.

▶ Schülerbuch, Seite 95, Übung 1

---

**Lernspiel**

*My funny Aunt Lucy:* Das Spiel bietet sich nach der Bearbeitung der Seiten 90 und 91 an. Es kann als Gruppen- oder Individualwettkampf durchgeführt werden. Für jeden richtigen Satz erhält die Gruppe bzw. der Schüler einen Punkt.
*Aunt Lucy* mag nur Dinge, deren Schriftbild einen doppelten Vokal oder Konsonanten aufweist, z. B.
*My funny Aunt Lucy likes rabbits, but she doesn't like dogs.*
*My funny Aunt Lucy likes books, but she doesn't like magazines.*
*My funny Aunt Lucy likes small things, but she doesn't like big things.*
Beispiele bekannter Wörter: *school, class, afternoon, cassette, programme, classical music, rubber, wheel, room, wall, door, bottle, weekend, glass, tennis; good (things), tall, terrible, terrific, silly, yellow.*

**Liedvorschlag**

Falls während der Arbeit mit Unit 10 Zeit und Gelegenheit für ein Lied ist, bietet sich *It's Saturday today* aus der Sammlung *My friend Jack, New Songs for English,* von Ken Wilson an (Cornelsen-Velhagen & Klasing, Berlin). Darin werden positive und negative Aussagen im *simple present* dem *present progressive* gegenübergestellt.

## Step 10 d

### Seite 94

Nach der Beschreibung des Schulalltags in 10c werden hier in Leserbriefen an eine Schulzeitung einige der Probleme angesprochen, die die Schüler in Großbritannien bewegen. Schuluniformen stoßen auf Ablehnung, weil sie nicht dem Zeitgeschmack entsprechen. Die Klage über das Fußballspielen zeigt, daß nicht alle, wie man bei uns gern annimmt, sportbegeistert sind. Die *sandwich rooms* entstanden, als die Abneigung gegen das Schulessen zunahm und es für eine Reihe von Eltern zu teuer wurde. Der Wunsch, die Hausarbeiten in der Bibliothek anfertigen zu können, läßt auf Probleme bei ihrer Erledigung zu Hause schließen.

Die Briefe können als abgeschlossene Kurztexte methodisch unterschiedlich behandelt werden (Stilllesen, Darbietung über Tonträger, gemeinsames Lesen).

**Wortschatz**  uniform, wear (Zur Unterscheidung von *wear* und *carry* vgl. S. 108 des Schülerbuchs.), **colour** E2; **lunch**;
**quiet** (*quieter than* ist hier nur als Wortschatz zu behandeln)

**Weg** Zur Arbeit mit den Texten siehe auch Vorwort, S. 17 ff.

1 Falls die Präsentation über Tonträger erfolgt, sollten die Briefe einzeln behandelt werden.

▷ Text-Cassette/Tonband

2 Verständnisüberprüfung. Mögliche Fragen:

a) *School uniform*
*Why doesn't Ann like the uniform?* (*Why doesn't . . .?* wird nur vom Lehrer verwendet.)
*Have all pupils at English schools got to wear a uniform?*
*What colour is the uniform?*
*Is the uniform modern?*

b) *Football*
*Does Tom like football?*
*Has he got to play football at school?*
*When does he play football?*
*What would he like to do?*

c) *A sandwich room*
*Where does Sam eat his lunch?*
*Why has he got to eat at school?*
*Does he like the lunches?*
*What would he like to eat?*
*Is there a sandwich room at Sam's school?*
*What school has got a sandwich room?*

d) *The library*
*Does Simon like the library?*
*Why does he like it?*
*What can you do there?*
*Has the library got good books?*
*Can pupils do homework in the library?*
*Why is the library a good place for homework?*

3 Mit Hilfe des Lehrers können die Schüler versuchen, eigene Probleme und Vorschläge kurz darzustellen.

▶ Schülerbuch, Seite 95, Übung 3

# Step 10e

## Seite 95

**Übungen**

**1** Positive und negative Aussagen im *simple present (doesn't)*.

☐ Abwandlungsmöglichkeiten:
a) *Sally, do you collect British stamps? – No, I don't. (I collect German stamps.)*
b) *Does Sally collect British stamps? – No, she doesn't. (She collects German stamps.)*
c) *What does Bob play? – Football.*

Lösungen:
2. *He makes model cars. He doesn't make model planes.*
3. *He plays football. He doesn't play table-tennis.*
4. *He reads "Stamp Magazine". He doesn't read "Debbie".*
5. *He goes to the baths. He doesn't go to the youth club.*
6. *He buys cassettes. He doesn't buy records.*

**2** Unterscheidung von *Would you like . . . ?* und *Do you like . . . ?*
Dabei sind Frage und kommunikativ sinnvolle Antwort miteinander zu verbinden. Falls erforderlich, kann eine Wiederholungsphase vor Durchführung der Übung eingelegt werden:
Zu *would like* in Angeboten siehe *Say it in English*, S. 50;
zu *like* siehe S. 81 und 84 sowie S. 86, Übung 2.

Lösungen
1. *Do you like sweets? – Yes, I do. I eat lots of sweets.*
2. *Would you like a book for your birthday? – No, thanks. I get books every year.*
3. *Would you like a sweet? – Yes, please. They're nice sweets.*
4. *Would you like a cup of tea? – Yes, please, tea with milk.*
5. *Do you like Enid Blyton books? – Yes, I do. I often read her books.*
6. *Do you like tea? – No, I don't. But I like milk.*

**3** Wortschatzübung.
Herausfinden des Wortes, das nicht zu der jeweiligen Sachgruppe gehört.

Lösungen:
1. *bike*
2. *Sunday*
3. *milk*
4. *lesson*
5. *silly*
6. *money*
7. *school*
8. *learn*
9. *flat*
10. *rabbit*

▷ Workbook, Seite 48, Übungen 6, 7 (Wortschatzübungen)

## Sounds

Übung zu den Diphthongen [ɪə], [ɔɪ] und den Vokalen [ɜː], [ʌ]. Obwohl die Diphthonge keine großen Schwierigkeiten bereiten, sollte auf die Stimmhaftigkeit eines daraufffolgenden *s* geachtet werden, z. B. *clears, here's, ideas; noisy, boys.*

▷ Text-Cassette/Tonband, *Sounds*

---

## Lernspiel

*Quiz about the book:* 1. I'm Dave King's teacher. What's my name? (Mr Hill) 2. What's Liz Dean's school? (Park School) 3. Liz and Pete Dean have got a dog. What's his name? (Snoopy) 4. I work in a cinema. What's my name? (Mrs Peel) 5. Has Dave King got a brother or a sister? (A sister) 6. Where do people say "No, thank you. I'm just looking"? (In a shop) 7. What's Dave Sales' job? (He's a disc jockey.) 8. What's N 654 PA? (A Pan Am jumbo jet) 9. I often go to Southend with my mother and my brothers. What's my name? (Sam Cooper) 10. Where can you see a big, old castle on a hill? (In Edinburgh) 11. My birthday present is a radio cassette-recorder. What's my name? (Sam Cooper) 12. Do English children go to school on Saturdays? (No, they don't.) 13. Where can you swim in a town? (At the baths) 14. What do English children often eat on their birthday? (A birthday cake) 15. Where's Edinburgh? (In Scotland) 16. Who can paint his new room? (Harry Peel) 17. Some children go to the airport for their hobby. What do they collect there? (Plane numbers) 18. This girl lives in a modern house with a small garden. What's her name? (Ann Green) 19. Where can you buy cats, dogs and hamsters? (In a pet shop) 20. Who's late on her first day at her new school? (Ann Green)

### Seite 96

**Say it in English**

*That* ist den Schülern seit Unit 2 in den Wendungen *What's that in English?* und *Who's that?* bekannt, *this* in den Wendungen *this afternoon* (3d) und *this year* (7c). Hier wird nur der alleinstehende Gebrauch *(demonstrative pronoun)* behandelt, z. B. *This is my book. That's our house.*
Der attributive Gebrauch *(demonstrative adjective)* wie bei *That book is red. Those houses are new* wird aus Gründen der Lernerleichterung hier nicht eingeführt. Die Faustregel „was nahe ist" und „was weiter entfernt ist" erfährt in der Sprachpraxis oftmals Abweichungen. In vielen Fällen sind beide Formen (*this – that* bzw. *these – those*) möglich. Bei einem direkten Vergleich ist jedoch der Gebrauch eindeutig: *This is my house and that is their house. Those are Ann's cassettes, these are your cassettes.*

| Sprech-absichten | Jemandem etwas zeigen, was nahe ist. | *This is our house.* *These are my rabbits.* |
| | Jemandem etwas zeigen, was weiter entfernt ist. | *That's the hospital.* *Those are my books.* |

**Wortschatz** these, those

Bei der Behandlung des Abschnitts ist zweckmäßigerweise von der Unterrichtssituation auszugehen:
a) Einführung von *this – that*: *This is my book/pen/ruler/. . . That's John's book/. . .* Die Entfernung bei *this – that* wird gestisch verdeutlicht.
b) Ähnliche Einführung von *these – those*: *These are boys/my books/. . . Those are girls/Ann's books.*

Lösungen:

1. *This is my dog.* 2. *That's the police-station.* 3. *Those are the new houses.* 4. *These are Mary's cassettes.*

**Activity**

Der Plan im Buch verdeutlicht die Aufgabenstellung. Einzuarbeiten sind bei der Schülerlösung möglichst viele der auf S. 88/89 genannten Einrichtungen.

☐ Eine Abwandlungsmöglichkeit für leistungsstärkere Klassen wäre ein vorgegebener Straßenplan, in den die Schüler Kärtchen mit den Gebäudebezeichnungen einfügen, entweder auf Anweisung *(The school is in . . .)* oder nach eigener Wahl (Lehrer oder Mitschüler fragen *Where's the school? Can you tell me the way to the school?*). An der Herstellung des Plans und der Kärtchen sollten die Schüler möglichst beteiligt werden. Auf jeden Fall sollte mit der *Activity* sprachliche Arbeit verbunden werden, um der Tendenz, bei englischen Straßennamen wie bei deutschen den bestimmten Artikel zu verwenden, entgegenzuwirken.

---

**Diktatvorschlag**

*John goes to school by bus every day. He walks to the bus stop in his road. He'd like to go to school by bike, but he lives in a big town. There are lots of cars in the town and he can only ride his bike in the park. It's very quiet there. John doesn't like cars.*

## Texte der Übungen auf Tonträger

### Unit 1

**Exercise 1** *Sieh dir Seite 6 oben im Schülerbuch an. Höre zu. Listen.*

I'm Dave King.
I'm twelve.
I'm a pupil at Park School.

*Höre zu und sprich nach. Listen and say:*

I'm Liz Dean.
I'm eleven.
I'm a pupil at Park School.

I'm Pat Best.
I'm twelve.
I'm a pupil at Park School.

I'm Harry Peel.
I'm eleven.
I'm a pupil at Park School.

I'm Sam Cooper.
I'm eleven.
I'm a pupil at Park School.

And you?

**Exercise 2** *Sieh dir Seite 8 unten an. Listen.*

1. His name is Mr Hill.
2. Her name is Ann Green.

*Mach du jetzt weiter. Now you go on:*

3. Her name is Pat Best.
4. His name is Harry Peel.
5. His name is Dave King.
6. Her name is Liz Dean.
7. His name is Sam Cooper.

**Exercise 3** *Sieh dir Seite 10 Mitte an. Listen and say:*

Dave and I are friends.
We're at the same school.
We're in the same class.

Tom and I are friends, too.
We're at the same school.
But we aren't in the same class.

Liz and I are friends.
We're at the same school.
But we aren't in the same class.

Sally and I are friends.
We're at the same school.
We're in the same class.

## Unit 2

**Exercise 1**  *Sieh dir Seite 15 oben an. Listen and say:*

I've got a brother and a sister.
I've got a sister. I haven't got a brother.
I've got two brothers. I haven't got a sister.
I've got a brother. I haven't got a sister.
I've got a brother. I haven't got a sister.
I haven't got a sister or a brother – but I've got a dog.

And you?

**Exercise 2**  *Sieh dir Seite 19 Mitte an. Listen.*

| | |
|---|---|
| Has Dave got a pencil-case? | Yes, he has. |
| Has he got a calculator? | No, he hasn't. |

*Now you go on:*

| | |
|---|---|
| Has Dave got a book? | Yes, he has. |
| Has he got a pen? | No, he hasn't. |
| Has he got a ruler? | No, he hasn't. |
| Has he got a bag? | Yes, he has. |

*Jetzt sieh dir Sally an. Listen.*

| | |
|---|---|
| Has Sally got a bag? | Yes, she has. |
| Has Sally got a rubber? | No, she hasn't. |

*Now you go on:*

| | |
|---|---|
| Has Sally got a calculator? | Yes, she has. |
| Has she got a pencil-case? | No, she hasn't. |
| Has she got a book? | Yes, she has. |
| Has she got a biro? | No, she hasn't. |

## Unit 3

**Exercise 1**  *Sieh dir Seite 23 oben an. Listen and say:*

Go to the shops, please.
Buy a cassette, please.
Clean the room, please.
Repair the TV, please.
Paint the balcony, please.

**Exercise 2**  *Sieh dir Seite 23 unten an. Listen and say:*

Harry is painting the garage.
Sam is buying a newspaper.
Dave is repairing the bike.
Pat is cleaning the car.
Jane is going to the shops.
John is cleaning the balcony.
Sally is painting the bike.

**Exercise 3**  *Sieh dir Seite 27 oben an. Listen.*

What are you doing on Sunday afternoon?
– I'm reading a book.

1. What are you doing on Sunday afternoon?
   – I'm painting the garage.

*Now you go on.*

2. What are you doing on Sunday afternoon?
   – I'm going to the zoo.
3. What are you doing on Sunday afternoon?
   – I'm watching TV.
4. What are you doing on Sunday afternoon?
   – I'm repairing a bike.
5. What are you doing on Sunday afternoon?
   – I'm painting the balcony.

And you? What are you doing on Sunday afternoon?

## Unit 4

**Exercise 1**  *Sieh dir Seite 33 Mitte an. Listen and say:*

1. Can I have a ruler, please?
2. Can I have a pencil, please?
3. Can I have a pencil-case, please?
4. Can I have a biro, please?
5. Can I have a rubber, please?
6. Can I have a felt-tip, please?

**Exercise 2**  *Sieh dir Seite 36 Mitte an. Listen.*

| What can Mr King do? | He can paint a house. |
| What can Snoopy do? | He can bark. |
| What can Dave and Sally do? | They can paint a room. |

*Now you go on:*

| What can Dave and Sally do? | They can paint a room. |
| What can Mr Dean do? | He can repair a car. |
| What can Pat and Ann do? | They can repair a bike. |
| What can Lulu do? | She can carry a bag. |
| What can Tom do? | He can ride a bike. |
| What can Mr Hill do? | He can read a German newspaper. |

**Exercise 3**  *Sieh dir Seite 37 oben an. Listen and say:*

She can't buy the newspaper.
He can't read the book.
They can't repair the car.
She can't ride the bike.
They can't clean the window.
He can't catch the ball.

## Unit 5

**Exercise 1**  *Sieh dir Seite 41 oben an. Here's Harry Peel. Listen and say:*

I've got to help in the kitchen.
I've got to lay the table.
I haven't got to clear the table.

I haven't got to clean my room.
I've got to make my bed.
I've got to take the dog for a walk.
I've got to dry the dishes.
I haven't got to wash the dishes.
I've got to wash the car.
I haven't got to go to the shops.

**Exercise 2** *Sieh dir Seite 47 Mitte an. Listen and say:*

Would you like some cakes?
Would you like some sandwiches?
Would you like some biscuits?
Would you like a packet of crisps?
Would you like a glass of milk?
Would you like a cup of tea?
Would you like a glass of lemonade?

**Exercise 3** *Sieh dir Seite 47 Mitte an.*

What would Harry like?

*Listen and say:*

He'd like a cup of tea.
He'd like some biscuits.
He'd like some sandwiches.

*Now you go on:*

What would Dave like?
He'd like a glass of lemonade.
He'd like some cakes.
He'd like some sandwiches.

## Unit 6

**Exercise 1** *Sieh dir Seite 51 oben an. Listen and say:*

Some pupils make models.
They meet every Thursday.

Some pupils play table-tennis.
They meet every Wednesday.

Some pupils collect stamps.
They meet every Tuesday.

Some pupils take photos.
They meet every Friday.

**Exercise 2** *Sieh dir Seite 54 Mitte an. Listen.*

| | |
|---|---|
| What's Jane Peel's job? | She sells books. |
| What's Mr Best's job? | He works in an office. |

*Now you go on:*

| | |
|---|---|
| What's Mrs Best's job? | She makes bikes. |
| What's Mrs Peel's job? | She works in a cinema. |
| What's Mr King's job? | He paints houses. |
| What's Mrs Dean's job? | She cleans offices. |
| What's Mr Dean's job? | He repairs cars. |

## Unit 7

**Exercise 1**  *Sieh dir Seite 60 oben an. Listen and say:*

Sam sometimes visits places.
He often plays in the park.
He never makes models.
He sometimes goes to the baths.

*And Ann? Listen and say:*

Ann often visits places.
She sometimes plays in the park.
She sometimes makes models.
She never goes to the baths.

*And Harry?*

Harry sometimes visits places.
He often plays in the park.
He never makes models.
He often goes to the baths.

**Exercise 2**  *Sieh dir Seite 62 unten an. Hier geht es um die nächsten Ferien. Listen and say:*

1. I'm going to Spain.
   I'm going in June.
   I'm staying at a hotel.

2. I'm going to Britain.
   I'm going in April.
   I'm staying at a youth hostel.

3. We're going to Germany.
   We're going in June.
   We're staying at a camp site.

4. I'm going to Italy.
   I'm going in May.
   I'm staying at a hotel.

5. We're going to Yugoslavia.
   We're going in August.
   We're staying at a caravan site.

And you?

## Unit 8

**Exercise 1**  *Sieh dir die Zifferblätter auf Seite 68 Mitte an. What time is it? Listen and say:*

It's quarter past eight.
It's half past eight.
It's quarter to nine.
It's ten to nine.
It's five past nine.

*Now you go on:*

1. It's twenty-five to four.
2. It's twenty to six.
3. It's twenty past seven.
4. It's ten to eight.
5. It's twenty-five past nine.

**Exercise 2**  Sieh dir Seite 69 oben an. Listen.

1. Can you come to the youth club with me?   Yes, let's meet at 4.00.
2. Can you come to the record shop with us?   Yes, let's meet at 4.15.

*Now you go on:*

3. Can you come to the zoo with me?   Yes, let's meet at 2.15.
4. Can you come to the library with me?   Yes, let's meet at 2.45.
5. Can you come to the shops with me?   Yes, let's meet at 5.00.
6. Can you come to the baths with us?   Yes, let's meet at 1.15.
7. Can you come to the cinema with me?   Yes, let's meet at 5.30.
8. Can you come to the park with us?   Yes, let's meet at 5.45.

**Exercise 3**  Sieh dir Seite 73 unten an.
What would you like to do? Listen and say:

We'd like to have tea.
We'd like to play records.
We'd like to watch TV.
We'd like to play games.
We'd like to dance.

## Unit 9

**Exercise 1**  Sieh dir die Geldbeträge auf Seite 78 unten an. Listen and say:

£89.30
10p
£3.65

*Now you go on:*

27p   £10
£1.50   13p
2p   £88.88

**Exercise 2**  Sieh dir die Gegenstände auf Seite 80 an.
Here are Sam and Ann. Listen.

Do you buy sweets?   Yes, I do.
Do you buy magazines?   No, I don't.
Do you buy posters?   Yes, I do.

*Now you go on:*

Do you buy cassettes?   Yes, I do.
Do you buy records?   No, I don't.
Do you buy bus tickets?   Yes, I do.
Do you buy cinema tickets?   No, I don't.
Do you buy books?   No, I don't.
Do you buy felt-tips?   Yes, I do.

**Exercise 3**  Sieh dir den Kasten Nummer zwei auf Seite 83 an. Listen and say:

Does it come with a microphone?
Does it come with a headset?
Does it come with a case?
Does it play stereo music?
Does it show the time?
Does it work with batteries?

## Unit 10

**Exercise 1**  *Sieh dir die Seiten 88 und 89 an. Listen and say:*

Can you tell me the way to the hospital, please?
- Yes. Go along Grove Street.
  Turn left into Mill Road.
  Go along Mill Road.
  The hospital is on the right.

**Exercise 2**  *Sieh dir Seite 90 unten an. Here's Ann. Listen and say:*

I like the baths. They're very modern.
I don't like the station. It's very dirty.
I like the youth club. It's very big.
I don't like the hospital. It's very old.

*Now you go on:*

I don't like the roads. They're very noisy.
I don't like the park. It's very small.
I don't like the cinema. It's very old.
I like the school. It's very modern.

**Exercise 3**  *Sieh dir die Seiten 92 und 93 oben an. Listen and say:*

Pupils go from Monday till Friday.
Lots of pupils walk to school.
School starts at nine o'clock.
Pupils have four lessons in the morning.
Some pupils eat at school.
They have three lessons in the afternoon.
School finishes at four o'clock.
Homework takes an hour.

## Alphabetisches Wörterverzeichnis

Dieses Verzeichnis enthält den Grund- und Zusatzwortschatz von Band 1 mit Angabe des ersten Auftretens.

**afternoon 3b** = Das Wort gehört zum Grundwortschatz (Unit 3, Step b).
airport 6b = Das Wort gehört zum Zusatzwortschatz (Unit 6, Step b).
chair (E2) = Das Wort kommt nur im Einführungskurs, 2. Woche, vor.
**book** (E2) 2c = Das Wort wird in Step 2c in den Grundwortschatz aufgenommen, ist aber schon im Einführungskurs (Woche 2) enthalten.
**only 5a/8b** = *only* kommt in zwei Bedeutungen im Grundwortschatz vor: als „erst" in Step 5a, als „nur" in Step 8b.
**take 3d/10c** = *take* kommt in zwei Bedeutungen vor: im Grundwortschatz als „nehmen" (Step 3d), im Zusatzwortschatz als „dauern" (Step 10c).

Die Zahlen 1-12 sind im Einführungskurs enthalten. Im Schülerbuch werden sie von der ersten Unit an verwendet und – u.a. zur Übungssteuerung – häufig umgewälzt (vgl. auch S. 101). Die Zahlen 13-1000 werden in Unit 8, S. 68, und die Ordnungszahlen *(1st – 31st)* in Unit 8, S. 71, eingeführt.

Adj. = Adjektiv; Adv. = Adverb; Pron. = Pronomen; S. = Substantiv; V. = Verb

**A** **a** (E2) **1a**
  about 6d/9d
  after 4b
  afternoon 3b
    Good afternoon 1d
  again 3e/8c
  airport 6b
  all 4d
  all right 2b
    It's all right with ... 3c
  almost 9d
  along 10a
  always 7d
  am (E1) 1a
  an 6b
  and (E1) 1a
  another 5e
  Anything else? 5c
  April 7c
  are 1a/1b/1c
    How old are you? (E1) 1a
  arrive 6c
    arrive home 6c
  ask 2b
  at 1a/6c
    at home 5a
    at my house 8c
    at school 1a
    at six o'clock 6c
    at work 2b
  August 7c
  Austria 7c

**B** **bag** (E2) **2c**
  balcony 2c
  ball 4c
  bank 10a
  bark (at) 4b
  basket 4a
  baths 3b
  battery 9c
  beach 7a
  because 5a
  bed 5a
    make the bed 5a
  better 10d
  better than 10b
  big 2c
  bike 2c
    ride a bike 3a
  biro (E2) 2c
  birthday 8a
    When's your birthday? 8b
    Happy Birthday! 8d
  biscuit 5c
  black (E2) 2c
  blue (E2) 5b
  board (E2)
  book (E2) 2c
  bottle 5a
    a bottle of 5a
  box 4a
    a box of 5c
  boy 1b
  Britain 7c
  British 9a
  brother 2a
  brown (E2) 5b
  brush 5a
  budgie 4a

  bus 7e
  bus stop 7e
  but 1c
  buy 3a
  by: by bike 10c
    by bus 7e
  Bye 1e

**C** cage 4a
  cake 5c
  calculator 2c
  calendar 8e
  camera 9d
  camp site 7c
  can 4a
    Can I help you? 5c
    Can I give you ...? 5e
    Can you spell it (that)? (E4) 6e
  car 2c
  caravan 7c
  caravan site 7c
  carry 4c
  case 9c
  cassette 2c
  cassette-recorder 2c
  castle 7d
  cat 2c
  catch 4c
  ceiling 5a
  chair (E2)
  Charming! 8d
  children 7d
  cinema 3b
  city centre 7d
  class 1a

classical music 9c
clean 3a
clear the table 5a
clever 4c
club 6a
coast 7d
coin 6a
collect 6a
colour (S.) 10d
  What colour is ...? (E2)
colour (V.) (E2)
come 3b
  it comes with ... 9c
comic 9b
cost 9c
crisp 5c
cup 5c
  a cup of 5c
cupboard 5d

**D** **dad** 2b
dance 8c
dark 1b
**date** 8b
  What date is it today? 8b
day 4b
**Dear ...** 6d
**December** 7c
decorate 5a
Denmark 7c
different: in different
  ways 7d
dirty 10b
disc jockey (DJ) 6d
**dishes** 5a
  **dry/wash the dishes** 5a
**do** 3a
**dog** 2b
**door** 5a
**draw** (E2)
drive 7d
**dry the dishes** 5a

**E** eat 10c
English (S.): What's that
  in English? (E2) 2c
English (Adj.) (E1) 1a
evening 3b
every 4d
everything 5d
Excuse me. 7e
expensive 5d
explain 6e

**F** fair 1b
**family, families** 2a
far 7d
**father** 1b

favourite 4d
February 7c
felt-tip (E2) 2c
film 10b
Fine! 5b
finish 6c
  finish work 6c
flat 2c
folk music 9c
football 6a
for 2c
  for prizes 8b
  **for tea** 8c
  **for your birthday** 10e
free time 9b
Friday 3a
friend (E1) 1b
from 6e
fun: have fun 7d

**G** game 7e
garage 2c
garden 2c
German 1a
Germany 7c
get 8b
  get up 6d
  **How can I get to the ...?**
  7e
girl 1b
give 5e
glass 5c
  a glass of 5c
glue 5e
go 3a
  **go on holiday** 7a
  Go to the board. (E2)
  **go to the shops** 3a
goldfish 4d
good 3a
  **Good afternoon** 1d
  **Good morning** (E1) 1a
  **Goodbye** (E1) 1e
green (E2) 5b
grey (E2) 6e
guest 8d

**H** hairdresser 2d
**half: half past** 6c
  one and a half 10c
**Hallo** (E1) 1e
hamster 4a
**Happy Birthday!** 8d
**has got** 2c
have 4a
  have fun 7d
  **have tea** 8b
  **have a party** 8b

have got (E3) 2b
have got to 5a
he (E1) 1b
headset 9c
help 5a
  Can I help you? 5c
  Can you help me with
  my homework? 5a
her 1b/8a
here (E1) 1a
  Here you are. (E4) 5c
hill 7d
him 8a
his 1b
hobby 6a
holiday, holidays 7a
  go on holiday 7a
home: at home 5a
  arrive home 6c
  leave home 6c
homework 2c
hospital 10a
hotel 7b
hour 10c
house 2c
  Come to my house. 5b
  at my house 8c
housework 6c
how 1a
  How can I get to the ...?
  7e
  How old are you?
  (E1) 1a
Hurry up. 3e

**I** I (E1) 1a
idea 5b
in (E3) 1a
  in July 7c
  in a minute 3e
  in different ways 7d
  in the morning 6d
  in the mornings 2d
interesting 6b
interview 9b
is (E1) 1a
it (E2) 2b
Italy 7c

**J** **January** 7c
jazz 9c
**job** 5d/7e
joke 6d
**judo** 6a
**July** 7c
jumbo jet 6b
**June** 7c
just: I'm just looking. 9e

**K** kitchen 5a

**L** late 1a
  You're late. 1a
  lay the table 5a
  learn 6a
  leave 6c
    leave home 6c
  left (S.): on the left 10a
  left (Adv.) 10a
  lemonade 4e
  lesson 10c
  let's 8a
  letter 6d
  library 3b
  lie (lying) 7a
  like 9b
    I'd like 5c
    I'd like to 8c
  litre 5b
    one litre of 5b
  live 9d
  long: a long way 3d
  look at 9d
    I'm just looking. 9e
  lots of 2d
  lunch 10d

**M** magazine 2c
  make 5d
    make the bed 5a
  many: not many 7c
  March 7c
  May 7c
  me 8a
    Can you help me with
    my homework? 5a
  meet 6a/6d
  microphone 9c
  mile 3c
  milk 5c
  minute 3e
    in a minute 3e
  Miss (E1) 1a
  model 6a
  modern 10b
  Monday 3a
  money 9a
  month 8e
  morning 3a
    Good morning (E1) 1a
    in the morning 6d
    in the mornings 2d
  mother 1b
  mouse, mice 4d
  Mr (E1) 1a
  Mrs (E1) 1a
  mum 2b

museum 7d
music 9c
my (E1) 1b

**N** name (E1) 1a
  never 7a
  new 2c
  news 6d
  newspaper 2c
  next 5b
  nice 2b/6d
  no (E1) 1a
  noisy 8b
  not 1a
  November 7c
  now 4b
  number (E4) 6b

**O** o'clock (E1) 4b
    at six o'clock 6c
  October 7c
  of: a bottle of 5a
  of course 1d
  office 6c
  often 7a
  OK 1e
  old 1a
    How old are you?
    (E1) 1a
  on (E3) 7a
    on Saturday 3b
    on his programme 6d
    on the left 10a
    on the right 10a
    on your bike 3b
  one and a half 10c
  only 5a/8b
  or 2b
  orange (E2)
  other 7d
  our 2c

**P** packet 5c
    a packet of 5c
  paint (S.) 5a
  paint (V.) 3a
  paint-brush 5a
  paint-cleaner 5a
  palace 7d
  park 3a
  partner 2b
  party 8a
    have a party 8b
  past: half past 6c
    quarter past 6c
  pen (E2) 2c
  pence (p) 9a
  pencil (E2) 2c

pencil-case (E2) 2c
people 7a
pet 4a
pet shop 4a
phone 9d
photo 6a
  take photos 6a
pier 7a
place 7a
plane 6b
play 4b
please (E1) 3a
pocket-money 9a
policeman 2d
police-station 10a
pop music 9c
pop star 6d
poster 2e
post office 10a
pound (£) 9a
present 8b
prize 8b
  for prizes 8b
programme 2c
puncture 3d
pupil 1a

**Q** quarter past 6c
  quarter to 6c
  quiet 10d

**R** rabbit 2c
  radio 6d
  rain (S.) 7d
  rain (V.) 4b
  read 3a
  record 2c
  record-player 2c
  record shop 3b
  red (E2) 5b
  repair 3a
  report 6d
  ride a bike 3a
  right (S.): on the right 10a
  right (Adj.): That's
    right. 2e
    all right 2b
  right (Adv.) 10a
  road 10a
  roller 5a
  room 3a
  rubber (E2) 2c
  ruler (E2) 2c
  run 4b

**S** same: the same 1c
  sandwich 5c
  Saturday 3a

save 9a
say 6e
school 1a
　at school 1a
science-fiction 6b
Scotland 7c
sea 7a
second 7e
sell 6c
September 7c
she (E1) 1a
shine 3d
shop 3a
show 9c
silly 4c
sister 2a
sit 4d
　sit down (E2)
small 1b
some 4a
sometimes 3d
Sorry. (I'm sorry.)
　(E4) 1a
souvenir 7d
Spain 7c
spell 6e
　Can you spell it
　(that)? (E4) 6e
sport 9b
stamp 6a
start 6c
　start work 6c
station 10a
stay 7a/7c
stereo 9c
still 4b
street 7d
sun 3d
Sunday 3a
sweet, sweets 9b
swim 3d

T  table (E2) 5a
　clear/lay the table 5a
　table-tennis 6a
　take 3d/10c
　　take the dog for a
　　walk 4b
　　take photos 6a
　talk 4d
　tall 1b
　tea 5c/8b
　　for tea 8c
　　have tea 8b
　teacher 1a
　telephone 9d
　tell the way 10a
　tennis 10c

terrible 2b
terrific 2b
than: better than 10b
　quieter than 10d
thanks 4a
thank you (E2) 4a
that (E2) 2b/10e
　That's right. 2e
　What's that in
　English? (E2) 2c
　Who's that? 2a
the (E2) 1c
their 2c
them 8a
there 4a
these 10e
they 1b
thing 5d
think of 7d
this 10e
　this afternoon 3d
　this year 7c
those 10e
Thursday 3a
ticket 9b
till 6c
time 6d
　What time is it? (E1) 4b
to 3a/6e
　quarter to 6c
toast 6d
today 8b
too 1a
tourist 7d
town 10b
Tuesday 3a
turn: It's your turn. 4b
turn into 10a
TV 2c
　watch TV 3a
typist 2d

U  understand 4d
　uniform 10d
　us 8a

V  very 3d
　visit 7a

W  wait 4b
　walk 7e
　wall 5a
　wash 5a
　　wash the dishes 5a
　watch 4d
　　watch TV 3a
　way: a long way 3d
　　in different ways 7d

way: tell the way 10a
we 1c
wear 10d
Wednesday 3a
week 5b
　50p a week 9a
weekend 5b
Well, ... 5d
wet 4b
what (Adj.) 8a
　What colour is ...? (E2)
　What date is it today?
　8b
　What time is it? (E1) 4b
what (Pron.) 2b
　What have you got? (E3)
　What's that in
　English? (E2) 2c
　What's your name?
　(E1) 1a
wheel 3a
when 8a
where (E3) 3b
white (E2) 5b
who 2a
　Who's that? 2a
why 5a
window 4a
with 3c/5d
　Can you help me with
　my homework? 5a
without 8b
work (S.) 6c
　at work 2b
　finish work 6c
　start work 6c
work (V.) 6b
　work with batteries 9c
would like 5c
would like to 8c

Y  year 7c
　yellow (E2) 5b
　yes (E1) 1a
　you (E3) 1a/2c/5c
　　How old are you?
　　(E1) 1a
　young 7d
　your (E2) 1a/4a
　　What's your name?
　　(E1) 1a
　Yours, ... 6d
　yourself 5d
　youth club 3b
　youth hostel 7c
　Yugoslavia 7c

Z  zoo 3b